W0172898

STURMKAP

STURMKAP

Um Kap Hoorn und durch den Krieg –
die unglaubliche Reise von Kapitän Jürgens

aufgezeichnet von
Stefan Krücken

*Mit 57 Schwarz-Weiß-Fotos,
16 Farbillustrationen und 5 Karten*

MALIK ☐ NATIONAL GEOGRAPHIC

Mehr über unsere Autoren und Bücher:
www.malik.de

Bibliografische Information der Deutschen Nationalbibliothek
Die Deutsche Nationalbibliothek verzeichnet diese Publikation in der
Deutschen Nationalbibliografie; detaillierte bibliografische Daten sind
im Internet unter http://dnb.ddb.de abrufbar.

MALIK NATIONAL GEOGRAPHIC

Erweiterte Taschenbuchausgabe
Februar 2011
© Piper Verlag GmbH, München 2011
© Ankerherz Verlag, Hollenstedt bei Hamburg 2008
Umschlaggestaltung: Dorkenwald Grafik-Design, München
Satz und Bildbearbeitung: Jerzovskaja, Zürich
Umschlagfotos: ullstein bild (vorne); Privatarchiv Hans Peter Jürgens,
Kiel (hinten rechts); Jörg Klaus, Berlin (Autorenfotos)
Illustrationen: Sandro Pezzella
Fotografien: Privatarchiv Hans Peter Jürgens, Kiel (historische
Aufnahmen), Jörg Klaus, Berlin (Fotos S. 250–253)
Druck und Bindung: CPI – Clausen & Bosse, Leck
Printed in Germany
ISBN 978-3-492-40413-6

Land in Sicht, singt der Wind in mein Herz.
Die lange Reise ist vorbei.
Morgenlicht weckt meine Seele auf.
Ich lebe wieder und bin frei.

Rio Reiser · *Land in Sicht*

INHALT

DIE VIERMASTBARK »PRIWALL«

1

22

21

20

19

18

10

6

7

8

9

17

11

23

5

2

38

Luke I

Luke II

Kollisionsschott

Holzabdeckung der Spanten

Spanten

Vom 31. Oktober bis 6. November 1938 gelang der »Priwall« unter dem Kommando von Kapitän Adolf Hauth die schnellste Kap-Hoorn-Umrundung eines Fracht tragenden Segelschiffs. 1941 schenkte das Deutsche Reich der chilenischen Regierung das Schiff, da es im Krieg nutzlos geworden war. Aus der »Priwall« wurde das Schulschiff »Laurato«, das 1945 in Brand geriet und vor der peruanischen Küste sank.

Bauwerft: Blohm & Voss, Hamburg
Kiellegung: 1916
Stapellauf: 23. Juni 1917
Ablieferung: 6. März 1920 (verzögert wegen des Ersten Weltkriegs)
Reederei: F. Laeisz, Hamburg
Namensgebung: Halbinsel bei Lübeck

Länge: 98,48 Meter
Breite: 14,37 Meter
Tiefgang/Raumtiefe: 8,01 Meter
Seitenhöhe: 8,55 Meter
Verdrängung: 3105 BRT / 2875 NG
Besatzung: 72 Mann

1 Fockmast	9 Vorstengestagsegel	17 Fock	25 Großobermarssegel	33 Kreuzoberbramsegel
2 Großmast	10 Großbramstagsegel	18 Voruntermarssegel	26 Großunterbramsegel	34 Kreuzroyal
3 Kreuzmast	11 Großstengestagsegel	19 Vorobermarssegel	27 Großoberbramsegel	35 Unterbesan
4 Besanmast	12 Kreuzbramstagsegel	20 Vorunterbramsegel	28 Großroyal	36 Oberbesan
5 Klüverbaum	13 Kreutzstengestagsegel	21 Voroberbramsegel	29 Kreuzsegel (Bagien)	37 Gaffeltoppsegel
6 Außenklüver	14 Besanstengestagsegel	22 Vorroyal	30 Kreuzuntermarssegel	38 Hochdeck
7 Klüver	15 Besanmittelstagsegel	23 Großsegel	31 Kreuzobermarssegel	39 Ruderhaus
8 Binnenklüver	16 Besanstagsegel	24 Großuntermarssegel	32 Kreuzunterbramsegel	40 Poopdeck

ATAGONIA
Straits of Magellan
C. Katherine's
C. de Pinas
R. S.t Sebastian
Craggy Land
Whale Sound
ISLA DE TERRA
DEL FUEGO
Vulcano
B. de Wendon
This Coast not well known.
I. S.t Diago
Ramores
I. Vauverland
I. Cezambre
Cape Horn
I. de S.t Alfonse
Hermites I
Barnavelds Isles

JULI 1939, IM ORKAN VOR KAP HOORN
AN BORD DER VIERMASTBARK »PRIWALL«

DER ZORN GOTTES

Seit zwei Wochen halten wir nun nach Westen und kreuzen
gegen den Sturm. Das Ölzeug ziehen wir nicht mehr aus, dazu
fehlt uns die Kraft. Wir legen uns mit der Kleidung in unsere
Kojen, auf dünne Matratzen aus Stroh, die völlig durchnässt
sind. Eisiges Wasser schwappt durch das Logis. Es ist kalt in
den Kammern, so kalt wie draußen an Deck, denn es gibt keine
Heizung und keinen Ofen und keine Wärme in den Unterkünften der Mannschaft. An Schlaf ist kaum zu denken. Schlaf?
Wenn es überhaupt eine Pause gibt, dauert sie höchstens drei
Stunden, die sich anfühlen wie drei Minuten. Bis wir wieder
den Befehl hören: »Reise, Reise! Alle Mann an Deck!«

Uns bleibt nicht mal Zeit für Albträume.

Brecher überspülen das Deck, und man muss aufpassen,
dass immer eine Leine in der Nähe ist, an der man sich festhalten kann. Wir klettern an der Seite, die dem Sturm zuge-
wandt ist, die Wanten hinauf. Der Orkan drückt uns an die
Rahen, was es leichter macht, wenn sich die *Priwall* in einer
großen See neigt. Über Bord zu gehen, das bedeutet in diesem
Wetter den sicheren Tod, weil es für den Kapitän unmöglich
ist, sein Schiff zu wenden oder ein Rettungsboot aussetzen
zu lassen.

Der Sturm wirft die Viermastbark hin und her. Brecher
überspülen das Deck, über das zur Sicherheit für die Besatzung zusätzliche Taue und »Leichennetze« gespannt sind. Ich
liege hoch oben auf den Rahen und versuche mit den anderen Schiffsjungen und Matrosen, die schlagenden Segel zu
bergen. Meine Fingerbeugen sind vor Kälte und Anstrengung

aufgeplatzt. Das nasse Ölzeug hat meine Handgelenke und den Nacken blutig gescheuert.

»Gott hat Kap Hoorn im Zorn erschaffen«, meinte unser Kapitän, Adolf Hauth. In keinem anderen Gebiet der Weltmeere verloren so viele Seeleute das Leben. Mehr als 800 Schiffe – so schätzt man – sanken im Sturm oder zerschellten an den Klippen. Mehr als 10 000 Männer ertranken. »Wenn du alt werden willst«, so heißt es in einer alten Seemannsweisheit, »dann meide Kap Hoorn und reffe rechtzeitig die Segel.«

An mehr als 300 Tagen im Jahr toben schwere Stürme dort, wo der Atlantische und der Pazifische Ozean aufeinandertreffen. Die Wucht der westlichen Luftströmungen türmt die Seen zu gewaltigen Höhen auf, wie sie nirgendwo sonst in dieser Regelmäßigkeit zu beobachten sind. Wellenwände von 20 Metern Höhe und mehr sind nichts Besonderes, Brecher, hoch wie mehrstöckige Häuser. Eine weitere Gefahr sind Eisberge, die vom südpolaren Packeisgürtel abbrechen. Sie sind unberechenbare Gegner und machen besonders die Navigation der Segelschiffe zu einem Glücksspiel.

Vor allem in der Nacht. Vor allem im Sturm.

Kap Hoorn: ein Ort der Legenden und das am meisten gefürchtete Seegebiet der Welt. Willem Cornelisz Schouten, ein niederländischer Kapitän, hatte das verlorene Land als Erster erreicht, am 24. Januar 1616. Mit seinem Schiff *Eendracht* fand er eine Durchfahrt zwischen dem Festland und einer vorgelagerten Insel, die er »Le Maire« nannte, nach dem Kaufmann, der seine Expedition ausgerüstet hatte. Ein zweites Schiff, die *Hoorn*, geführt von seinem Bruder Jan Cornelius Schouten, war durch ein Feuer verloren gegangen. Sechs Tage nachdem die *Eendracht* die Le-Maire-Straße durchsegelt hatte, passierte sie ein gewaltiges Felsenkap, das Schouten in Gedenken an seine Heimatstadt im Norden der Niederlande Hoorn taufte.

Zunächst wagten nur Freibeuter die gefahrvolle Reise, wie Woodes Rogers, der 1708 die Umrundung schaffte und wenig später Alexander Selkirk an Bord nahm, den man auf einer Insel ausgesetzt hatte. Selkirks Schicksal diente Daniel Defoe als Vorlage für eine der bekanntesten Figuren der Literaturgeschichte: Robinson Crusoe.

Von einer Expedition des englischen Kommodore Anson, der 1740 mit einem Geschwader von sechs Schiffen in den Krieg gegen die Spanier segelte, kam nur das Flaggschiff *Centurion* zurück. Vier Jahre später. Mehr als 900 Besatzungsmitglieder hatten durch Skorbut oder nach Havarien ihr Leben verloren. Amerikanische Walfänger riskierten die Reise, um in die pazifischen Jagdgründe zu gelangen. Und auch immer mehr Handelsschiffe, nachdem in Kalifornien der Goldrausch ausgebrochen war. Es musste gute Gründe geben, das Kap herauszufordern. Die Aussicht auf Tran und Gold reichte offenbar aus.

Als erstes deutsches Schiff passierte die Hamburger Fregatte *Hammonia* 1799 das Kap, auf einer Reise von Kalkutta nach Rio de Janeiro. Jede Passage ums Kap der Stürme glich einem Abenteuer mit offenem Ausgang. Mancher Kapitän brach nach mehreren Wochen den Kampf gegen den Sturm ab, drehte bei und zog den weiten Weg über drei Ozeane und die ganze Welt vor, um den Bestimmungshafen an der Pazifikküste Amerikas zu erreichen.

1905 benötigte die *Susanna* – ebenfalls ein Schiff mit dem Heimathafen Hamburg – wegen eines fehlerhaften Chronometers, der eine genaue Positionsbestimmung unmöglich machte, 99 Tage um Kap Hoorn. Wie durch ein Wunder kam während der Irrfahrt kein Besatzungsmitglied ums Leben, aber die Berichte der Seeleute handeln von unmenschlichen Entbehrungen, von Hunger, von Skorbut, von Verletzungen, wenn Matrosen von Wellen erfasst und gegen die Aufbauten geschleudert wurden. Von der gemeinen Kälte, die dazu führte, dass einigen an Bord Hände und Füße erfroren. Als das Schiff nach mehr als 600 Stunden im schweren Sturm in den Hafen von Caleta Buena einlief, konnten noch acht der 24 Besatzungsmitglieder arbeiten.

An Bord der *Admiral Karpfanger*, einem anderen Segel-schulschiff der Hamburg-Amerika-Linie, das mit 60 Mann Besatzung und einer Ladung Weizen auf der Reise von Aus-tralien nach Europa auf Höhe von Kap Hoorn verschwand, überlebte niemand. Nur eine Tür und ein Rettungsring wurden später an der Küste von Feuerland angetrieben. Vermutlich kollidierte das Schiff in schwerer See mit einem Eisberg.

Die *Admiral Karpfanger* sank 1938, ein Jahr vor unserer Reise.

Unsere Erschöpfung ist nach Wochen im Orkan in einer Sphäre angelangt, in der das Unterbewusstsein das Kommando über den Körper übernimmt. Wir sind mit unseren Kräften am Ende. Wir funktionieren nur noch, irgendwie, um die Strapa-zen zu beenden. Um das Kap zu überleben.

Das Meer kocht regelrecht, und die *Priwall*, einer der berühmten Flying P-Liner, wie die Schiffe der Reederei F. Laeisz wegen ihrer schnellen Reisen genannt werden, rollt schwer in der See. Es ist anstrengend, sich auf den Beinen zu halten und nicht mitgespült zu werden, wenn eine große See überkommt. Wieder und wieder müssen wir hinauf in die Rahen, um Segel zu bergen. Sicherheitsleinen gibt es dort oben nicht. Aber Angst? Angst spüre ich nicht, das ist seltsam. Ich denke nur an den Augenblick. Daran, wie es in der nächsten Minute weitergeht. Wie ich die nächste halbe Stunde überlebe. Ich hoffe, dass mein Körper nicht einfach versagt, nicht aufgibt vor Müdigkeit.

In manchen Momenten frage ich mich: Kann ich das noch ertragen?

Es wäre so einfach: nur die Hände von der Rahe nehmen. Die Augen schließen. Mich nach hinten fallen lassen.

Soll ich die Qual beenden?

PATAGONIA

ne Victory
now Hills
Craggy Land
Sounds running very far
Straits Sound
S. Jerome Sound
Juachelory P.
Elizabeth Bay
S. Christina
P. S. Martin

Whale Sound

Cape Virgin Mary

Straits of Magellan

C. Katherine's

C. de Pinas

C. Monmouth
R. S. Sebastian

ISLA DE TERRA
DEL FUEGO

B. of Good Succes
B. de Wendon

Vulcano

This Coast not well known

I. S. Diago
Ramores

I. Vauverland

I. Cezambre

Cape Horn

I. des

Hermites I.

I. de S. Alfonse

Barnavelds Isles

VIERMASTBARK

Priwall

Mai 1939 – Mai 1941
KURS KAP HOORN

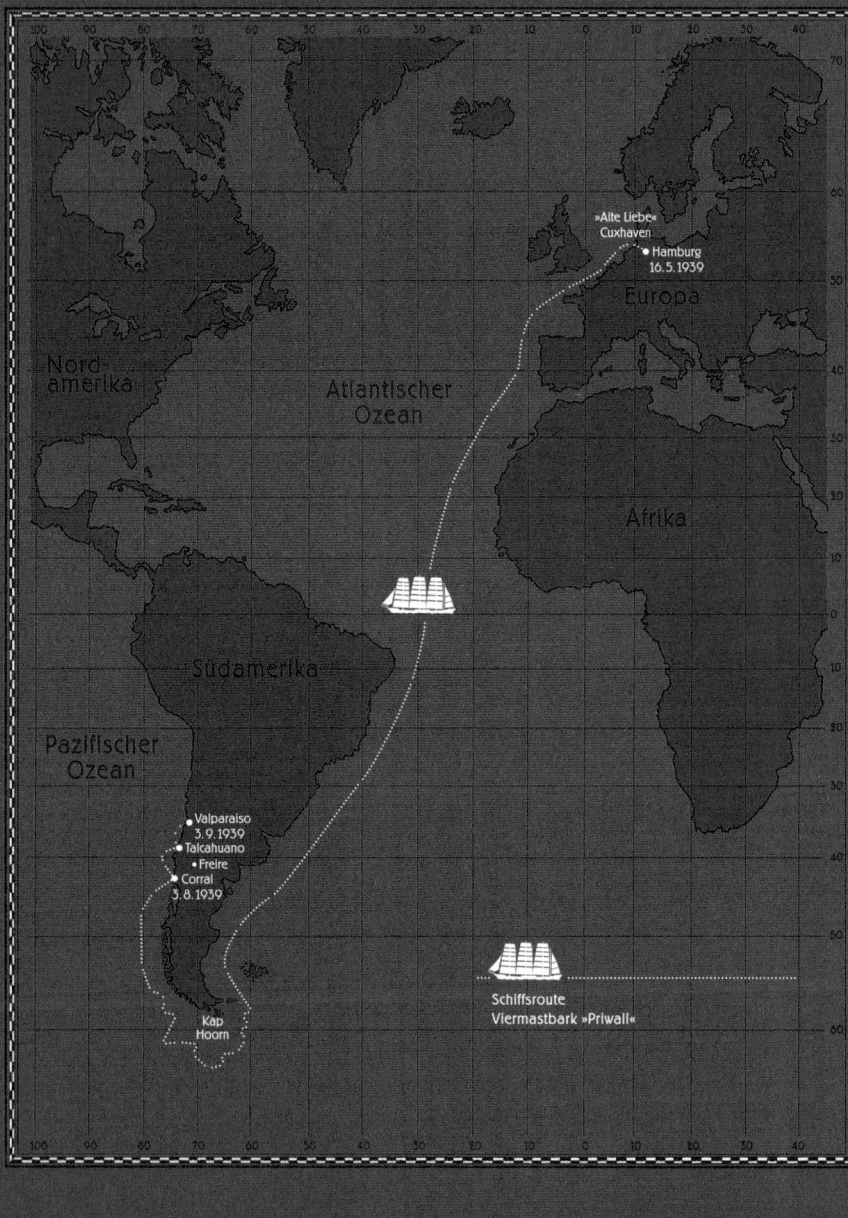

ABSCHIED

Hamburgs Hafen wirkte auf mich wie ein Jahrmarkt, ein Durcheinander von Fähren, Elbkähnen und Schuten. Auf den Landungsbrücken hörte man das Dröhnen der Niethämmer, das herüberdrang von den Werften, von Blohm & Voss. Es roch nach dem Ruß und dem schwarzen Qualm, der aus unzähligen Schornsteinen der Dampfer in den Himmel aufstieg. An trüben Tagen hing der Rauch wie eine dunkelgraue Glocke über dem Hafen.

Die meisten Schiffe lagen nicht an einer Kaimauer, sondern waren an Pfählen festgemacht. Oft mehrere nebeneinander, Bordwand an Bordwand. Wenn ein Besatzungsmitglied an Land wollte, setzte man die Signalflagge N, eine Flagge mit kleinen Karos in Blau und Weiß. Dann wartete der Seemann auf das Wassertaxi. Zahllose kleine Fähren verkehrten in den Hafenbecken. Einen besonderen Ruf genoss die *Fähre 7*, die »Lumpensammler« genannt wurde, weil sie auf ihrem Zickzackkurs besonders viele Seeleute aufsammelte, auch in den weiter entfernten Hafenbecken.

Im Hafen spielte sich das ganze Leben des Seemanns ab, ganz anders als heute, wo Landgänge meist im Containerterminal enden. Der Hamburger Hafen war damals eine eigene Stadt inmitten der Stadt. Matrosen hatten es nicht weit zur Reeperbahn auf St. Pauli. Manche aber gingen gleich in eine der Spelunken unten an der Wasserkante. Seeleute bekamen damals in jeder Kneipe einen Kredit, einen Bierdeckel, auf den sie anschreiben lassen konnten, denn kaum einer prellte seine Zeche. Das war eine Frage der Ehre.

Es war ein warmer Tag im Mai, die Sonne schien aus einem Himmel ohne Wolken, als mein Vater und ich in Richtung Rödingsmarkt spazierten. Ich sollte mich in einem der

Geschäfte für Seemannszubehör einkleiden: Seestiefel, Ölzeug, Unterhosen aus Wolle kauften wir. Frühmorgens waren wir in Cuxhaven aufgebrochen und in den Zug gestiegen, der von einer schwer keuchenden, alten Dampflok gezogen wurde. Vater sprach nicht viel, er sprach nie besonders viel. Hans Jürgens war ein angesehener Kapitän, eine Autoritätsperson, die Leute mit einem Blick zum Schweigen bringen konnte. Mit seinen Kontakten und dank seiner Reputation hatte er es möglich gemacht, dass ich – 15 Jahre alt – als Schiffsjunge auf die *Priwall* kam. »Wenn schon, dann gehörst du auf ein vernünftiges Schiff!«, sagte er. Ein vernünftiges Schiff?

Kein Schiff hatte es geschafft, Kap Hoorn schneller zu umrunden. Von 50 Grad Süd im Atlantik nach 50 Grad Süd im Pazifik, also von Ost nach West, in fünf Tagen und 14 Stunden, schneller als sämtliche amerikanischen Clipper oder der berühmte Fünfmaster *Potosí*. Die Bark *Priwall* der Hamburger Reederei F. Laeisz war kein vernünftiges Schiff: Sie war längst eine Legende mit vier Masten – 98,5 Meter lang und 14,4 Meter breit.

Nach dem Einkauf trug ich einen Seesack auf der Schulter, und wir spazierten hinunter zu den Landungsbrücken, wo wir auf die Fähre warteten. Die *Priwall* lag in einem der Gräben genau gegenüber von St. Pauli, wo sie mit Kali und Stückgut beladen wurde. Erster Zielhafen sollte Corral sein, eine Hafenstadt in Chile. Ich hatte keine Ahnung, wo genau Chile auf der Weltkarte zu finden war und wo sich dieses Corral eigentlich befand. Ich konnte in meinem Kopf hören, wie mein Herz schlug, als die Fähre lostuckerte und wir den Masten der *Priwall* näher kamen.

VATER

Meine Liebe zum Meer begann zu einer Zeit, an die ich keine Erinnerung haben kann. Wenn uns Vater mitnahm auf eine seiner Reisen, legte man mich, den Säugling, in eine Schublade unter seine Koje. Es kam aber nicht oft vor, dass meine Mutter

Emma und ich ihn begleiten durften. Vater war selten daheim. Seine Reisen dauerten stets mehrere Monate, und als er für eine ägyptische Reederei Holz aus dem Schwarzen Meer fuhr, kam er zwei Jahre nicht nach Hause. Ich vermisste ihn oft, wie alle Kinder von Seeleuten ihre Väter vermissen. Man kann sagen, dass mich meine Mutter allein aufzog. Wir wohnten in Cuxhaven, in einem Backsteinhaus an der Nordersteinstraße, ganz in der Nähe des Amerikahafens. Kapitäne waren keine reichen Leute mehr nach dem Ersten Weltkrieg, aber wir hatten unser Auskommen.

Wenn Vater in Hamburg oder Bremen einlief, besuchten meine Mutter und ich ihn im Hafen. Festtage waren das für mich, denn als Sohn des Kapitäns ist man eine Art »kleiner Kapitän« an Bord. Die Matrosen erzählten mir, was sie auf ihren Reisen erlebt hatten. Ihre Geschichten von den Stürmen vor Kap Hoorn faszinierten mich besonders.

1914 hatte Vater im Krieg eine Seeschlacht vor den Falklandinseln überlebt, als die Briten fast das gesamte Geschwader der kaiserlichen Marine versenkten und nur ein Kreuzer entkommen konnte. Er gehörte zu den wenigen Seeleuten, die aus dem Ozean gezogen werden konnten. Mehrere Jahre verbrachte er dann in Kriegsgefangenschaft, im kargen schottischen Hochland. Auf einem Foto, das er mir zeigte, trug er eine Pelzmütze. Das Foto soll in meiner Geschichte noch eine Rolle spielen, aber dazu kommen wir später.

Als ich acht Jahre alt war – das war 1932 –, durfte ich Vater auf dem Dampfer *Kersten Miles* nach Schweden begleiten, wo wir Zellulose für Nordamerika luden. Unsere Besatzung bestand aus Chinesen – eine Sensation in den einsamen schwedischen Kleinstädten, wo noch nie ein Asiate angelegt hatte. In jedem Hafen entlang unserer Route liefen die Leute zusammen, um die fremdartigen Gesichter zu sehen. Ein Bootsmann brachte mir bei, wie man mit Sprotten umgeht, und ich durfte mit dem Arbeitsboot im Hafenbecken umherrudern. Jede Reise war ein Abenteuer, und mein Entschluss stand fest: Ich wollte zur

See fahren. Noch heute kann ich mich an die Namen und alle Details erinnern, so sehr haben mich diese Erlebnisse geprägt.

Von einer seiner Reisen brachte Vater ein kleines Boot mit, etwa drei Meter lang, mit einem Mast, an den ich ein Bettlaken als Segel knotete. Mein Freund Egon und ich kreuzten damit vor Cuxhaven umher, im Mündungsgebiet der Elbe, was – wenn ich heute darüber nachdenke – ziemlich gefährlich war für zwei kleine Jungs. Das Seegebiet ist für Strömungen und den starken Gezeitenwechsel bekannt.

Einmal trieben wir zu weit vom Hafen ab und schafften es nicht mehr zurück, bevor die Ebbe einsetzte. Gerade noch konnten wir uns ins Watt retten, wo wir trocken fielen und abwarteten. Als die Flut einsetzte und wir wieder Wasser unter dem Kiel hatten, segelten wir zurück nach Cuxhaven. Obwohl wir uns beeilten, kamen wir Stunden zu spät nach Hause. Meine Mutter hatte sich große Sorgen gemacht und schimpfte, als ich endlich durch die Tür trat.

Sie hatte es nicht leicht mit mir. Ich war ein unaufmerksamer Schüler und langweilte mich im Unterricht. Statt daheim Hausaufgaben zu erledigen, zog es mich in den Hafen. Ich las jedes maritime Buch, das ich bekommen konnte, und malte mir ferne Länder aus, dachte an Städte mit magischen Namen, träumte von Rio de Janeiro, von Caracas, von Havanna. Meine Schulnoten im humanistischen Gymnasium an der Abendrothstraße wurden immer schlechter. Nachsitzen oder die Androhung von Stockschlägen konnten daran wenig ändern. Nur einmal brachte ich es zu einer Höchstleistung im Klassenzimmer, als ich von einer Reise mit meinem Vater zurückkehrte und den Dampfer malte, auf dem wir gefahren waren. Dem Lehrer gefiel das Bild so gut, dass er es an die Wand hängte. Darauf war ich sehr stolz.

Meine Eltern waren von meiner Leidenschaft für die Seefahrt wenig begeistert. Ich sollte, wenn überhaupt, zur Marine gehen, aber das wollte ich nicht. Wir diskutierten, wir stritten oft, bis zu jenem Abend, als mein Vater in mein Zimmer kam.

Er war ausnahmsweise gerade zu Hause, um einen Lehrgang zu besuchen; es ging um Verhaltensregeln für Kapitäne der Handelsschifffahrt im Krieg. Er setzte sich auf die Bettkante und sagte: »Also gut, Junge, du kannst auf ein Schiff. Ich habe dich auf der *Priwall* untergebracht.«

Ich erinnere noch heute das Gefühl: Es war, als treffe mich eine warme Welle. Ich konnte es zunächst gar nicht glauben. Vaters Entscheidung, mich doch zur See fahren zu lassen, hat mir vermutlich das Leben gerettet.

Von meinen Klassenkameraden haben nur drei den Krieg überlebt.

Meine ersten Minuten an Deck der *Priwall* glaubte ich zu träumen, so beeindruckt war ich von der Höhe der Masten, vom Gewirr der Takelage, die sich wie ein gewaltiges Spinnennetz über uns spannte. Als wir das Hochdeck betraten, stupste mich Vater an und flüsterte mir zu: »Junge, sieh mal: Eine der Brassen auf der Brassenwinde ist übergelaufen. So etwas darf nicht vorkommen.«

Diese Worte haben sich mir ins Gedächtnis eingebrannt, ganz seltsam, aber sie haben mich mein ganzes Leben auf See begleitet. Vom ersten Moment an hatte Vater mich für Nachlässigkeiten sensibilisiert, die bei schwerem Wetter fatale Folgen haben können. Alle anderen Ratschläge habe ich vergessen. Diesen einen jedoch nicht.

Der Dritte Offizier nahm uns in Empfang und zeigte uns das Schiff. Unter der nach hinten offenen Back befanden sich der Mannschaftswaschraum, Toiletten, die Werkstatt des Zimmermanns sowie die Ankerwinde. Meine Koje sollte ich zunächst im vorderen Teil des Hochdecks beziehen, in dem Logis der Matrosen. Zwölf Mann teilten sich einen Schlafraum. Als Lager dienten übereinander stehende Betten, deren Matratzen mit Stroh gefüllt und mit Segeltuch überzogen waren.

Meine Aufregung wich allmählich einem mulmigen Gefühl. Vater nahm mich noch einmal in den Arm. Er sagte nichts und drückte mich nur an sich. Dann ging er wortlos über die Gangway. Ich sah ihm hinterher, als er an Bord der nächsten Fähre stieg, die langsam in Richtung der Landungsbrücken davonfuhr. Ich fühlte mich einsam, doch ich beruhigte mich: Schon Weihnachten sollte ich wieder zu Hause in Cuxhaven sein. In sieben Monaten war ich zurück.

Was sollte dazwischenkommen?

»REISE, REISE!«

Das war der Weckruf an Bord, angelehnt ans englische »rise«, aber eingedeutscht. Wer nicht aufstand, wurde wachgerüttelt. Etwa zehn Minuten blieben, bis die Wache auf Deck begann; diese zehn Minuten nutzte man für eine kurze Wäsche und Zähneputzen. Die Waschräume lagen vorn an der Steuerbordseite, unterhalb des Backdecks, und achtern, unterhalb des Poopdecks, ganz hinten im Heck.

Ich war rechtzeitig zum ersten Wachantritt an Deck, wo der Erste Offizier die Arbeit verteilte. Zu meinem Erstaunen und meiner Enttäuschung schien niemand Notiz von mir zu nehmen. Keiner beachtete mich, den Jüngsten an Bord. Ich wurde einem Leichtmatrosen zugeteilt, mit dem ich die Stützen des Laderaums mit Sackleinwand umwickelte, damit sich keine Feuchtigkeit an den eisernen Trägern bildete und die geladenen Kalisäcke nicht nass wurden. Der Leichtmatrose hieß Willy Buch, ein groß gewachsener, blonder Kerl, 18 Jahre alt, mit einem breiten Kreuz.

»Min Jung, wo kommst du her?«, fragte er.

»Aus Cuxhaven.«

»Ach was! Cuxhaven? Ich auch!«

Willys Vater war Fischdampferkapitän. Wir plauderten über die Stadt mit dem Wahrzeichen Kugelbake und suchten nach gemeinsamen Bekannten, was mir half, meine Unsicherheit zu überspielen. Willy, der seine dritte Reise mitmachte, gab mir

Ratschläge und erklärte, wie der Alltag funktionierte: Für jeden Mast war ein Toppmatrose zuständig, der kleinere Reparaturen in der Takelage selbst erledigte. Größere Reparaturen übernahmen die Segelmacher, Deckschlosser (»Meister« genannt, weil sie sogar mit schwerem Gerät in die Takelage kletterten) und ein Zimmermann, den wir im Bordjargon »Blaubüddel« oder »Blau« riefen.

Meine Aufgabe als Schiffsjunge war es zunächst nur, möglichst eifrig hinterherzulaufen. Ich sollte zusehen, lernen, ich sollte mir einprägen, wo die Taue und Seile der Takelage verliefen, wie die Segel aufgegeit wurden, welcher Handgriff bei welchem Kommando zu erledigen war. Das Handwerkszeug eines Segelschiffmannes. Es war anfangs sehr verwirrend.

Am Morgen des 16. Mai 1939 warfen wir die Leinen los. Unter einem blauen Himmel zog uns der Schlepper *Simson* Richtung Nordsee. Langsam schoben wir die Elbe hinunter und verabschiedeten St. Pauli und Blankenese nach einem alten Brauch mit »Three Cheers«: »Hipp, hipp, hurra!« Dann wurde der Fluss breiter.

Ein letzter Abschiedsgruß ertönte, als wir den Reededampfer, die *Alte Liebe*, vor Cuxhaven passierten. Einige Freunde meiner Familie waren an Bord der *Alte Liebe*, um mir zuzuwinken und ein Foto zu schießen. Als ich sie sah, spürte ich ein aufgeregtes Kribbeln im Bauch, denn nun war endgültig klar, dass es kein Zurück mehr gab. Der Schlepper *Simson* dampfte davon, und auf der *Priwall* setzte man die Segel. Bald darauf verschwand die Küstenlinie hinter dem Horizont.

19. MAI 1939
IM ÄRMELKANAL

NEBEL

In der Nähe der weißen Küste von Dover, wo der Ärmelkanal am schmalsten ist, legte sich Nebel auf das Wasser. Dichter, weißer, schwerer Nebel. Der Kapitän entschied, etwas abseits des normalen Schiffswegs vor Anker zu gehen. Wenn sich nun auch noch der Wind legte, trieben wir blind und unkontrolliert in der starken Strömung. Um uns herum war das stumpfe Brüllen der Nebelhörner anderer Schiffe zu hören. Auch wir schlugen die große Glocke auf der Back, aber ihr Klang konnte leicht überhört werden. Eine solche Lage ist für jedes Segelschiff gefährlich: Ohne Motorkraft kann die Besatzung nur treiben und muss hoffen, dass kein anderes Schiff aus der Nebelwand auftaucht und nicht mehr ausweichen kann. So erging es der *Preußen*, einem Fünfmaster, der von einem Dampfer gerammt wurde und vor den Klippen von Dover strandete.

Außer dem Kollisionsschott hinter der Ankerkette hatte unser Segelschiff keine weiteren wasserdichten Schotten. Nach einer Kollision würden wir volllaufen und dann sinken wie ein Kreidefels. Selbst geübte Schwimmer hätten es schwer gehabt, zu überleben, denn im undurchdringlichen Nebel findet man Schiffbrüchige nur durch Zufall.

Wir warteten ab. Die Nebelhörner tuteten. Dann geschah das, was alle befürchtet hatten: Wie ein böser Geist schob sich der Bug eines Dampfers aus der Nebelwand! Unser Kapitän rannte vom Hochdeck nach vorn und schlug die Glocke nun selbst, so hart, laut und schnell es ging. Der Dampfer aus Dänemark schien das zu hören und uns nun zu sehen. Er drehte bei – in letzter Sekunde. In einer Entfernung von weniger als 50 Metern schrammte sein Steven an uns vorbei. Etwa 50 Meter fehlten zur Katastrophe, das ist nicht viel auf dem Wasser. Wir atmeten auf.

Tags darauf löste sich der Nebel zu unserer Erleichterung auf. Rasch stellte sich Routine an Bord ein. Zur ersten Phase einer Reise gehören das Schrubben des Decks und die Grundreinigung des Schiffs. Die Matrosen nutzten jede Gelegenheit, uns Junge mit den unterschiedlichen Handarbeiten vertraut zu machen. Sie zeigten uns auch, wie man Taue knotet und Drähte spleißt.

Dann wurden die Wachen eingeteilt: In diesem alten, überlieferten Ritual wählten der Erste und der Zweite Offizier im Wechsel ihre Leute aus. Traditionell unterstand die Backbordwache (die so hieß, weil sie an der Backbordseite des Schiffes schlief) dem Ersten Offizier. Auf Schiffen, die mit wenig Besatzung aus vielen Nationen fuhren, kam dieser Wahl ziemliche Bedeutung zu: Der Offizier mit der besseren Menschenkenntnis fuhr hinterher bestimmt besser.

Ein Anfänger wie ich spielte keine besondere Rolle, und es war Zufall, dass ich der Backbordwache des Ersten Offiziers zugeteilt wurde. In den nächsten Tagen merkte ich, dass man sich erst an den neuen Schlafrhythmus gewöhnen musste. Eine Wache dauerte vier oder sechs Stunden, im ständigen Wechsel. Je stürmischer das Wetter wurde, desto öfter fielen Freiwachen aus, das sollten wir noch früh genug merken.

Ich zog in eine andere Unterkunft um. Die Schiffsjungen und Jungleute schliefen unter dem erhöhten Poopdeck in drei ziemlich kleinen Räumen. Ich bekam eine Koje an der eisernen Bordwand zugewiesen, was – wie ich später feststellte – nicht gerade ein Vorteil war: War es warm, lief Kondenswasser die Schweißnähte herunter, und in der Kälte bildeten sich daran Eiszapfen.

Nach zwei Tagen im Ärmelkanal kamen uns – nur eine halbe Seemeile entfernt – drei Dampfer in einem Mini-Konvoi entgegen. Drei Urlaubsschiffe der nationalsozialistischen Organisation Kraft durch Freude, deren Aufgabe es war, Freizeitaktivitäten im Dritten Reich zu organisieren und gleichzuschalten. An Deck der Schiffe befanden sich eigenartig viele Passagiere.

Wir sahen genauer hin und entdeckten: Das waren keine Touristen, das waren Soldaten in Uniformen. In grauen Uniformen. Als sie die vier Masten der *Priwall* sahen, wurden es immer mehr. Ein paar tausend Mann, schätzten wir. Es waren Einheiten der Legion Condor auf der Rückkehr aus dem Bürgerkrieg in Spanien.

Auf uns Schiffsjungen machte die Begegnung wenig Eindruck; die kriegerische Rhetorik, die 1939 immer aggressiver wurde, spielte keinerlei Rolle im Bordleben. Wir sprachen nicht über Politik, wir sprachen nicht über Hitler. Wir waren mit dem Regime aufgewachsen, wir kannten nichts anderes. Alle waren in der Hitlerjugend oder im Jungvolk gewesen, jeder kannte die vormilitärische Ausbildung. Unsere Eltern hatten uns nicht davor bewahren können.

Auf der *Priwall* gab es keine Bord-SA wie auf manch anderem Frachtschiff. Niemand grüßte mit ausgestrecktem Arm. Man rief auch nicht: »Heil Hitler«, man sagte zum Wachwechsel: »Moin«. Nur einer der älteren Jungen las in »Mein Kampf« und ging uns gelegentlich mit »Weisheiten« daraus auf die Nerven. Er galt als komischer Außenseiter und wurde von den anderen gemieden. Für uns waren ganz andere Dinge interessant: Filme wie »Die Neufundlandfischer« oder »F.P. 1 antwortet nicht«, mit Hans Albers in der Hauptrolle. Wir lasen die Groschenromane von Tom Shark, dem König der Detektive, oder die Abenteuer des Agenten John Kling. Mädchen waren überhaupt kein Thema, wie aus einem Gefühl heraus, dass es besser wäre, nicht über sie zu reden, weil sie ohnehin zu weit weg waren. Zum Reden und Lesen kamen wir aber ohnehin selten. In der Freizeit schlief man vor Erschöpfung schnell ein.

IM MAST

Wir Schiffsjungen ließen keine Liebe und keine Kinder zurück, also fiel uns der Abschied von zu Hause nicht schwer. Die ersten

Tage auf See sind für einen Seemann, der Familie zu Hause weiß, eine Qual. Eine finstere Zeit, in der man sich bisweilen nach dem Sinn des eigenen Tuns fragt. Es gab Schiffe, auf denen begegnete man dem Kapitän nach dem Auslaufen tagelang nicht, weil er sich in seiner Unterkunft verkrochen hatte.

Die Arbeitsroutine während der Wachen hilft, den Schmerz zu lindern. Jeder Tag ähnelt einem Kreislauf, dessen Wiederholungen sich mit der Monotonie des Meeres in einen Zustand verweben, in dem die Zeit kaum eine Rolle spielt. Die Tage und Wochen gehen vorbei. Wer die See liebt, liebt auch genau diese Routine an Bord.

Woran ich mich gewöhnen musste, war das Gefühl, zu keiner Sekunde und zu keinem Moment allein zu sein. In meiner Gruppe, die für den Kreuzmast und den Besanmast verantwortlich war, freundete ich mich bald mit einigen Jungs an: mit Bruno Pichner, einem hünenhaften Leichtmatrosen. Mit Cassen Eils, einem frechen Kerl von der Nordseeinsel Norderney. Mit Willy und dem rothaarigen Joachim Lange, der sich vorstellte, als wir oben in den Rahen lagen und ich mit weichen Knien überlegte, wie ich jemals wieder hinunterklettern könnte.

»Gestatten, Roter Gollo«, sagte er und streckte mir mit breitem Grinsen die Hand entgegen. Ich lachte so heftig, dass ich beinahe abgestürzt wäre. Wer zum ersten Mal in den Mast klettert, hat sonst nicht viel zu lachen. Man muss mit der Mischung aus Respekt und Erfurcht fertig werden. 56 Meter hoch waren die Masten der *Priwall*. Wer zum ersten Mal hinaufsollte, wurde von einem erfahrenen Matrosen begleitet, zur Sicherheit und zur mentalen Unterstützung. Was an einer Stelle am Mast, an der Mars, an der man einen etwa drei Meter breiten Überhang hochklettern musste, auch nicht weiterhalf. Es kostete Selbstüberwindung weiterzusteigen. Ohne Sicherheitsseil.

Von Unfällen wusste jeder Matrose. Auf der *Padua*, einem Schwesterschiff, brach in einem Sturm die Stenge des

Vormastes, auf dem sechs Seeleute in der Takelage standen, um Segel einzuholen. Alle stürzten ins Meer und ertranken. Überhaupt kam es an Bord der *Padua* beinahe auf jeder Reise zu einem Unglück mit Todesfolge. Immer wieder stürzte jemand vom Mast in die Tiefe. Auf der baugleichen *Priwall* hingegen geschah selten etwas. Warum manche Schiffe das Unglück anziehen und manche im Glück zu segeln scheinen – dafür gibt es keine Erklärung, nur den Aberglauben.

Ein besonderes Unglücksschiff war die britische Viermastbark *Wanderer*, der während ihrer Jungfernfahrt im Bristolkanal alle vier Masten brachen, bevor sie in den ersten Hafen einlief. Jede Fahrt forderte Tote oder Verletzte, und kein Matrose ging ohne zwingenden Grund auf die *Wanderer*. Sie war an einem Freitag aus der Werft gekommen, was als schlechtes Omen galt. Kein Kapitän lief an einem Freitag mit seinem Schiff aus. Der Freitag brachte Unglück.

Wer nicht aus eigenem Antrieb den Mast hochkletterte, wurde hochgetrieben. Mit Ohrfeigen. Mit Gebrüll. Von den Matrosen, von den anderen Schiffsjungen. Es galt, seine Angst und den Instinkt zu besiegen. Jeder musste seine Furcht überwinden, weil das Wohlergehen aller davon abhing. Mit den Stürmen der Roaring Forties, wie die Region südlich des 40. Breitengrads genannt wird, würde die *Priwall* nur dann fertig, wenn jeder in der Mannschaft sein Bestes gab. Ausnahmen? Ausfälle? Durfte es nicht geben. Ich war anfangs nicht schwindelfrei, aber ich gewöhnte mich an die Höhe.

Von oben im Mast betrachtet sah das Schiff aus wie ein schmales Brett. Das Meer war so unglaublich weit, von einer Schönheit und von einer Magie, die einen andächtig machte. Ich konnte Delfine erkennen, die das Schiff begleiteten. Immer wieder sprangen ihre silbernen Körper aus dem Wasser. Der Ozean erschien mir als gewaltiges Blau, in dem das Schiff so seltsam klein wirkte, so zerbrechlich und kaum geeignet, die schweren Stahlrohre zu tragen, auf denen ich gerade stand.

Vielleicht klingt es merkwürdig, aber man spricht wenig an Bord eines Segelschiffs, weil die Natur einen schweigen lässt. Es ist noch nach Wochen auf dem Wasser eindrucksvoll, in einer freien Minute den Himmel zu beobachten. Kein Motorengeräusch ist zu hören, nur das Pfeifen des Windes.

Zu den Aufgaben in der Takelage gehörte es unter anderem, die Gordinge der Kreuzrahen von der Royalrah abwärts zu überholen. Gordinge sind dünne Drähte, mit denen die Segel aufgegeit werden. Ich lernte, sie hinter einem Leitblock zusammenzubinden, aber nicht zu fest, damit sie nicht auf den Segeln liegen und scheuern konnten. Bald hatten wir alle Handgriffe so verinnerlicht, dass wir sie bei starkem Wind und auch nachts ausführen konnten. Taschenlampen benutzten wir nicht. Davon wird man nur nachtblind, weil sich das Auge nicht an die Dunkelheit gewöhnen kann. Mondlicht genügte, dass wir uns an Deck und auch in der Rigg orientieren konnten. Man sagt, dass Segelschiffleute mit Katzenaugen sehen.

»SPECHTS GEHEIMNIS«

Unter vollen Segeln passierte die *Priwall* die Leuchttürme der bretonischen Insel Ouessant und steuerte hinaus auf den Atlantik. Zwei Tage waren wir in der Biskaya unterwegs, als uns ein Bananendampfer entgegenkam, der auf der Rückreise von Kamerun nach Deutschland war. Das Schiff stampfte immer näher heran, bis es auf Brüllweite war.

»Wollt ihr Bananen rüberholen?«, schrie jemand.

Einer der Jungen der *Priwall*, Hermann Meyer hieß er, war Sohn des Kapitäns auf dem Bananendampfer. Am liebsten hätten wir im Chor zurückgeschrien: »Oh ja, jede Menge!«, doch unser Kapitän lehnte die Offerte zu unserem Bedauern ab, weil er keine Verzögerung der Fahrt wünschte. Hinterher meinte er, dass es sich nicht gehöre, an Bord eines stolzen Segelschiffs Bananen zu essen.

Besonders wir Jungen fluchten, natürlich nur so laut, dass es keiner der Offiziere oder Matrosen mitbekam. Unsere Verpflegung war miserabel, was Qualität und Menge betraf. Das Essen war unser Gesprächsthema Nummer eins: Mehr noch als um Detektiv Tom Shark oder Agent John Kling ging es um unsere traurige Dauerdiät aus Hülsenfrüchten, aus Salzgemüse, aus ekligem Salzfleisch und gesalzenem Speck, aus Haferschleim und »Spechts Geheimnis«. So hieß der Kaffee oder besser gesagt eine Art Kaffee, der aus gepressten Kaffeeplatten gekocht wurde. Diese sahen aus wie Schokoladenriegel, schmeckten aber äußerst bitter. Zwei Riegel genügten, um eine Kanne zu füllen, aber niemand wollte wissen, was eigentlich das Geheimnis von »Spechts Geheimnis« war.

Besonders das Salzfleisch, in stinkenden Fässern gelagert, und die Kartoffeln waren, je länger die Reise dauerte, kaum zu genießen und gerade noch im Labskaus zu ertragen. Frische Kartoffeln faulten in der feuchten Seeluft schnell und verbreiteten einen penetranten Gestank. Sie wurden durch getrocknete Kartoffeln ersetzt, eine sonderbare Erfindung mit eigenartigem Geschmack. Wir waren überzeugt, dass manche unserer gesalzenen Mahlzeiten – eine Kühlung gab es an Bord nicht – bereits mehrfach den Äquator gequert hatten. Dass die Ernährung auf britischen Schiffen noch scheußlicher sein sollte – dort nannte man das Essen ohne Umschweife »Salted Horse« (gesalzenes Pferd) –, tröstete kaum.

Der Geiz der Reeder ging so weit, dass man uns Seeleuten nicht mal das in der Speiserolle vorgeschriebene Pfund Margarine zugestand. Man händigte uns zwar ein Pfund aus, aber nicht ein halbes Kilo, sondern ein Pfund nach englischer Maßeinheit. Was eigentlich auch egal war, denn das Streichmittel, das man »Margarine« nannte, war mehrfach geschmolzen und hatte sich danach durch Abkühlung wieder erhärtet. Von den beiden Schichten, die sich in der Dose gebildet hatten, war eine durchsichtig und klar, die andere grau und mehlig. Keine

Ahnung, was man mit dem Zeug anfangen konnte – zum Verzehr war es kaum geeignet.

Manchmal versuchte unser Schiffskoch, den Speiseplan mit Frikadellen aus Schwarzbrot und Sojaöl zu ergänzen, was allerdings genauso appetitlich war, wie es sich anhört. Trotzdem aßen wir alles, was wir bekamen, denn viel war es nicht. Hunger war unser ständiger Begleiter. Zwei Schweine lebten in einem Verschlag an Deck. Zwei recht stattliche Hausschweine, für die auf der Hälfte der Strecke die Reise zu Ende war. Wir konnten es kaum erwarten, dass sie geschlachtet wurden, wobei ich als Letzter in der Bordhierarchie nicht gerade das Filetstück abbekam. Von den Schweinen blieb nichts übrig.

Einigen Matrosen kam eine Idee, wozu der Salzspeck noch zu gebrauchen war: Sie köderten damit einen großen Hai, der die *Priwall* stundenlang verfolgt hatte. Als der Raubfisch – etwa dreieinhalb Meter lang – schließlich anbiss, herrschte große Aufregung. Mit Vorsicht hievten die Fänger das Monstrum, das wild mit dem Schwanz um sich schlug, an Deck. So kam es auf unsere Speisekarte. Der Hai schmeckte nicht so gut wie ein Delfin oder einer der fliegenden Fische, die manchmal morgens auf Deck lagen, aber immerhin.

Es kam vor, dass mancher seine Wochenration Proviant mit einem Mal aufaß. Anschließend war man auf die Almosen der Kameraden angewiesen. Nachschlag aus der Bordküche? Ausgeschlossen. In meinem Leben war ich nur einmal seekrank. Zumindest war das die offizielle Version. In Wahrheit hatte ich nämlich eine Dose Corned Beef, die auf wundersame Weise den Weg aus der Kombüse in meine Tasche gefunden hatte, auf einmal aufgegessen. Neben dem Kaffeeverschnitt tranken wir Tee, also bräunlich gefärbtes Regenwasser, das in einem großen Tank gesammelt wurde. Drei Mann teilten sich eine Holzpütze, wie die kleinen Behälter genannt wurden. Das musste zum Trinken, zum Waschen und zum Reinigen der Kleidung genügen. Unser Arbeitszeug roch schon nach kurzer Zeit wie ein »Salted Horse«. Unterwäsche und Handtücher wusch man natürlich; doch mit der Menge Kernseife, die man uns gab, war es nicht möglich, die Wäsche wirklich sauber zu bekommen. Das Zeug war mit einer dicken Schmiereschicht überzogen. Löcher flickte man mit altem Segeltuch. Wenn es gar nicht mehr anders ging, knoteten wir Jacken und Hosen an eine Leine und hingen das Bündel von Bord; was der Kapitän aber nicht gern sah und schließlich verbot. Ein paar Jacken und Hosen an einer Leine bremsen das Tempo einer Viermastbark unter vollen Segeln natürlich ungemein! Wer während einer Einlaufparade in irgendeinem Hafen, wenn Großsegler unter Motorengetucker vorbeiziehen, romantische Anwandlungen bekommt, sollte an »Spechts Geheimnis«, die ranzige Margarine und meine alte Hose denken.

QUÄLER

Disziplin und Gehorsam – das lernten wir in den ersten Wochen auf See. Bisweilen schlugen die Matrosen und Offiziere einen rauen Ton an, aber das gehörte dazu. Man muss sich das vorstellen: Ein Schiff, das auf das Funktionieren seiner Mannschaft angewiesen war, legte in Hamburg ab, um das meistgefürchtete Gebiet der Welt zu durchsegeln, von Ost nach West, gegen Wind und Strömung und obendrein im Südwinter. Mehr als ein Viertel der Besatzung aber bestand aus Anfängern. Bis Kap Hoorn blieben nur wenige Wochen, um aus uns einsatzbereite Seeleute zu machen.

Zum Problem wurde, dass einige Matrosen die notwendige Härte mit sinnloser Schikane verwechselten. Sie mochten es offenbar, andere zu quälen. Dazu gehörte der Zweite Offizier, ein Mann mit dunklen Haaren, einer breiten Nase und den Muskeln eines Boxers, der sich auch benahm wie ein Boxer. Seine Masche war es, einen Witz zu erzählen.

»Findest du mich nicht witzig?«, fragte er mit gespielter Empörung, wenn es keine Reaktion auf den Scherz gab. Dann schlug er zu.

»Lachst du mich etwa aus?«, rief er, wenn jemand lachte. Und schlug zu. An manchen Tagen, wenn seine Laune besonders schlecht war, benötigte er gar keinen Anlass, um Ohrfeigen zu verteilen. Beschweren konnten wir uns über ihn nicht. Bei wem denn? Der Kapitän war eine unansprechbare Autorität an Bord, und damit er einen seiner Offiziere zurechtweisen würde, musste erst etwas wirklich Schlimmes passieren.

Zur anderen Sorte der Quäler gehörten einige Matrosen, die nicht zu den Klügsten an Bord zählten. Wie so oft im Leben sind es Inkompetente, die wissen, dass sie eigentlich zu den Verlierern zählen, die andere drangsalieren, weil es ihnen hilft, ihr angekratztes Selbstwertgefühl zu pflegen. Zu beliebten Spielen gehörte es, einen der Jungen mit schweren Handspaken, den hölzernen Hebeln zum Drehen des Ankerspills, auf dem Deck hin und her marschieren zu lassen. Manchmal sogar mit angehängten Wassereimern. Dazu mussten wir Schlager singen, wie »Schwarzbraun ist die Haselnuss«.

Immer geschahen die Schikanen im Schutze der Nacht. Tagsüber blieb wegen der Menge an Arbeit keine Zeit, und vermutlich hätten auch manche Offiziere das unwürdige Treiben unterbunden. Doch ganz hilflos waren wir nicht, das wussten wir. Gegen den Zweiten Offizier konnten wir nichts unternehmen, er war als Nummer drei der Bordhierarchie unantastbar.

Gegen die Matrosen hingegen konnten wir uns wehren.

1. JUNI 1939
IN DEN KALMEN

DIE NACHT DER VERGELTUNG

Tag um Tag verging, und wir glitten im Passatwind dahin. Es war eine angenehme, eine leichte Zeit für die Besatzung, denn keine unerwarteten Segelmanöver unterbrachen die Routine im Tagesablauf. Trotzdem mangelte es nicht an Arbeit. Zum

Alltag an Bord eines Großseglers gehört, das Schiff in gutem Zustand zu halten. Eine Viermastbark ist eine Art segelnde Großbaustelle. Es gibt immer etwas zu tun. Wir besserten kleinere Schäden in der Takelage aus und halfen dem Segelmacher, das Segel an Deck auszubreiten und verschlissene Stellen zu ersetzen, tauschten Taue aus und spleißten Drähte neu. Der Zimmermann und ein ihm zugeteilter Junge besserten die Decksnähte aus, die Rillen zwischen den Planken, indem sie Hanf hineinschlugen und mit Teer ausgossen. Kalfatern nennt man diese Arbeit. Der übergelaufene Teer musste mühsam abgekratzt werden – aber mit der Pflege des Decks kannten wir uns ohnehin aus. Schrubben gehörte zur täglichen Routine wie Zähneputzen.

In den warmen Passatnächten war es sogar erlaubt, auf den Luken zu schlafen. Als Kopfkissen nahm ich eine zusammengerollte Jacke oder ein Stück Holz. Ich fand nur schwer in den Schlaf, weil ich in diesen fantastischen Himmel sehen musste, in diesen Ozean aus Sternen.

In einer Nacht ging es weniger romantisch zu. Einer der Matrosen, der besonders berüchtigt für seine Schindereien war, hatte sich auf Luke IV gelegt und schlief tief. Sein Schnarchen war von Weitem zu hören. Das war die Gelegenheit, auf die wir gewartet hatten! Kein Offizier war in der Nähe, kein anderer Matrose. Der Moment unserer Rache war gekommen.

»Los jetzt!«, wisperte einer der Jungs. Wir waren sechs.

Lautlos schlichen wir an unseren Peiniger heran und umwickelten seine Arme und Beine mit einem dünnen Tau. Wir fesselten seine Hände an das Gangspill auf dem Achterdeck und die Füße an die Reservespiere an Deck. Dann hievten wir das Tau mit dem Gangspill, bis sein Körper in der Luft hing.

Der Matrose wurde wach, erschrak und rief um Hilfe: »Ihr verdammten Halunken, lasst mich sofort runter!« Wir ließen ihn hängen. Bis ihn jemand fand und losmachte, vergingen mehrere Minuten. Er konnte darüber nachdenken, ob er uns wieder schlagen wollte oder wo wir ihn beim nächsten Mal hinhängen würden. Wie wir später feststellten, verstand er unsere Warnung. Dieser Matrose schikanierte uns nicht mehr.

»NIEMEYER'S SHAG«

Rauchen gehörte zu den wenigen Genüssen, die einem an Bord blieben. Mit wenigen Ausnahmen rauchten alle an Bord. Jeder freute sich auf die »Smoketime«, wie wir die Minuten der Entspannung nannten, unser kleiner Frieden. Es ging weniger um den Geschmack des Krauts, ein streng riechender Feinschnitt namens »Niemeyer's Shag«, den wir zu Zigaretten drehten, als vielmehr um das Ritual. Es existiert ein Foto, aufgenommen während eines Wachwechsels in Chile, auf dem eine Gruppe Jungmänner und Matrosen zu sehen ist. Die eine Hälfte der Gruppe ist in eine Rauchwolke eingehüllt, die andere gerade damit beschäftigt, sich die nächste Zigarette zu drehen. Absolute Tabuzone auf der *Priwall* und auch auf anderen Segelschiffen war das Hochdeck, eine heilige Zone. Es käme auch niemand auf die Idee, sich am Hochaltar im Kölner Dom eine Zigarette anzustecken.

KLABAUTERMÄNNER

Je weiter südlich die *Priwall* segelte, desto böiger und unberechenbarer wurde der Wind. Wir näherten uns den Mallungen, dem Trennungsgebiet zwischen den Passaten, das wegen der drückenden Hitze und der Windstille von Segelschiffsbesatzungen gefürchtet wurde. Weil die Spanier früher dort ihre verendeten Pferde über Bord warfen, nennt man dieses Seegebiet auch »Rossbreiten«.

Eine schwere Schwüle legte sich bald auf die *Priwall* und lähmte das Leben an Bord. Das Meer wirkte wie aus Blei gegossen. Kein Windhauch war zu spüren. In der Takelage klapperte es, weil die Segel nicht unter Spannung standen. Drähte und Taue schlugen, wenn das Schiff sich leicht bewegte, gegen die Rahen aus Stahl. Ein deprimierendes Geräusch.

Wer auf dem Hochdeck zu tun hatte, tat gut daran, Kapitän Hauth aus dem Weg zu gehen. Seine Laune war miserabel, denn er sorgte sich um die Geschwindigkeit auf unserer Reise. Die Schoten der Untersegel waren aufgegeit, um jeden noch so leichten Windhauch einfangen zu können. Ständig einsatzbereit sein zu müssen in der trägen, heißen Schwüle, strapazierte unsere Nerven zusätzlich.

Manche Schiffe, so wussten wir, waren für lange Zeit in den Mallungen gefangen. Einigen Besatzungen wurde die Flaute zum Verhängnis, erzählten die älteren Matrosen. Ob es Seemannsgarn war? Seeleute waren angeblich qualvoll auf dem Meer verhungert, weil kein Wind einsetzte und die Vorräte wegen der längeren Reisezeit aufgebraucht waren. Wir nutzten die Regengüsse, die heftig auf uns niedergingen, als habe man den Hahn einer Dusche voll aufgedreht, um die Frischwassertanks der *Priwall* aufzufüllen. Alle Deckabflüsse wurden verstopft und sämtliche Pützen und Balgen auf Deck gestellt. Immerhin konnten wir unsere Kleidung endlich wieder gründlich waschen. Als ein wenig Wind aufkam, wuchs bei uns Jungen aus einem anderen Grund die Sorge. Der Äquator kam näher – und damit auch die Äquatortaufe. Ein berüchtigter Brauch: Während der Zeremonie sollen die Seeleute symbolisch vom Schmutz der Nordhalbkugel gereinigt werden, auf eine Art, die wir nicht mehr vergessen würden. Wovon die älteren Matrosen berichteten, klang wirklich beängstigend: Torturen erwarteten uns. Außerdem fragten wir uns, welches Spiel wohl der sadistische Offizier treiben würde. Und was hatten die brutalen Matrosen vor? Würde es uns der Schläfer von Luke IV, den wir wie ein Kalb aufgehängt hatten, doch noch heimzahlen? Zur Beruhigung blieb nur der Gedanke, dass der Kapitän während der Tauffeierlichkeiten anwesend sein und bestimmt einschreiten würde, wenn es zu brutal zuginge.

Schließlich hatte man uns ja gepredigt, dass die *Priwall* jedes Besatzungsmitglied benötigte, um in den Stürmen vor Kap Hoorn zu bestehen.

Bereits am Vorabend der eigentlichen Taufe wurden wir in unserem Logis von einigen »Herolden« aufgesucht, die den Besuch des Meeresgottes Neptun ankündigten. Damit sich ihre Botschaft besser einprägte, hatten die verkleideten Matrosen Tampen mitgebracht, mit denen sie beherzt zuschlugen. Der Abend endete mit einer Art Spießrutenlauf. Es gab die ersten blauen Flecken, und einige Schiffsjungen wurden besonders brutal geprügelt.

Am nächsten Morgen wussten wir, warum wir den Schweinestall an Deck einige Tage nicht ausmisten sollten. Alle Täuflinge wurden in den stinkenden Verschlag gesperrt. Ich musste mich überwinden, dort hineinzukriechen. Übereinander lagen wir im Schweinedreck, zehn Mann auf vielleicht zweieinhalb Quadratmetern. Es galt, den Würgereiz zu unterdrücken. Und besser den Mund zu halten und sich nicht zu beschweren, denn keiner wusste, was noch folgen sollte.

»Neptun« erschien, mit einem Bart aus Kabelgarn und in Begleitung einer vollbusigen Thetis. Die Quälereien gingen in die nächste Runde. Wir mussten durch ein »Fernglas« blicken, das mit Salzwasser gefüllt war und uns fürchterlich in den Augen brannte. Wir wurden mit Farbe und mit Tran beschmiert. Wir bekamen einen Teerquast unter die Nase gerieben, bis wir uns vor Ekel übergaben. Neptuns »Arzt« verabreichte uns Tabletten, die aus Pfeffer, Petroleum und anderen unappetitlichen Zutaten bestanden. Man rasierte einigen das »Kreuz des Südens« in die Haare. Eine Äquatortaufe? Es war eher ein Fest für Sadisten.

Als es darum ging, die Täuflinge in einem Segeltuchbecken zu reinigen, übertrafen sich Neptuns Herolde erneut vor Diensteifer. Bis kurz vor dem Ertrinken tauchten sie uns unter. Zum Abschluss mussten wir durch einen Windsack kriechen, in den man von der anderen Seite einen Wasserstrahl hielt.

Auch die Tampen kamen in bewährter Manier zum Einsatz. Dann hatten wir die »Taufe« überstanden.

Als wir abends in den Kojen lagen, fühlten wir uns erleichtert, weil wir den Tag überlebt hatten. Aber auch erniedrigt. Bis der Teer aus den Haaren gewaschen war, vergingen Tage. Auch in die betäubten Geschmacksnerven kam schließlich das Empfinden zurück. Bei der Qualität des Essens hätte das noch ein wenig länger dauern können, dachte ich, behielt die Überlegung aber für mich.

Ich habe später als Kapitän an Bord meiner Schiffe dafür gesorgt, dass das Ritual der Äquatortaufe eine eher humoristische Note bekam. Jeder Täufling wurde von Poseidon mit launigen Versen bedacht. Schläge, brutale Spielchen oder Teer in den Haaren habe ich an Bord meiner Schiffe niemals zugelassen.

ALBATROSSE

Zum Unterhaltungsprogramm an Bord gehörte es, Albatrosse zu fangen, die den Schiffen hinterherflogen, weil sie auf Abfälle lauerten. Wenn jene Albatrosse, die hinter der *Priwall* her waren, geahnt hätten, wie das Essen an Bord schmeckte, wären sie bestimmt schnell weitergeflappt. Um einen dieser imposanten Vögel zu fangen, die bis zu zwölf Kilo schwer werden und ihre Flügel dreieinhalb Meter weit ausbreiten, bauten wir eine Falle. Aus einer Konservendose schnitten wir ein dreieckiges Stück Blech, das wir an einem dünnen Draht aussetzten. Es dauert nicht lange, bis der erste neugierige Vogel in der Nähe landete, weil er das metallische Funkeln für einen Fisch hielt.

Albatrosse gleiten zwar elegant über den Himmel, landen aber mit größtmöglicher Tollpatschigkeit auf dem Wasser. Wenn sich das Blech im Schnabel des Vogels verhakt hatte, zog der Fänger zu und den Albatros an Deck. Auf manchen Schiffen watschelten ein Dutzend Albatrosse über die Planken. Fliehen konnten die Vögel nicht, weil sie zum Abheben einen langen Anlauf benötigen. Albatrosse sind so etwas wie die Jumbojets unter den Seevögeln.

An Bord eines rollenden und schaukelnden Schiffs wurden die Albatrosse seekrank und übergaben sich. Sie torkelten an Deck umher, was an Betrunkene auf dem Weg zur nächsten Kneipe erinnerte. Wir lachten und warfen sie zurück ins Meer. Auf anderen Seglern tötete man die Vögel, um aus ihren Schnäbeln Griffe für Spazierstöcke zu machen, ihr Rückgrat für Schnitzereien zu verwenden oder aus ihren Schwimmhäuten Tabaksbeutel zu fertigen.

Ein Albatros, der eine Falle im Schnabel trägt, schmückt auch das Wappen der Kap-Hoorniers-Bruderschaft, die 1937 in St. Malo gegründet worden war. Viele Jahrzehnte nach unserer Reise errichtete man auf der Isla Hornos vor dem Kap, auf 55° 59′ Süd und 67° 14′ West, ein Denkmal zu Ehren aller Seeleute, die den Kampf gegen die Elemente verloren. Es zeigt die Silhouette eines am Himmel gleitenden Albatros. Auf dem Steinsockel liest man ein Gedicht der chilenischen Dichterin Sara Vial.

Ich bin der Albatros, der am Ende der Welt auf dich wartet.
Ich bin die vergessene Seele der toten Seeleute,
die Kap Hoorn ansteuerten von allen Meeren der Erde.
Aber sie sind nicht gestorben im Toben der Wellen.
Denn heute fliegen sie auf meinen Flügeln in die Ewigkeit.

12. JUNI 1939
OFFENER ATLANTIK

»CAP ARCONA«

»Ein Schiff! Ein Schiff!«

Wer die Hände frei hatte, lief auf die Backbordseite, um zu sehen, was der Ausguck von der Back ausgesungen hatte. Ein schwarzer Riese mit hohen, strahlend weißen Aufbauten glitt heran, der Luxusdampfer *Cap Arcona*, Flaggschiff der Hamburg-Südamerika-Linie. Ein Schiff mit Platz für mehr als 1500 Passagiere, für reiche Jetsetter und arme Auswanderer gleichermaßen, die auf der Route von Hamburg über Madeira nach Buenos Aires unterwegs waren. Für die Reise über den Atlantischen Ozean benötigte das Schiff lediglich 15 Tage.

Zweimal umrundete uns die *Cap Arcona* in kurzer Entfernung; Hunderte Schaulustige winkten uns von den Decks zu. Wir waren doch nicht ganz allein in der Weite des Atlantiks. Es muss eine der letzten regulären Reisen der *Cap Arcona* gewesen sein, deren Geschichte knapp sechs Jahre später, am 3. Mai 1945, ein entsetzliches Ende fand. Als schwimmendes Konzentrationslager sank sie nach einem britischen Luftangriff vor der Küste von Neustadt in Holstein. Mehr als 4500 Gefangene, Aufseher und Soldaten ertranken in der Ostsee.

Wir kamen immer weiter nach Süden. Die lauen Nächte der Tropen, in denen ich auf Deck die Sterne zählen konnte, waren bald nicht mehr als eine schöne Erinnerung. Es wurde kühler, es wurde windiger, und der Himmel färbte sich oft in bedrohliches, schweres Grau. Wir tauschten die leichten Passatsegel gegen die daumendicken, widerstandsfähigen Schwerwettersegel aus. Zusätzliche Taue wurden gespannt, an denen man sich festhalten konnte, wenn eine große Welle das Deck überspülte. Und »Leichennetze«, als eine letzte Sicherung davor, über Bord zu gehen.

182 Schiff	Segler Priwall	22 te Reise	
Kapitän	A. Hauth	Abgang von Hamburg	16.5.39

Stellung	Name	Anmust. Datum Dienstantritt			
1.Offz.	Günther, Alwin	18.8.38		abgemustert	
2. "	Meier, Willi	1.12.37	nach Hbg gefahren siehe Karte		8/12
3. " Fh.	Ehrhorn X Rudolf	2.8	auf D Lalen angemustert		
3. "	Gröne, Heinrich	29.4.39			
Z.mann	Ohlmeier, Andreas	6.8.38			
Segelmed.	Bühner, Oswald	18.4.39			
Schmied	Fischer, August	10.8.38		abgemustert	
Koch	Herrmann, Heinrich	3.5.39			
Bäcker	Malinske X Heinz	8.5.39	auf D Belengen eingeschifft siehe Karte		27/12 13/12
Steward	Bühner X Wilhelm	26.4.39	auf D Lalen angemustert siehe Karte		
Matrose	Baumgarn X Christian		do. do.		13/12
"	Täglich X Lothar	2.5.39	auf D Belengen eingeschifft siehe Karte		13/12
"	Lenart X Otto	11.4.39	auf D Lalen angem. siehe Karte		13/12
"	Zemelka X Werner	14.4.39	do. do.		13/12 do.
"	Stolze X Karl August	26.4.39	do. do.		13/12 do.
"	Fuchs X Erich	13.5.39	do. do.		13/12 do.
Leichtmatr.	Fütterer X Karl Heinz	14.4.39	auf D Belengen eingeschifft siehe Karte		13/12
"	Buch, Wilhelm	26.8.38			
"	Oestmann X Klaus	8.5.39	auf D Lalen angem. siehe Karte		13/12 13/12
"	Goebbels X Willi	26.8.38	auf D Düsseldorf angem. siehe Karte		13/12
"	Rimiok X Helmuth	11.5.39	auf D Lalen angem. siehe Karte		13/12
"	Schönfuss X Günther	14.4.39	do. do.		13/12 do.
"	Zieseler X Erich	13.4.39	do. do.		12/12 do.

Ein nebliger Tag im Hamburger Hafen, im Mai 1939: Die Viermastbark »Priwall« lag in einem Hafenbecken am Flusslauf der Rethe. Im Hintergrund sieht man Pfähle, an denen damals Schiffe im Hafen festmachten.

Ein letzter Abschiedsgruß, aufgenommen vom Reededampfer vor Cuxhaven. Ich stehe ganz links und hatte ein mulmiges Gefühl im Magen; neben mir Willy Buch, ein freundlicher Leichtmatrose, und einige andere Matrosen.

Die stolze Viermastbark »Priwall« unter vollen Segeln. Sie hatte es 1938 geschafft, so schnell wie kein anderes Segelschiff Kap Hoorn zu umrunden. Aufgenommen wurde das Bild von Bord des Luxusliners »Cap Arcona« in der Weite des Atlantik.

Im Mündungsgebiet der Elbe, wo an diesem Tag reger Schiffsverkehr herrschte, hatten wir auf der »Priwall« die Segel gesetzt und waren in die Deutsche Bucht hinausgeglitten. Die erste Herausforderung ließ nicht lange auf sich warten: Im Ärmelkanal vor Dover legte sich dichter Nebel über das Meer – eine gefährliche Situation für jedes Segelschiff.

Endlich gibt es Gelegenheit für eine »Smoketime« auf dem Achterdeck, unser kleiner Frieden im großen Durcheinander. Auf der Reservespiere sitzen ganz links Schiffsjunge Walter Heiderich (wurde später Direktor eines Stahlkonzerns), dahinter Gerd Hayn (sollte später als Kapitän für eine Bananenreederei fahren), Harm Breckwoldt aus Blankenese und ich. Neben mir steckt sich der »Rote Gollo«, wie sich Joachim Lange selbst nannte, eine Zigarette in den Mund. Vorn sieht man Klaus Schuldt und ganz rechts den Jungmann Gottfried Staeck.

»Ein Schiff! Ein Schiff!« Wer die Hände frei hatte, lief auf die Backbordseite, um zu sehen, was der Ausguck ausgesungen hatte: die »Cap Arcona«, Flaggschiff der Hamburg-Südamerika-Linie. Hunderte Schaulustige winkten uns von den Decks zu.

Schiffsjunge Klaus Schuldt übernahm eine Aufgabe, die keiner der Jungs gern mochte: Aus einem Seemann wurde vorübergehend ein Schweinehirte.

Der Koch Heinrich Herrmann aus Glücksburg inspiziert auf dem Foto einen grunzenden Passagier, für den die Reise vorzeitig beendet war und den er später in seiner Kombüse zubereitete. Schweinefleisch galt als Höhepunkt einer ansonsten traurigen Dauerdiät aus Hülsenfrüchten und vergammeltem Proviant.

Zumindest eignete sich das miese Salzfleisch, das in stinkenden Fässern eingelagert war, einen Hai zu ködern, der die »Priwall« verfolgt hatte.

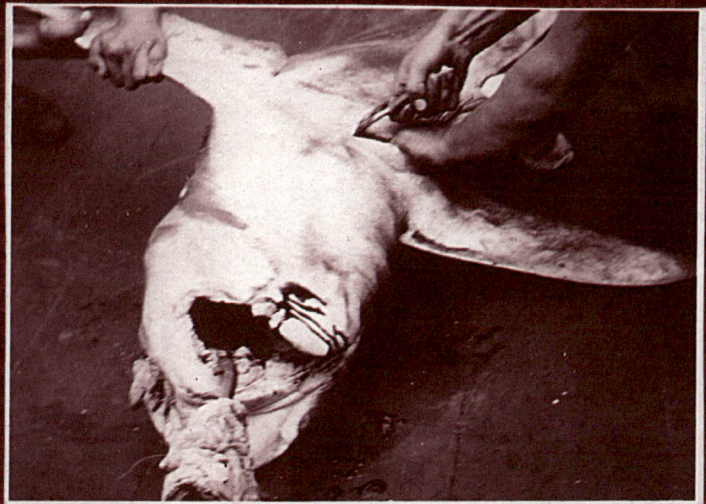

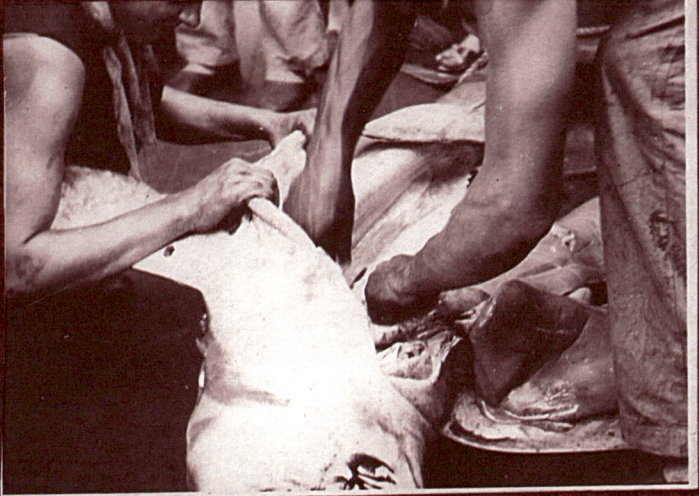

Der große Jäger schlug mit der Schwanzflosse wild um sich und schnappte zu, bis ihn die Matrosen töteten. Jemand nahm den Hai auseinander, der zwar nicht so gut schmeckte wie Delfin oder einer der fliegenden Fische, die an manchem Morgen an Deck lagen. Aber immerhin hat das Fleisch des Raubfischs die Speisefolge für uns an Bord ein wenig aufgebessert.

Die Äquatortaufe: eine gefürchtete Zeremonie, bei der Seeleute zur ersten Querung des Äquators symbolisch von den Sünden der Nordhalbkugel gereinigt werden sollen. Wassergott Neptun, seine Gattin Thetis und der Hofstaat standen bereit.

Auf die Knie, damit die Demütigungen beginnen konnten. Die Äquatortaufe auf der »Priwall« war keine Taufe, sondern ein Fest für Sadisten, bei dem wir diverse Erniedrigungen erleiden mussten.

Vor einem Altar wurden die Täuflinge mit Teer beschmiert. Wir Schiffsjungen mussten in den verschmutzten Schweinestall kriechen, ekelerregende Pillen schlucken, durch wassergeflutete Windsäcke robben und bekamen Schläge mit Tampen. Es war eine Qual.

Wer über die Promenade der chilenischen Hafenstadt Valparaiso schlendern wollte, musste sich in die Riemen legen, denn die »Priwall« lag im Frühjahr 1940 auf Reede, einige Seemeilen draußen in der Bucht. Die Ruderpartie aber bereitete uns keinerlei Probleme, denn nach den Strapazen bei der Umschiffung von Kap Hoorn waren alle an Bord körperlich in Höchstform.

Auf die Mädchen von Valparaiso machten wir Seeleute von der »Priwall« keinen buckligen Eindruck: Gruppenbild (v. l.) mit Hans Olthafer, Hans Niebuhr (winkt), Gottfried Staeck, Gerd Hayn, Gerhard Friederich (ihm gefiel es so gut in Chile, dass er nach dem Krieg dorthin auswanderte), Karlheinz Martin, mir, Harm Breckwoldt.

Von der Hacienda Roth brachen wir zu Ausflügen auf, zum Beispiel an den Villarrica See in den Ausläufern der Anden. Vorn auf dem Baumstamm: Karl-Heinz Simon und Karl-heinz Martin; in der hinteren Reihe (v. l.): ein unbekannter Cowboy, Bruno Pichner, Heinz Kruse, ich und Cassen Eils.

Zwei Autoritäten, eine Meinung: Kapitän Adolf Hauth mit Pfeife und sein Erster Offizier Alwin Günther, aufgenommen während eines Gesprächs auf der Laufbrücke der »Priwall«.

Weihnachten 1939: Dank eines geschmückten Baums und Liedern wie »O du fröhliche« kam beinahe festliche Stimmung auf – trotz der 25 Grad Außentemperatur. Kapitän Adolf Hauth und seine Offiziere hatten sich zur Mannschaft unter ein Zeltdach gesellt, das über das Deck der »Priwall« gespannt worden war.

Ein seltenes Bild: Kapitän Hauth hatte sich zu uns Schiffsjungen an den Tisch gesetzt. Die Hierachie blieb trotzdem gewahrt, denn er saß im Armlehnenstuhl, wir auf einer Holzbank.

◀ Ein majestätischer Anblick: Die Takelage der »Priwall« war unser Klettergarten. Ich hatte zunächst ein wenig Höhenangst, gewöhnte mich aber schnell an die Arbeit in der Rigg.

▲ Ausschlagen der Segel in den Rahen. Von dort oben aus betrachtet sah die »Priwall« in der Weite des Ozeans aus wie ein schmales Brett. Es galt, sich zu konzentrieren: Sicherheitsseile, die einen Absturz in die Tiefe hätten verhindern können, gab es nicht.

▶ Bevor sich Segelschiffexperten die Köpfe zerbrechen: Drei Schiffsjungen hantieren für den Fotografen mit Tauen.

Nun kam Kap Hoorn näher: Wir hatten die leichten Schönwettersegel gegen die schweren, widerstandsfähigen Sturmsegel ausgetauscht. In den Roaring Forties, wie die stürmischen Breiten südlich des 40. Grads genannt werden, setzte uns der Wind ohne Pause zu. Und es sollte umso schlimmer werden, je weiter südlich wir kamen.

Die Folgen einer heftigen Windböe: Zwei Segel, die nicht rechtzeitig gerefft werden konnten, wurden zerfetzt. Es war eine mühselige Arbeit, die Segel an Bord zu reparieren.

Je näher wir Kap Hoorn kamen, desto mehr verschlechterte sich das Wetter. Die *Priwall* kämpfte sich durch eine anthrazitgraue, von Schaumkronen bedeckte See unter einem bedrohlichen Himmel in der Farbe von Beton. Das Schiff legte sich schwer auf die Seite. Wir kreuzten gegen den Sturm, auf der mühsamen Route von Ost nach West um Kap Hoorn, die jeder Segelschiffmann fürchtet. Jede Seemeile, die wir vorankamen, mussten wir uns bitter erkämpfen.

Mitte Juli überquerten wir den 50. Breitengrad. Wir zogen das Ölzeug und die ledernen Seestiefel nur noch selten aus. Wer Wache hatte, konnte sich oft nur mit Mühe auf den Beinen halten, weil das Schiff schwer in der See rollte und gewaltige Brecher überkamen. Oft genug hielt man sich an den Tauen fest, spürte, wie die Wassermassen am Ölzeug rissen, und japste nach Luft. Der Kapitän stand im Sturm, wenn er es für erforderlich hielt, auf der dem Wind zugewandten Seite des Hochdecks, um rechtzeitig Böen oder Windwechsel zu sehen, die Segelmanöver erforderlich machten. Er wachte dort allein, unter seinem alten, bräunlichen Filzhut, den er sich tief ins Gesicht gezogen hatte.

An den Lärm des Sturms muss man sich erst gewöhnen. An sein Heulen und Pfeifen in allen Tonlagen, an sein Brüllen, an das Donnern der Brecher an Deck, an das Stöhnen und Jaulen, das einen am Tag und in der Nacht begleitet. Aber nach zwei Monaten auf See hat man Vertrauen zum Schiff und bekommt ein Verhältnis zum Sturm, als sei er ein lebendes Wesen.

Es war an einem Sonntagmorgen, an dem eine kalte Sonne am Himmel stand und fahles Licht über einer See aus milchigem Grau lag, als ich Steuerbord voraus die Staateninsel vor Kap Hoorn sah. Ich war gerade damit beschäftigt, den Kohlenvorrat der Kombüse aufzufüllen. Wie eine tief liegende Wolke sah das Eiland aus. Einer der Offiziere, der gerade vorbeikam, raunte mir zu: »Sieh es dir genau an: Dahinten ist der Eingang zur Hölle.«

Der Kapitän hatte sich entschieden, wegen der schweren See und der unsicheren Wetterlage die Insel außen zu passieren, obwohl die Le-Maire-Straße für uns eine erhebliche Abkürzung bedeutet hätte. Es erschien ihm sicherer. Er war vorsichtig – und er behielt recht mit der Wahl seiner Route. Schwere Stürme setzten uns zu. Eine Zeit der Entbehrungen begann, die – wenn ich sie im Rückblick betrachte – seltsam zeitlos erscheint. Wochen und Tage und Stunden verschmolzen. Die Zeit verklebte, sie verklumpte, weil sie überhaupt keine Bedeutung hatte in den Stürmen von Kap Hoorn. Man war auf den Augenblick konzentriert, man lebte nur noch im Jetzt und für den Moment, nur für den Augenblick und die nächsten Minuten, in denen man überleben wollte.

Man kämpfte gegen Schlafmangel. Gegen die Kälte. Gegen eine tiefe Erschöpfung. Gegen die Verzweiflung und gegen das Gefühl, dass die Pein kein Ende zu nehmen schien.

Wer auf den Rahen lag, frierend und völlig durchnässt, um die schlagenden Segel zu bergen, dem nahm der Sturm buchstäblich den Atem. Hagelschauer und Schneestürme gingen über uns nieder. Die Hagelkörner schmerzten im Gesicht wie kleine Nadelstiche. Die Fingerbeugen platzten vor Kälte und Anstrengung auf, und das Ölzeug scheuerte den Nacken blutig. Es kam vor, dass die Segel trotz des Einsatzes beider Wachen aus den Lieken geweht wurden und die Schotenketten wild um sich schlugen und Funken sprühten.

Jeder musste auf seine Weise mit den Umständen fertig werden. Jeder kämpfte seinen eigenen Kampf. Natürlich raunte man einem Kameraden etwas zu, wenn er nicht aus der Koje aufstehen mochte, wenn er verzweifelt zu sein schien: »Komm, das schaffen wir! Ist bald vorbei. Ist bald geschafft.« Aber die trüben, die grauen Gedanken konnte nur jeder für sich vertreiben. Man fluchte leise und grimmig vor sich hin. Ganz selten gestatteten wir uns eine »Smoketime«, dann ging es wieder zum Segelmanöver.

Im schweren Sturm wurde auch das Steuern auf dem Hochdeck zu harter Arbeit. Bis zu vier Mann schufteten an den beiden Rädern, jeweils anderthalb Meter im Durchmesser. Sie standen hintereinander und waren miteinander gekoppelt, um das Schiff nicht unbedingt auf Kurs, aber immer optimal am Wind zu halten. In ruhigem Wetter genügte ein Mann, die *Priwall* zu steuern, mit stetigem Blick in die Segel. Um nicht von einer überkommenden See weggewaschen zu werden, schnallte man sich mit Gurten aus Segeltuch an. Nach einer Stunde, wenn die Ablösung kam, brannten einem oft die Arme.

Es gab bald kaum noch einen Ort an Deck, an dem man hätte Kraft sammeln können. Im Logis schwappte Wasser, so kalt wie der Regen und das Meer, das durch den Niedergang oder das Oberlicht eingedrungen war. Schlaf? Nachtruhe? Nach wenigen Stunden, die sich anfühlten wie Minuten, erschallte schon wieder der Weckruf: »Reise! Reise!« Oft genug arbeitete man die Freiwache hindurch, weil die Segel geborgen werden mussten und an Deck und auf den Rahen jede Hand benötigt wurde. Manchmal kam man zwei Tage lang nicht in die Koje und erlebte Momente, in denen das Unterbewusstsein die Kontrolle über den Körper übernahm. Ich lernte, wie stark der Überlebenswille des Menschen ist. Jeder, der einmal bis an den Rand der Ohnmacht müde war, weiß, dass dieser Zustand körperliche Schmerzen verursacht. Ich tappte und wankte nach dem Wecken durch die Kammer, versuchte mich zu orientieren in der schwankenden Welt, die in der See hin und her rollte. Ohne vollends bei Sinnen zu sein, mit einem Körper, der sich taub anfühlte, weil er steif gefroren schien vor Kälte.

Dann schwang die Stahltür zum Deck auf, und man stand wieder in diesem brüllenden, nassen, eisig kalten Inferno. Man versuchte, sich an einer Leine festzuhalten, wenn die nächste See kam und das Schiff sich stark auf die Seite legte. Man kletterte hinauf in die Rigg und nutzte die Stärke des Sturms, der einen gegen die Wanten drückte. Der Kampf gegen die schlagenden Segel ging wieder los. Nur kurze Kommandos wurden ausgetauscht, Rufe, mit denen man sich gegenseitig half. Das Brüllen des Sturms übertönte alles.

Der einzige Ort an Deck, an dem man vor dem Wind ein wenig Schutz fand, war das Kartenhaus auf dem Hochdeck. Dort stand meistens Kapitän Hauth, ein kräftig gebauter Mann, der den Kragen seines Mantels hochgeschlagen hatte. Hauth war ein ruhiger, ausgeglichener Kapitän mit dünnem Haar, knapp 40 Jahre alt, auf seiner erst vierten Reise als Kapitän um Kap Hoorn und doch schon eine Legende. Mit ihm auf der Brücke hatte die *Priwall* 1938 das Kap der Stürme so schnell wie kein anderes Segelschiff umrundet.

Die Seefahrer von heute können, bei aller Tüchtigkeit, kaum ermessen, was es bedeutete, Kap Hoorn unter Segeln zu bezwingen. Auch ein moderner Dampfer kämpft im Sturm mit der See, und es kann eine üble Prügelei werden, in der das Schiff zahllose Schläge einstecken muss. Aber ein moderner Frachter stampft voran, Meile um Meile. Ein Segelschiff musste die See ohne die Kraft eines Dieselmotors, ohne einen Computer und ohne Wettervorhersage bezwingen. Ein modernes Schiff befährt eine Schifffahrtsstraße. Ein Segelschiff fährt zur See. Die Routen mancher Kap-Hoorn-Umrundung sehen aus wie die Kinderzeichnung eines Gebirges: wilde Zickzacklinien.

Drei Wochen lang wütete der Sturm vor Kap Hoorn, ohne Atem zu holen. Dann hatten wir es geschafft. Als wir den 50. Breitengrad Richtung Norden passierten, ließ der Wind nach. Man konnte die Erleichterung an Bord der *Priwall* spüren. Die Männer lächelten wieder, es wurde wieder geflachst. Die Zuversicht kehrte zurück. Wir hatten die gefährliche Passage überstanden, ohne jemanden aus der Mannschaft zu verlieren. Ohne dass jemand ernsthaft verletzt wurde. Aber wir waren am Ende unserer Kräfte, und »Schweinsbeulen« plagten uns. Schweinsbeulen nannten wir im Bordjargon Furunkel, die durch den vitaminarmen Dauerproviant und das ständige Scheuern des Ölzeugs am Nacken gewuchert waren. Sie behinderten einen beim Drehen des Kopfes und setzten uns auch seelisch zu. Wir trugen unsere durchnässten Strohmatratzen aufs Poopdeck, wo wir sie zum Trocknen auslegten. Wir wuschen unsere Kleidung, die durch die Feuchtigkeit grünen Span angesetzt hatte. Wir lüfteten das ganze Schiff. Kein trockener Faden war mehr an Bord gewesen – nun flatterte die Kleidung in der frischen Brise, die den säuerlichen, fauligen Gestank vertrieb, den man überall in den Unterkünften roch.

Und wir konnten schlafen. Endlich schlafen. Es ist kaum zu beschreiben, wie herrlich erholt man sich nach dreieinhalb Stunden Ruhepause fühlen kann. Nach einigen Tagen, in denen wir wieder einigermaßen zu Kräften kamen, spürten wir eine Art Euphorie, vor allem wir Schiffsjungen. Wir hatten Kap Hoorn bezwungen, im Winter, auf der Route gegen den Sturm. Das Schlimmste lag hinter uns, der schwerste Teil der Reise war geschafft. Zurück ums Kap hatten wir den Wind von achtern in den Segeln. Alles, was nun kam, erschien wie eine Kleinigkeit.

9. AUGUST 1939
BUCHT VON CORRAL, CHILE

DAS MÄDCHEN JUANITA

Nach mehreren Wochen auf See wirkt die Aussicht, in einen Hafen einzulaufen, ungemein anregend auf die Phantasie eines jungen Mannes. In den Freiwachen saßen wir an Deck und malten uns den Zielhafen in bunten Farben aus: gemütliche Kneipen, leckeres Essen, hübsche Mädchen. An Bord kursierte die Geschichte einer unglaublich schönen jungen Frau, die in einer Bäckerei unweit der Pier arbeiten sollte: Juanita. Als der

Matrose im Ausguck »Land!« meldete, wuchs die Vorfreude an Bord.

Endlich war wieder etwas anderes zu sehen als Wasser. Nebelschleier lagen über einer Landschaft, die so grün schien wie ein großes Gebüsch. Ich dachte an Cuxhaven und spürte ein wenig Heimweh. Nach 84 Tagen waren wir am Ziel: In der Dunkelheit erreichten wir den Hafen von Corral, Chile.

Doch als wir am nächsten Morgen mithilfe eines Schleppers einlaufen wollten, erlebten wir die erste Enttäuschung. Ein Dampfer der Compañía Sudamericana de Vapores blockierte die Pier. Auch der Hafen sah nicht gerade aus, wie wir uns das erhofft hatten. Die Häuser wirkten schäbig und farblos. Dies sollte das sagenhafte Corral sein? Obendrein begann es zu regnen, als wir in der Bucht den Anker fallen ließen. Der Wind frischte auf und wehte so stark, dass der Kapitän anordnete, die Besansegel zu setzen, damit wir ruhig hinter dem Anker lagen und nicht gierten.

Statt durch den ersten Hafen von Südamerika zu spazieren, den wir herbeigesehnt hatten, schaukelten wir noch immer auf See. An Bord herrschte eine miserable Stimmung, die sich wenig besserte, denn am nächsten Tag blockierte der Dampfer noch immer die Anlegestelle. Wir lagen draußen in der Bucht, fluchten und warteten ab. Erst am 11. August, zwei Tage nach unserer Ankunft, legte der Frachter ab – verabschiedet mit unseren Verwünschungen.

Der bestellte Schlepper tuckerte zu uns heran. Er machte die Leine fest und gab »volle Fahrt voraus«, federte dann aber zurück. Einige, die das Manöver von Deck verfolgt hatten, begannen zu lachen. Grund für die Einlage war das Material des Schlepptaus, eine Kokosfaser, die sich bei Belastung in die Länge zog wie ein Gummiband. Drei Anläufe waren nötig, bis sich die *Priwall* bewegte. Endlich machten wir an der Kaimauer fest und begannen, die Ladung zu löschen. Natürlich warteten alle gespannt auf die Erlaubnis, endlich in die Stadt zu dürfen, doch zuerst mussten die Arbeiten erledigt werden.

Nach Feierabend, als die Dunkelheit über dem Hafen lag, durfte die erste Wache in die Stadt. Was wir nach den Eindrücken aus der Ferne befürchtet hatten, bestätigte sich: Corral war ein trauriges Nest. Die Häuser waren Hütten, die man auf Stelzen gebaut hatte, wegen der Wassermassen, die im Winter nach heftigem Regen von den Bergen herunterströmten. Zwischen den Stelzen liefen Hunde umher, es gab viele herrenlose Köter in Corral. Wir erklommen einen Hügel und stellten fest, dass wir schon den ganzen Ort gesehen hatten.

Corral war eine Siedlung armer Hafenarbeiter, erzählte man uns am nächsten Tag, als wir nach der Arbeit wieder durch die Straßen spazierten. Etwas weiter im Hinterland lag die schöne Stadt Valdivia, eine Art deutsche Kolonie, in der viele Einwohner Meier, Müller oder Schmidt hießen, weil sich dort viele Auswanderer niedergelassen hatten. Ein Bus fuhr dorthin, aber nicht für uns, weil unsere Wache nach wenigen Stunden wieder an Bord musste, um weiter in der Ladung zu arbeiten.

Frustriert schlenderten wir durch die Straßen und fanden keine Kneipe. Das einzig lohnenswerte Ziel, vor dem alle Jungen von der *Priwall* herumlungerten, war der Bäckerladen, in dem die sagenhafte Juanita arbeitete. Zumindest dieses Gerücht stimmte: Das Mädchen war tatsächlich sehr hübsch, eine richtige Schönheit. Juanita. Aber alle Jungs benahmen sich anständig. Etwas verlegen, mit vor Aufregung geröteten Gesichtern, kauften wir Kuchen und Brötchen.

»THE BATTLE OF VALPARAISO«

Die *Priwall* hatte nach dem traurigen Aufenthalt in Corral zunächst vor Talcahuano geankert, wo wir die im Sturm vor Kap Hoorn gebrochene Vorobermarsrah durch die Obermarsrah des Kreuzmastes ersetzten. Die Rah wog mehr als eine Tonne. Es war Schwerstarbeit, die kompliziert war und Feingefühl erforderte. Am 3. September liefen wir schließlich in die weite Bucht von Valparaiso ein und gingen vor Anker. Zwei Stunden nach uns dampfte der britische Kreuzer *Achilles* in die Bucht und ankerte in Sichtweite. Als wolle man uns warnen.

»Krieg, es ist Krieg!«

Die Nachricht verbreitete sich innerhalb weniger Minuten an Bord. Vermutlich hatte unser Funker, der ein wenig Spanisch verstand, etwas im Radio aufgefangen. Die Offiziere und Matrosen wirkten ernst, als sie die Meldung hörten. Wir Jüngeren hingegen machten uns nur wenige Gedanken. Krieg? In Europa? Europa lag drei Monatsreisen weit entfernt, auf der anderen Seite von Kap Hoorn. Andererseits konnten wir die Geschütze des britischen Kriegsschiffs sehen. Weil wir uns in chilenischen Hoheitsgewässern befanden, bestand nicht die Gefahr eines Angriffs, doch allen an Bord war klar, dass wir nun festlagen. Im Kriegsfall ist man auf einem Segelschiff seinen motorisierten Feinden schutzlos ausgeliefert. Wie sollten wir die Bucht verlassen, ohne auf der offenen See von der *Achilles* oder einem anderen Kriegsschiff versenkt zu werden?

Wir begannen damit, die Restladung nach der Methode »Armstrong« zu löschen. So nannten wir das Ausschiffen der Ladung, weil es die Arme der Besatzungsmitglieder ungemein kräftigte. Anders als in der Dampfschifffahrt löschten die Besatzungen von Segelschiffen selbst. Besonders das Schau-

feln des grobkörnigen Koks in Körbe, die in kleinen Schuten an Land transportiert wurden, war sehr anstrengend.

Ein Teil der Besatzung bekam Order, die *Priwall* für eine längere Liegezeit vorzubereiten. Die getrockneten Segel wurden abgeschlagen und verstaut; unser Segelmacher arbeitete fortan nicht mehr in der Segelkoje, sondern an Deck oder – bei schlechtem Wetter – in den nun leeren Laderäumen.

Um an Land zu gelangen, mussten wir rudern. Etwa eine Stunde dauerte die Überfahrt im Beiboot, knapp zwei Seemeilen weit in den Hafen, was wir nicht als Herausforderung empfanden, denn körperlich waren wir in Form. Jeden Morgen veranstalteten wir einen Wettlauf, der über alle vier Masten der *Priwall* führte. Auf ein bisschen Rudern kam es nicht an.

Valparaiso präsentierte sich ganz anders als das langweilige Corral. Valparaiso war eine pulsierende, lebendige Hafenstadt inmitten grüner Hügel. Das erste Bier nach Kap Hoorn schmeckte hervorragend. Es kostete umgerechnet 20 Pfennig, was für mich so teuer war, dass ich mich den ganzen Abend an einem Glas festhielt. Sogar Heimatgefühle kamen auf, denn die Kneipen hießen »Stadt Bremen« oder »Stadt Hamburg«. Auch in Valparaiso schienen zahlreiche deutsche Auswanderer zu leben.

Das Publikum in den Straßen und Gaststätten war international. Wir trafen Seeleute aus Amerika, aus Schweden, aus Norwegen – und betrunkene Briten, in einer Kneipe am Ende der Hauptstraße.

»Down with Hitler«, schrie jemand aus der Gruppe der Briten, »Fuck the Krauts!« Dann flogen Gläser und Flaschen. Augenblicke später gab es Stühle und Tische zurück. Alles, was in der Kneipe nicht fest verschraubt war, befand sich in der Luft: Aschenbecher, Salzstreuer, Bilderrahmen. Dann flogen die Fäuste. Massenschlägerei. Von der Kneipe blieb wenig übrig, aber es gab keine Schwerverletzten. Abgesehen von der Prügelei, die von beiden Seiten hinterher unter einem sportlichen Aspekt gesehen wurde, blieben Gehässigkeiten aus. Ich möchte nichts beschönigen, aber unter Seeleuten war eine Art der Solidarität zu spüren, wie ich sie an Land niemals erlebt habe.

Einige Wochen nach der »Battle of Valparaiso«, wie die Auseinandersetzung im Hafen genannt wurde, wartete ich allein an der Pier auf ein Motorboot, das mich zur *Priwall* bringen sollte. Eine Gruppe von zehn britischen Matrosen schlenderte auf mich zu. Ich drehte mich um, aber zum Weglaufen war es zu spät.

»Wo willst du hin?«, fragte einer der Briten.

»Auf die *Priwall*«, sagte ich so tapfer wie möglich, in meinem Schul-Englisch, das ich in Cuxhaven gelernt hatte.

»Du bist also Deutscher, was?«, erkundigten sie sich, obwohl sie die Antwort natürlich kannten. Ich wartete auf den ersten Schlag. Die Matrosen sahen einander an. Wir stiegen ins Motorboot, das inzwischen eingetroffen war. Einer der britischen Seemänner erklärte dem chilenischen Bootsführer, zuerst zur *Orduna* zu tuckern, zu ihrem Dampfer, und anschließend »Fritz«, er wies mit einem Kopfnicken auf mich, zur *Priwall* zu bringen.

Dann hielt mir ein anderer Matrose eine Zigarette hin.

»Viel Glück«, meinten sie noch, bevor sie an Bord ihres Schiffs gingen.

▲ Manchmal durfte ich meinen Vater auf seinen Reisen begleiten. Ich freute mich jedes Mal, denn als Sohn des Kapitäns war man »der zweite Mann« an Bord. Die Aufnahme stammt aus dem Jahre 1936: Einige Passagiere waren an Deck, und ich hatte Vater untergehakt.

▼ Als die »Kersten Miles« im Sommer 1932 an der schwedischen Küste entlangfuhr, geriet jede Ankunft in einem kleinen Hafen zur Sensation. Die Bewohner liefen zusammen, um die chinesische Decksbesatzung zu bestaunen.

Der Dampfer meines Vaters, die »Kersten Miles«, lag nach einer dramatischen Flucht über den Atlantik im Hafen von Las Palmas, Gran Canaria. Es war gelungen, die Kessel mangels Kohle mit Weizen zu heizen und die Alliierten durch Täuschungsmanöver zu verwirren. Meine Mutter winkte den Piloten von Deck freundlich zu.

▲ Eine ältere Aufnahme der »Kersten Miles«, fotografiert auf der Elbe bei Hamburg.

▼ Bei einer Nebelfahrt im Herbst 1937 herrschte auf der »Kersten Miles« gespannte Aufmerksamkeit. Mein Vater, Kapitän Hans Jürgens (r.), stand mit seinem Wachhabenden Offizier zum Zeitpunkt der Aufnahme bereits seit 30 Stunden auf der Brücke.

Schiff Segler Priwall   22te Reise

Kapitän A. Hauth   Abgang von Hamburg 16.5.39

Stellung	Name	Anmust.-Datum J.A.	
Jungmann	Kehl, Rudi	16.5.39	desertiert 22.12.39
do.	Lange, Hans-Joachim	16.8.38	abgemustert
"	Grön, Harald	"	do.
"	Schauss, Wolfgang	"	do.
Junge	Koch, Hans-Joachim	18.4.39	do.
"	Schriever, Eugen	"	do.
"	Müllmann, Hans	21.4.39	do.
"	Droborzyk, Paul	25.4.39	do.
"	Friedrich, Gerhard	2.5.39	
"	Grünwald, Erwin	18.4.39	abgemustert
"	Erbel, Klaus	"	do.
"	Müller, Hans	12.4.39	
"	Meyer, Hermann	3.5.39	abgemustert
"	Altersepen, Hans	25.4.39	
"	Martin, Karlheinz	18.4.39	abgemustert
"	Timmen, Enno	2.5.39	do.
"	Schuldt, Klaus	13.4.39	do.
"	Simon, Karlfried	18.4.39	do.
"	Eils, Kassen	12.4.39	do.
"	Puttlitz, Horst	25.4.39	do.
"	Hayn, Gerd	12.4.39	
"	Kruse, Heinz	"	
"	Heidrich, Walter	12.4.39	do.

»*Wer schleicht dort über den Ozean?*
Kersten Miles – der lahme Kahn.«
Aus der *Illustrierten Adventszeitung*
an Bord der *Kersten Miles*

Ich war gerade damit beschäftigt, das Deck zu fegen, als mich Kapitän Hauth zu sich rief. »Junge, komm mal her!«, winkte er mich heran. Es kam nicht oft vor, dass der Kapitän einen Schiffsjungen zu sprechen wünschte. Was war geschehen?

»Dein Vater ist aus Buenos Aires ausgelaufen«, erklärte mir der Kapitän, »mit der *Kersten Miles* dampft er Richtung Europa.«

Wie ich aus einem Brief wusste, den mir meine Mutter einige Wochen zuvor aus Buenos Aires geschickt hatte, war sie ebenfalls an Bord des Hamburger Dampfers, der in Argentinien Getreide geladen hatte. 8236 Tonnen Weizen, um genau zu sein. Was sich in den nächsten Wochen auf der *Kersten Miles* ereignete, klingt unglaublich. Ich erfuhr es viel später, erst Jahre nach dem Krieg.

Vaters Schiff hatte in Argentiniens Hauptstadt noch Wasser und Proviant bunkern können, nicht aber die bestellten Kohlen, weil sich die Brennstofflager unter britischer Kontrolle befanden. In Montevideo, erfuhr er, sollte es noch Kohle geben, und so dampfte die *Kersten Miles* nach Uruguay. Dort angekommen, konnte man nach längeren Verhandlungen zumindest die Hälfte der für die Heimreise benötigten Menge aufnehmen. Vater wollte es tatsächlich wagen, nach Deutschland zurückzudampfen, nach Hamburg, quer über den Ozean und mitten durch den Seekrieg auf dem Atlantik.

Als die Nacht besonders dunkel war, verließ der Dampfer die Reede und verholte in eine einsame Bucht, wo die Mannschaft damit begann, die *Kersten Miles* als amerikanisches Handelsschiff zu tarnen. Man strich den Schornstein um, sägte den Pfahlmast ab und malte die Stars and Stripes der amerikanischen Nationalflagge auf die Bordwand. Und einen neuen Namen: *Keystones*. Mein Vater hatte sich an einem baugleichen Schiff orientiert, das er auf dem Rio de la Plata gesehen hatte.

Wie aber sollte er das Brennstoffproblem lösen? Ihm war die Idee gekommen, Kohle und Weizenladung zu mischen, in einem Verhältnis von eins zu vier. Was für alle Männer im Maschinenraum eine Mehrbelastung bedeutete, weil sie die Mischung in großen Mengen in die Kessel schippen mussten. Das trockene Getreide verbrannte schnell und heiß, sorgte aber für die nötige Heizkraft, um das Schiff in normalem Tempo zu halten. Mit dieser Art Bio-Antrieb kreuzte der Dampfer in schlechtem Wetter den Äquator.

Was niemand ahnen konnte: Das ungewöhnliche Material verstopfte bald darauf die Rauchkammern. Am 8. Oktober, nach 22 Tagen auf See, fiel der Mittelkessel mit lautem Zischen aus, als die Packung aus dem Ventil flog. Die Speisewasserleitung leckte stark. Maschinenstopp, mitten auf dem Atlantik. Trotz aller Reparaturversuche verloren auch andere Leitungen Wasser. Die Kessel fielen immer wieder aus, und die *Kersten Miles* kam nur noch mühsam und in kurzen Etappen voran. Ein paar Stunden lang lief das Schiff mit langsamer Fahrt, dann musste wieder geflickt werden. Von Tag zu Tag verlor man mehr Frischwasser. Allmählich wurde die Lage kritisch. Die *Kersten Miles* trieb ohne Antrieb in den Wellen, als ein britischer Bombenflieger das Schiff umkreiste. Zum Glück war es auf einem südlichen und damit unverdächtigen Kurs zum Liegen gekommen. Meine Mutter ging an Deck, um freundlich mit einem Taschentuch zu winken: »Huhu, liebe Alliierte!«

Der Pilot machte Fotos aus allen Perspektiven und flog davon. Weil es sich um eine Landmaschine handelte, vermutete Vater, dass ein Flugzeugträger in der Nähe sein musste. Tatsächlich: In den Abendstunden hielten ein Träger und ein großer Kreuzer auf die *Kersten Miles* zu und kamen dicht heran. An

Bord der Kriegsschiffe schien man zu überlegen, was von der *Kersten Miles* zu halten sei. Meine Mutter und einige Besatzungsmitglieder winkten weiterhin eifrig von Deck, während Vater auf der Brücke jede Bewegung genau beobachtete. Sollte ein Prisenkommando in die Boote steigen, würde er sofort Befehl zur Selbstversenkung geben. Alles war vorbereitet.

Doch die Tarnung funktionierte: Die Alliierten drehten ab. In der Nacht konnte man die Kessel wieder befeuern und sich westwärts absetzen, wenn auch nur für einige Stunden, denn die Kessel versagten erneut. Die Reparaturen wurden immer schwieriger: Die Heizer verbrannten sich an Stichflammen, die aus den Feuertüren schlugen. Selbst wenn die Maschine lief, kam die *Kersten Miles*, die ohnehin nie der schnellste Dampfer auf den Weltmeeren gewesen war, auf eine Geschwindigkeit von drei bis vier Knoten. Am 17. Oktober, nach einer 40-stündigen Reparatur, war es dann genug. Vater entschied, die Kanarischen Inseln anzulaufen, denn die Trinkwasservorräte waren beinahe aufgebraucht. Der Plan, in den Kalmen Regengüsse aufzufangen, hatte sich zerschlagen: Ungewöhnlicherweise war kein Tropfen gefallen. Als gebe es nicht genügend Probleme, kam kurz vor La Palma die Silhouette eines Dampfers in Sicht. Zwei Schornsteine? Ein britischer Hilfskreuzer mit einem Katapult und einem Flugzeug an Deck. An ein Ausweichen war mit dem besseren Ruderboottempo der *Kersten Miles* nicht zu denken, und so blieb Vater stoisch auf Kurs. Der Hilfskreuzer schickte mehrere Funksprüche, die aber in einem fremden Code telegrafiert wurden und nicht entschlüsselt werden konnten. Vater blieb weiter auf Kurs. Nach einer Stunde entfernte sich das Kriegsschiff, vermutlich, weil der Kommandant so viel Frechheit nicht für möglich hielt.

Die *Kersten Miles* lief am nächsten Tag, dem 26. Oktober 1939, gegen Mittag in den Hafen von Santa Cruz de la Palma ein. Spaniens Behörden machten keine Schwierigkeiten bei der Einklarierung. Die Wasservorräte an Bord waren so weit aufgebraucht, dass es nicht mal für alle an Bord zum Zähneputzen gereicht hätte. Meine Eltern sollten noch einige Monate an Bord verbringen, bevor sie Gelegenheit fanden, mit dem Flugzeug und dem Zug nach Cuxhaven zu reisen. Nach einigen Wochen Urlaub in Norddeutschland flog Vater zurück auf die Kanarischen Inseln, zurück auf die *Kersten Miles*, die als Versorger von U-Booten schließlich vor Las Palmas ankerte.

ROST

Auf der *Priwall* kehrte wieder Routine ein. Jeden Tag klopften wir Rost von der Außenhaut aus Stahl, klopften erneut Rost und klopften noch mehr Rost. Vom Kiel bis hinauf zur Spitze des Mastes, eine unangenehme Arbeit. Dazu gehörte auch das Zementieren der Bilgen; dafür mussten wir den Sandballast in den Luken hin und her schaufeln. Wer gehofft hatte, dass es auf Reede weniger zu tun gäbe, der sah sich schnell enttäuscht.

Es wurde manches erledigt, was im normalen Schiffsbetrieb auf See selbst dem pedantischsten Offizier entgangen wäre. Segelmacher, Schmied und Zimmermann bekamen Helfer zugeteilt. Ich wurde zum Assistenten des Zimmermanns Andreas Ohlmeier bestimmt, einem Mann mit prallem Bauch, der immerzu Tabak kaute. Ohlmeier, Jahrgang 1895, war das älteste Mitglied der Mannschaft. Wenn er an Land ging, trug er stets seinen Sonntagsanzug und einen steifen Hut. Die Chilenen grüßten ihn mit »Buenos días, Señor Capitano«, was ironisch gemeint war, ihm aber schmeichelte.

Sein handwerkliches Können sprach sich schnell herum, und so übernahm er auch Aufträge in privaten Haushalten von Valparaiso. Wenn er Parkett legte, bestand meine Aufgabe darin, ihm sein Werkzeug zu tragen – und immer dafür zu sorgen, dass sich eine Flasche Rotwein in Reichweite befand. Ich war dankbar, »Señor Capitano« assistieren zu dürfen und nicht dem Schmied. Ein Bekannter, der diese Aufgabe übernommen hatte, bekam von ihm den Auftrag, Löcher in eine

Rahe zu bohren, die mit einer maßgefertigten Eisenmanschette repariert werden sollte. Mit einem Handbohrer in Hartholz und Metall. Ich habe den Assistenten des Schmieds sogar im Schlaf fluchen gehört.

Die Besitzer einiger Obstplantagen in der Nähe von Valparaiso machten uns tonnenweise Geschenke. Pfirsiche, saftig und groß wie Tennisbälle, wurden in Lastwagen auf die Pier gefahren; wir ruderten hin und her, um die Früchte in Körben an Bord zu bringen. Es waren so viele, dass das Zwischendeck von Luke IV komplett gefüllt war. Jeder an Bord durfte so viele Früchte essen, wie er wollte. Fortan gab es zum Frühstück, mittags und zum Abendbrot Pfirsich.Überhaupt herrschte an Bord eine heitere, fröhliche Stimmung, was es mir leichter machte, das erste Weihnachten fern meiner Familie zu verbringen. Anders als auf anderen Schiffen, wo Offiziere und Mannschaft auch am Heiligabend voneinander getrennt speisten, setzten sich Kapitän Hauth und seine Offiziere zu uns. Auf dem Achterdeck hatte man einen langen Tisch aus Rotholzplanken aufgebaut und das Deck von der Bordwand zur Laufbrücke durch ein Rahsegel abgeschirmt. Selbst Tannenbäume standen an Bord. Es kam ein wenig weihnachtliche Stimmung auf, als wir »Stille Nacht« sangen und einen dünnen Punsch tranken, obwohl es 25 Grad warm war.

EIN SCHWIMMENDER ZOO

Auf dem Sandballast in den Luken der *Priwall* waren Kaninchen ausgesetzt worden, die sich auf See offenbar wohlfühlten. Es wurden jedenfalls immer mehr. Ein Dutzend Schweine grunzten auf dem Vordeck; wer von uns Jungen negativ auffiel, durfte sie hüten und ihre Hinterlassenschaften beseitigen. Die stolze Viermastbark *Priwall* erinnerte immer mehr an einen schwimmenden Zoo, denn auch ein Ziegenbock kam an Bord.

Er schien einer Hochlandrasse anzugehören, denn er kletterte erstaunlich gut und sprang oft auf die Nagelbänke, um das Meer zu beobachten.

Woher das Futter für unsere vierbeinigen Mitbewohner kam? Dies blieb ein ewiges Rätsel, denn die Abfälle aus der Kombüse konnten nicht ausreichen. Unsere Verpflegung war immer noch nichts für Gourmets, erhielt aber durch Schlachtungen aus dem Schiffszoo immerhin eine neue Note. Mit Booten brachen wir außerdem auf, den Congrio zu fangen, einen mittelgroßen Raubfisch, der in Butter gegart köstlich schmeckte. Wenn der Hunger sehr groß wurde, blieb uns zum Trost die Aussicht auf den Landgang und ein Cafés namens »Rique«, wo man hervorragende Torte servierte. Eine Alternative zum Kuchen bot eine Kneipe, in der es »Sandwich Caliente« gab, ein Brötchen, reichlich belegt mit Beefsteak und einem Ei. Sandwich Caliente war für uns der Höhepunkt jedes Monats.

Oft konnten wir uns solche Genüsse nicht leisten, denn unser knappes Taschengeld musste für Alltagsdinge wie Zahnpasta, Seife und Zigaretten reichen. Oder für eine Kinokarte, um die 23. Folge der »Trommeln des Dr. Fu Manchu« zu sehen. Im Kino von Valparaiso begegnete man Hollywoods Helden und als Kontrastprogramm den Statisten der »Deutschen Wochenschau«, mit immer neuen Jubelmeldungen von allen Teilen der Front: »Sieg im Westen!« In Europa tobte der Krieg, und wir lagen in Valparaiso und schlossen Freundschaften mit anderen jungen Leuten. Jeden Abend spielte auf der Plaza Victoria, dem Laufsteg der Stadt, auf dem sich die Flaneure begegneten, eine Militärkappelle auf. Unsere Sprachschwierigkeiten sorgten immer wieder für Heiterkeit, und auf die Damenwelt hinterließen wir Schiffsjungen in unseren blauen Ausgehuniformen, sagen wir mal: nicht den buckligsten Eindruck.

Während die deutsche Wehrmacht in die Nachbarländer einfiel, erhielten wir Einladungen zu Handballspielen oder Fußballpartien. Einmal lief der 1. FC Priwall im Stadion von Playa Ancha auf, um vor einigen Hundert Zuschauern gegen eine Auswahl der Berufsfeuerwehr zu kicken. Unser Torwart hieß Heinz Mahnke, ein drahtiger, blonder Bäcker, der in Hamburg für den FC St. Pauli zwischen den Pfosten stand. Dank seiner Paraden endete das Spiel null zu null.

Immer wieder luden uns auch die Besatzungen anderer Schiffe ein. Zusammen mit Joachim Lundberg, einem schmächtigen Schiffsjungen aus Hamburg, besuchte ich das chilenische Schlachtschiff *Almirante Latorre*. Zum Abendessen gingen wir an Bord eines amerikanischen Dampfers, über dessen lyrischen Namen wir uns etwas wunderten: *Sagebrush* hieß der Frachter, also Salbeistrauch. Der Leitende Ingenieur führte uns herum und zeigte uns seinen makellos sauberen Maschinenraum, den er komplett in Schwarz-Weiß-Rot angestrichen hatte. Mit stolzem Grinsen erklärte er uns, dass seine Vorfahren aus Deutschland ausgewandert waren; besonders amerikanisch fühlte sich dieser Chief nicht.

Das Abendessen nahmen wir im Salon ein. Am Kopf der Tafel kaute der bärbeißige Kapitän der *Salbeistrauch* sein Essen. Man reichte mehrere Gänge, die uns Jungen geradezu als kulinarische Offenbarung erschienen. Der Anblick, wie wir schmatzend gewaltige Mengen von Bohnen in Specksoße verdrückten, sorgte dafür, dass der schwarze Steward zuerst schmunzelte und schließlich in lautes Gelächter ausbrach. Ich habe mich später oft gefragt, was aus diesen netten Menschen im Krieg wohl geworden ist.

In Valparaiso lebte auch ein guter Bekannter meines Vaters, Kapitän Adolf Wienecke, der mit seinem Bruder Wilhelm eine Segelmacherei unten am Hafen betrieb. Ich ging im Geschäft vorbei, stellte mich vor und bekam sogleich eine Einladung zum Essen. Ich verbrachte mit der Familie in den nächsten Monaten mehrere unterhaltsame Abende; sollte ich jemals den Wunsch verspüren, für sie zu arbeiten, sollte ich mich melden, meinte Wilhelm, der in der Stadt als »Onkel Willy« bekannt war. Ich merkte mir das Angebot.

Während eines Besuchs auf einem anderen Schiff hätte mein Leben beinahe eine ganz andere Abzweigung genommen. Als Zwischenstopp auf der Reise in die Antarktis war die Barkentine *Bear*, das Schiff des bekannten Polarforschers Admiral Richard E. Byrd, in den Hafen eingelaufen. Ich lernte den Zweiten Offizier kennen, der mich auf dem berühmten Schiff – einem ehemaligen Robbenschläger und Kutter der U.S. Coast Guard – herumführte. Im Geiste sah ich mich schon als Expeditionsteilnehmer Jürgens zwischen Eisbergen und Pinguinen kreuzen.

»Willst du mitfahren?«, fragte mich der Zweite Offizier unvermittelt.

»Bitte, was?«, fragte ich erstaunt zurück.

»Wir sind knapp besetzt. Einen jungen Mann von einem Segelschiff können wir gut gebrauchen«, meinte der Offizier. »Also?«

Ich erbat eine Zigarettenlänge Bedenkzeit. Die Offiziere der *Priwall* hatten uns vor den Landgängen deutlich zu verstehen gegeben, dass jeder Versuch, auf dem Schiff einer anderen Nation anzuheuern, als Fahnenflucht bewertet wurde. Darauf stand die Todesstrafe.

Ich drückte die Zigarette aus und lehnte ab.

21. MAI 1940
BUCHT VON VALPARAISO

DER STURM

Von anderen Seeleuten hatten wir über die verheerende Wirkung der Norder gehört, wie diese Nordstürme genannt werden. Für die Bucht von Valparaiso sind sie besonders gefährlich, weil sich die Bucht wie ein Hufeisen nach Norden öffnet und damit die Wellen und den Wind wie ein Trichter aufnimmt. Auf einem Hügel der Stadt stand ein Denkmal zu Ehren der deutschen Matrosen und Offiziere, die 1919 in einem verheerenden Norder ihr Leben verloren hatten. Jeder an Bord der *Priwall* kannte die traurigen Bilder der gestrandeten Segelschiffe und die Erzählungen von gesunkenen Frachtern.

Norder brachen nicht ohne Vorwarnung über die Bucht herein. Während der Kapitän eines Dampfers in so einer Situation die Option hatte, den Anker zu hieven und auf die offene See hinauszufahren, um den Sturm dort abzureiten, erschöpfen sich die Möglichkeiten eines Segelschiffführers darin, zusätzliche Anker auszubringen, die Ketten so weit wie möglich zu stecken und zu hoffen, dass sie dem Druck standhielten. Auf einem Hügel neben der Marineschule stand ein Signalmast, mit dem Schiffe vor einem heraufziehenden Unwetter gewarnt wurden. Brannte eine Laterne, zog ein Unwetter auf. Als am Abend des 20. Mai ein rotes Licht zu sehen war, war klar, dass ein unruhiger Tag der Marine, ein Nationalfeiertag, bevorstehen würde. Zum geplanten Volksfest kam es nicht mehr.

Wenige Stunden später leuchteten drei rote Lampen: Höchste Warnstufe! Alle Handelsschiffe auf Reede und selbst einige Dampfer hinter der Mole machten sofort ihre Maschinen klar und liefen aus. Sie wollten den Sturm lieber auf offener See als in der engen Bucht abwettern. Ein altes schwedisches Motorschiff blieb mit Maschinenproblemen auf Reede; ein kleiner Küstendampfer und zwei Langustenschoner ebenso. Im Schutz einer großen Mole war außerdem ein Schwimmdock verankert, in dem ein Frachter namens *Chile* lag.

Am Abend nahm der Wind immer mehr zu. Es bereitete einige Mühe, im hohen Wellengang die letzten Landurlauber mit dem Rettungsboot an Bord zu holen. In Erwartung des schweren Sturms hatte unser Kapitän Befehl gegeben, beide Buganker mit ihrer gesamten Kette auszubringen und den Reserveanker an Deck zu legen.

Große Wellen schlugen auf die *Priwall* ein. Der Rote Gollo, einige Kameraden und ich standen hinter einem Aufbau an

Deck und beobachteten, was geschah. Mehrere Lastkähne rissen aus ihren Verankerungen und zerschellten kurz darauf am steinigen Strand. Auch der Dampfer *San Francisco* befand sich in großen Schwierigkeiten, geriet ins Treiben und zwischen einige Schuten, die gegen sein Heck knallten.

»Schaut mal dort hinten!«, schrie der Rote Gollo und zeigte hinaus auf die Bucht. »Seht ihr das?«

Die Anker des Kriegsschiffs *Almirante Latorre* hielten nicht. Auch Marineschlepper, die versuchten, das Ungetüm zu halten, kämpften vergeblich gegen den Sturm. Immer weiter schob das Schlachtschiff auf das Schwimmdock zu. Entsetzt beobachteten wir, dass die Distanz immer geringer wurde – und dann sahen wir, wie auch noch der Langustenschoner zwischen Kriegsschiff und Dock geriet. Noch 50, 40, 30 Meter!

Nur wenige Augenblicke später überrollte das Schlachtschiff den Schoner und presste ihn mit voller Wucht gegen das Schwimmdock mit der *Chile* darin. Der Schoner sank. Schemenhaft konnten wir erkennen, wie man an Bord der *Almirante Latorre* verzweifelt versuchte, weiteres Unglück zu verhindern. Doch die Seeleute, bei denen wir noch vor einigen Wochen an Bord zu Besuch waren, hatten keine Chance. Mit der Wucht ihrer 28 000 Tonnen rammte die *Almirante Latorre* das Schwimmdock, das sich sofort zur Seite legte.

Trotz des Windes konnten wir einen Knall hören. Die Abbäumung der eingedockten *Chile* brach, worauf der Dampfer auf die Seite rutschte und kenterte. Dramatische Minuten. Es gelang den Schleppern, das treibende Kriegsschiff einigermaßen zu kontrollieren. Mit gefährlichen Manövern schafften sie es, die *Almirante Latorre* hinter die Mole des Innenhafens zu ziehen. Der Sturm tobte inzwischen mit einer Wut, dass sich die Kommandanten anderer Kriegsschiffe entschieden, den Schutz der Mole zu verlassen und auszulaufen. Sie dampften hinaus auf die offene See, wobei die schlanken Schiffe bis an die Brücke in die Wellenberge eintauchten.

Mit einem Mal spürten wir, dass sich auch unser Schiff aufs Land zubewegte.

Die *Priwall* geriet ins Treiben. Wir sahen uns an. Wir konnten nichts tun, nur abwarten. Rettungsboote aussetzen? Das war unmöglich im Wellenschlag. Zum Glück griffen die Anker wieder, als das Ufer näher kam und die Wassertiefe abnahm. In manchen Wellen tauchte die *Priwall* so tief ein, dass das Wasser bis aufs Vorschiff schlug.

Im ersten Licht des Morgens erreichte der Orkan seinen Höhepunkt. Ein ungeheurer Druck lastete auf der Takelage, doch sie gab kein Stück nach. Auch die Ketten schienen zu halten. Die Besatzung des chilenischen Dampfers *Palena* hatte weniger Glück: In einer besonders hohen See brachen die vorderen Ankerketten. Mit der nächsten Welle schlug die *Palena* quer zur See und trieb auf die felsige Küste zu.

Es gab keine Rettung für das Schiff und seine Besatzung. Gischt und Brandung hüllten den Dampfer ein, der stillzustehen schien. Eine Welle warf das Schiff hinauf auf die Felsen, das ablaufende Wasser legte es auf die Seite. Dann traf ein Brecher das Wrack wie ein Hammer; es rollte, rutschte vom Felsen hinunter und verschwand im Meer. »Die armen Kerle«, sagte jemand. Alle fühlten mit den Seeleuten, die gerade vor unseren Augen ihr Leben verloren hatten.

Stunden später flaute der Sturm ab. Am Nachmittag setzten wir die Beiboote aus, um uns an der Bergung von Wrackteilen auf dem Wasser zu beteiligen. Die Bucht war nach dem Sturminferno nicht mehr wiederzuerkennen. Meterhoch lag aufgespülter Sand auf dem Küstenstreifen. Eiserne Leitungsmasten der Bahnlinie hatte der Sturm umgeknickt, als seien es dünne Äste. Von einigen Schuppen waren nur Ruinen übrig, und hinter der Mole hatten sich Dampfer ineinander verkeilt.

Unter größter Anstrengung hievten wir unsere Anker wieder ein, erleichtert, dass wir verschont geblieben waren von diesem mörderischen Sturm.

In Valpairaso trauerte man um Dutzende Tote.

GAUCHO-LEBEN

Der Brief kam per Luftpost, war adressiert an »Kapitän Hauth, Viermastbark *Priwall*« und trug den Titel »Arbeitsdienst«. Auf Anregung der deutschen Botschaft – so stand darin zu lesen – habe der Verein Hamburger Reeder es ermöglicht, dass 16 Besatzungsmitglieder zum Arbeitsdienst auf das Landgut des Herrn Carlos Roth im Bezirk Temuco abgestellt wurden. Für zwei Monate. Es folgte eine Liste:

»... 11. Hans Peter Jürgens.«

Nun war das Leben auf Reede vorbei, und wir freuten uns auf neue Abenteuer. Mehr als tausend Kilometer Bahnfahrt quer durch Chile bis zur Endstation Freire lagen vor uns, denn die Hacienda, in Chile auch »Fundo« genannt, befand sich ganz im Süden des Landes. Zum Abschied brummte der Kapitän, wir mögen uns bitte benehmen. In den Zug stiegen Bauern ein, Landfrauen mit ihren Kindern, die Koffer und Kisten und Verschläge mit gackernden Hühnern dabeihatten. Ein Stimmengewirr und Gelächter füllte die Abteile, in denen es ein wenig nach Bauernhof roch. Rancagua, San Fernando, Talca hießen die nächsten Stationen, und je weiter wir nach Süden ratterten, desto bunter waren die Kleider unserer Mitreisenden.

Jemand spielte Gitarre, und wir sangen dazu norddeutsche Seemannslieder wie »Auf der Reeperbahn nachts um halb eins«, es wurde viel getrunken und noch mehr gelacht, und in jedem Bahnhof, in dem unser Zug mit lautem Zischen zum Stehen kam, wurde die Stimmung besser. Wir versuchten, den Trick mit dem Lederschlauch zu perfektionieren: Es galt, einen Rotweinstrahl aus möglichst großer Entfernung mit dem Mund aufzufangen. Wir waren reichlich bekleckert und ziemlich müde, als wir am nächsten Morgen im Endbahnhof Freire einliefen.

Die Landgüter der Familie Schleyer, die Mitte des 19. Jahrhunderts aus Deutschland eingewandert war, umfassten einige tausend Hektar. Unsere Aufgabe war es, brachliegendes, wildes Land zu erschließen. Man zeigte uns das Quartier in einem umgebauten Speicher; jeder bekam eine Koje zugeteilt, ein richtiges, bequemes Bett. Am nächsten Morgen begannen wir mit der Arbeit: Wir sollten eine Straße bauen, wofür wir dichtes Bambusunterholz roden und einige Baumstumpen aus dem Weg räumen mussten. Dazu steckten wir jeweils zwei Ochsen in ein Joch; die Tiere bewegten sich, sobald man ihnen einen längeren Bambusstab zwischen die Hörner legte. Rasch hatten wir raus, wie man einen Ochsen navigiert. Aus Matrosen wurden keine Cowboys, aber wir lernten schnell, wie man mit einem Lasso umgeht, was daran lag, dass wir uns mit Tauen und Stricken auskannten. Das Reiten indes bereitete besonders mir einige Schwierigkeiten. Auf den Rahen der *Priwall* fühlte ich mich in jeder Windstärke sicherer als auf dem Rücken eines Gauls.

Die nächsten Wochen kamen uns vor wie ein Ferienlager, in dem nebenbei gearbeitet wurde. Wir kämpften uns mit Macheten durch das Dickicht und bauten die Straße, und in der Freizeit unternahmen wir Ausflüge, zum Beispiel an den Vulkansee Villarrica in den Ausläufern der Anden. Wir feierten mit den »Peonés«, den Tagelöhnern der Hacienda, ein buntes Reiterfest, den »Diez y ocho«, den 18. September. Wir perfektionierten den Trick mit dem Lederschlauch, der Spießbraten schmeckte vorzüglich, und den farbenprächtigen Pferdeumzug habe ich nie vergessen. Was mich beeindruckte, waren der Stolz und die Würde der Peonés, die nicht viel besaßen, aber in ihren bestickten Westen und unter ihren breitkremigen Hüten mehr Haltung ausstrahlten als mancher reiche Mann. Dass am anderen Ende der Welt ein brutaler Krieg tobte? Daran dachte kaum jemand. Manchmal überlegte ich, wie es meinen Eltern wohl ging, aber finstere Gedanken verdrängte man schnell, denn die Ablenkung, die Freude am Leben war zu groß. Es waren Wochen der Unschuld auf der Hacienda Carlos Roth.

Ein kurzes Innehalten vor dem, was uns noch bevorstehen sollte.

DAMPFER

ERLANGEN

Mai 1941 – September 1941   + + +   IM KRIEG

100 90 80 70 60 50 40 30 20 10 0 10 20 30 40

70

60

50

Europa

Nord-
amerika

40

Atlantischer
Ozean

30

20

Afrika

Port Loko

Freetown
26. 8.–18. 9. 1941

10

0

Südamerika

10

Pazifischer
Ozean

20

Umschiffung auf
die »Carnarvon Castle«
28. 7. 1941

30

Transport auf
der »Newcastle«

Mar del Plata
3. 6.–23. 7. 1941

Selbstversenkung der »Erlangen«
25. 7. 1941

40

Puerto Montt
17. 5. 1941

50

Schiffsroute
Dampfer »Erlangen«

60

100 90 80 70 60 50 40 30 20 10 0 10 20 30 40

AUFBRUCH

Im Mai 1941 erreichte die Angehörigen der *Priwall*-Besatzung ein Brief, mit dem Hinweis: »Streng vertraulich«. Darin stand, an meine Eltern gerichtet:

Von der Schiffsleitung des Schulschiffs Priwall ging gestern bei der Reederei Laeisz ein Schreiben vom 29. 4. 1941 ein, wonach mit Ausnahme von zwei Jungen alle Zöglinge auf besondere Weisung auf andere deutsche Schiffe abgegeben werden mussten. Ihr Sohn wurde auf den Dampfer Erlangen in Puerto Montt versetzt.

Zurück im Alltag auf Reede vor Valparaiso, kamen mir die Tage auf der Hacienda Roth wie ein verblasster Traum vor. Wir vertrieben uns die Zeit, indem wir ein Rettungsboot zu einem Segelboot umbauten. Es glitt flott durch die Bucht, vor allem in den Abendstunden, wenn die Sonne das Land erwärmt hatte und ein angenehmer Wind einsetzte. Einmal ging eine Ausfahrt schief. Ob die Segler während der Regatta gegen sich selbst ihrem kleinen Boot zu viel zugetraut hatten oder ob eine plötzliche Böe schuld war? Die Frage wurde nie geklärt, aber von Deck konnten wir beobachten, wie sich das Boot mitten in der Bucht zur Seite legte. Es kenterte. Zunächst herrschte große Heiterkeit; dann ruderten wir los, um die Schiffbrüchigen zu bergen. An Bord des Havaristen befand sich auch der Erste Offizier, Nummer zwei in der Hierarchie an Bord der *Priwall*, dem das Missgeschick äußerst peinlich war. Mancher zeigte offen seine Schadenfreude. Kapitän Hauth bat zum Gespräch in seine Kabine, sicherlich nicht, um dem Ersten Offizier für seine Glanzleistung zu gratulieren.

Es schien nun nur noch eine Frage von Tagen zu sein, wann wir endlich Order bekamen, auf ein anderes Schiff umzusteigen. Sämtliche Frachter, die in den neutralen südamerikanischen Häfen lagen, sollten zurück nach Deutschland oder in den Einflussbereich befreundeter Nationen dampfen. So berichteten es jedenfalls die Flüsternachrichten an Bord, eine zuverlässige Quelle.

Die *Priwall* spielte in den Überlegungen keine Rolle, denn auf einer unmotorisierten Viermastbark in einen Krieg hineinzusegeln ist ungefähr so klug, als breche man mit einem Tretboot zum Kampf gegen einen Zerstörer auf. Uns war bewusst, dass vor der Küste britische Kriegsschiffe patrouillierten, aber das war uns irgendwie egal. Das Gefühl an Bord: Endlich durften wir wieder auf See. Wir wollten zurück nach Hause. Zurück zu unseren Familien.

Ein Seemann versucht, den Abschied so schlicht wie möglich zu halten, vielleicht, weil dieser Schmerz zum Leben auf See gehört. Wir klopften uns kurz auf die Schultern, wünschten uns mit wenigen Worten Glück, als wir im Bahnhof von Valparaiso auseinandergingen. Kapitän Hauth sprach einige Sätze zur Mannschaft. Er hatte uns zuvor auf verschiedene Frachter aufgeteilt.

Cassen Eils war auf den Frachter *Frankfurt* abkommandiert worden. Der Rote Gollo, Willy Buch und Bruno Pichner kamen mit mir auf die *Erlangen*. Erleichtert stellten wir fest, dass der Zweite Offizier, der Sadist in Uniform, an Bord eines japanischen Frachters ging, auf dem er als Blockadebrecher Richtung Tokio fahren sollte. Wir schulterten unsere Seesäcke, bestiegen den Zug nach Puerto Montt und suchten uns ein Abteil. Von unserem neuen Schiff wussten wir, dass es ein Frachter war, ein 9000 Tonnen tragendes Schiff des Norddeutschen Lloyd aus Bremen. Ein gewöhnliches Schiff mit einer außergewöhnlichen Geschichte. Die *Erlangen*, die vor Puerto Montt auf Reede lag, hatte gerade eine Reise hinter sich gebracht, die zum Mythos wurde. Hollywood drehte nach der wahren Vorlage später den Film »Der Seefuchs« mit Lana Turner und John Wayne in den Hauptrollen. Wayne spielt darin einen kaisertreuen Kapitän namens Karl Ehrlich, der nicht nur die Kriegsschiffe der Royal Navy, sondern auch seinen Ersten Offizier, einen hinterhältigen Nazi, fürchten muss. Die *Erlangen* fährt unter dem Namen *Ergenstraße* durch den Film.

DIE »ERLANGEN«

Die wahren Abenteuer der *Erlangen* waren so unglaublich, dass man auf Fiktion und sogar die eng geschnittenen Pullover der Lana Turner hätte verzichten können. Auf dem letzten Abschnitt einer Reise von Baltimore in den USA war das Schiff am 24. August 1939 im Löschhafen Dunedin, Neuseeland, von der ersten Warnnachricht, dass ein Krieg drohe und alle Schiffe unter deutscher Flagge neutrale Häfen anlaufen sollten, überrascht worden. Kapitän Alfred Grams gab den Befehl auszulaufen. Er wollte in Neuseeland nicht in Gefangenschaft der Alliierten geraten, sondern versuchen, einen neutralen Hafen zu erreichen.

Problem eins: Die Kohle reichte noch für fünf Tage. Problem zwei: Der Proviant war in weniger als zwei Wochen aufgebraucht. Problem drei: Mehrere britische Kriegsschiffe würden sofort die Verfolgung aufnehmen. Problem vier bis 5000: So viele Seemeilen, umgerechnet mehr als 9200 Kilometer, waren es zum nächsten neutralen Hafen in Chile, auf der anderen Seite des Pazifiks. Grams ließ den Namen *Bengalen* an die Bordwand pinseln und den Schornstein schwarz streichen; sogar das Rauchen auf der Brücke verbot er und gab Order, die Kessel so vorsichtig zu befüllen, dass kein Funkenflug aus dem Schornstein entwich. Es galt absolute Funkstille. Als Geisterschiff fuhr die *Erlangen* zunächst Richtung Norden, um dann in der Dunkelheit der Nacht auf Gegenkurs zu gehen.

Mithilfe einer selbst gefertigten Seekarte steuerte Grams fernab der üblichen Dampferrouten die Auckland-Inseln an, wo die *Erlangen* in der »Bucht der Zwölf Finger« vor Anker ging. Ein Erkundungstrupp landete auf der einsamen Insel und stellte fest, dass sich das Holz der Wälder eignete, damit die Kessel des Dampfers zu befeuern. Ausgerüstet mit zwei Äxten, einigen Handbeilen und diversen Fuchsschwänzen versuchte die Mannschaft – 13 deutsche Besatzungsmitglieder, 60 chinesische Matrosen – nun, was unmöglich erschien: Sie schlug Brennmaterial für die Reise nach Chile.

Das Holz der knorrigen Bäume, die sich seit Jahrzehnten gegen den Wind stemmten, erwies sich als extrem hart. Schon bald waren die Werkzeuge stumpf; aus Schutzblechen für die Zahnräder der Ladewinden fertigte die Mannschaft neue Sägen. Bündel von Ästen dienten als Baumaterial für eine provisorische Pier. Man jagte Wildenten. Stürme zogen mit Regen und Kälte über die Inseln; die Mannschaft der *Erlangen* fror und hungerte. Als er merkte, dass die Männer am Ende ihrer Kräfte waren, entschied sich Kapitän Grams, den Dampfer auf einen Strand der Insel zu setzen, um die Transportwege zu verkürzen. Ein riskantes Manöver, doch es gelang.

Die Mannschaft ernährte sich hauptsächlich von Reis aus den Vorräten der chinesischen Matrosen. Obwohl der Proviant zur Neige ging, lehnte Grams es ab, ein Lager für Schiffbrüchige anzurühren, das ein Erkundungstrupp auf der Insel entdeckt hatte. Er wusste, dass die Station regelmäßig kontrolliert wurde, und wollte seinen Verfolgern keinen Hinweis auf den Verbleib der *Erlangen* liefern. Aus Lukenpersenningen nähten der Erste Offizier und die Matrosen Segel, die man an provisorischen Rahen anbrachte, den Ladebäumen. Man hoffte, dadurch Brennmaterial zu sparen und schneller fahren zu können. Nach 36 Tagen dampfte die *Erlangen* heraus aus der Bucht der Zwölf Finger, mit mehr als 400 Tonnen Holz in den Bunkern.

Unter Segeln lief das Schiff Richtung Osten, trieb aber immer weiter südlich vom Kurs ab, weil der Wind ungünstig stand. Grams Plan, Chile innerhalb von 17 Tagen zu erreichen, war nicht mehr zu realisieren. Ein Schiffsrat der Offiziere beriet die Lage: Sollten sie umkehren und nach Neuseeland zurückdampfen, solange die Brennstoffvorräte noch ausreichten?

Wenn die *Erlangen* nun weiterfuhr, bedeutete dies: Ankunft oder Untergang. Man beschloss, auf Kurs zu bleiben. Mit deutlich reduzierter Fahrt, denn das Holz verbrannte schneller als gedacht. Sechs Knoten fuhr die *Erlangen*, und mit diesem Tempo sollte Chile – das ergaben neue Berechnungen – in 33 Tagen erreicht sein. Man halbierte die kümmerlichen Essensrationen also noch einmal.

Die Unterernährung setzte den Seeleuten schwer zu; fast alle erkrankten an Skorbut und litten an Durchfall, Fieber, Erschöpfung, Muskelschwund. Ein chinesischer Matrose starb an einer Erkältung, weil sein Körper die Strapazen nicht mehr aushielt. Vom Kapitän bis zum Schiffsjungen waren alle pausenlos damit beschäftigt, das Holz in Scheite zu schlagen, die in die Kessel hineinpassten. Die geschwächten Heizer brachen in der Hitze des Feuers zusammen.

Endlich dann, am 11. November 1939, nach 37 Tagen auf See, kam die Küste Chiles in Sicht. Mit den allerletzten Holzstücken lief die *Erlangen* in Puerto Montt ein, was euphorische Reaktionen der deutschstämmigen Chilenen auslöste. Kapitän Grams und seine Besatzung wurden wie Helden gefeiert. Wenig später traten die chinesischen Matrosen auf einem italienischen Dampfer die Heimreise an; die deutschen Offiziere warteten auf neue Befehle. In Neuseeland fand man die Leistung der Seeleute nach Ende des Kriegs derart beeindruckend, dass man die Landschaft, in der sie das Holz geschlagen hatten, künftig »Lichtung der Erlangen« nannte.

Kapitän Grams war ein freundlicher Mann mit kantigem Schädel, der durch bloße Anwesenheit Ruhe ausstrahlte. Er begrüßte uns auf der *Erlangen* und teilte die Arbeit an Bord ein. Zur Besatzung, die den Durchbruch nach Mar del Plata in Argentinien schaffen sollte, gehörten nicht nur die Seeleute der *Priwall*, sondern auch einige Freiwillige. Chilenen mit deutschen Vorfahren, die trotz des Kriegs unbedingt nach Deutschland wollten: Bankbeamte, Lehrer, Kaufleute.

Nur wenige, zu denen ich wegen meines jugendlichen Alters gehörte, wurden zu Rudergängern oder als Ausguck bestimmt; die meisten Besatzungsmitglieder sollten als Heizer und Trimmer arbeiten. Wie auf der legendären Reise von Neuseeland fuhr die *Erlangen* erneut mit Holz. Kohle war nicht zu bekommen, weil die chilenischen Gruben und Lager unter britischer Kontrolle standen. Küstensegler brachten im Schutze der Nacht pausenlos Ladungen von hartem Quebrachoholz an Bord, das in den Zwischendecks und Bunkern deponiert wurde. Die Aktion geschah deshalb so heimlich, damit britische Informanten nicht mit einem Blick erkannten, dass unsere Ausreise bevorstand.

Landgang wurde nicht mehr erlaubt. Eine Bootsbesatzung, zu der auch ich gehörte, ruderte Kapitän Grams in den Hafen, wo er noch einige Geschäfte zu erledigen hatte. Etwa zur gleichen Zeit ließ sich der Kapitän des chilenischen Segelschiffs *Nelson* an Land bringen, ein grauhaariger, groß gewachsener Herr. Als er uns sah, rief er auf Deutsch zu uns herüber: »Meine Herren, grüßen Sie St. Pauli von mir!«

17. MAI 1941
PUERTO MONTT, CHILE

FLUCHT DURCH DIE FELSEN

Abenddämmerung, 17. Mai 1941. Ein Sturm zog auf, und dichter Regen prasselte aufs Deck. Bestes Wetter also, um mögliche Verfolger abzuschütteln. Kapitän Grams gab den Befehl: »Anker auf!« Zwei Routen führten hinaus in den Golf von Corcovado: eine südliche, die extrem riskant war, zwischen einigen Inseln und Riffen hindurchführte und nicht durch Leuchtfeuer markiert war. Und eine nördliche, die alle Schiffe nahmen.

Es war finster, es war so dunkel wie in einem tiefen Loch. Der Regen klatschte gegen die Scheibe der Brücke, und wir sahen kaum noch etwas. Ich stand am Ruder, denn Grams hatte gefragt, wer damit Erfahrung habe, und ich berichtete, dass ich schon öfter auf einem Schiff meines Vaters gesteuert hatte. Auf der Brücke der *Erlangen* gab es kein Radargerät. Die Nervosität der Offiziere war zu spüren: Kapitän Grams hatte sich für die südliche Route entschieden. Welche Wahl blieb ihm auch? Auf nördlichem Kurs hätten uns die britischen Kriegsschiffe abgefangen. Noch einmal wollte die Royal Navy den Frachter gewiss nicht entkommen lassen.

Das Echolot zeigte geringe Wassertiefen an, pendelte zwischen fünf und zehn Metern. Trotz des Sturms hörten wir, wie die Brandung gegen die Küste schlug. Wann würden wir Grund berühren? Die nächsten Minuten gerieten zu einer Art Roulette mit hohem Einsatz. Wenn wir aufsetzten, war das Spiel aus. Wir starrten hinaus in die Finsternis und hofften. In der Nähe brachen die Wellen gegen die Küste. Minute um Minute verstrich. Die *Erlangen* schob sich langsam aus dem Golf hinaus. Reine Nervensache, doch anscheinend war die *Erlangen* ein glückliches Schiff. Auf der Brücke atmeten alle erleichtert auf, als wir die offene See erreichten »Ich hol' mal Kaffee«, sagte jemand. Der Kapitän verabschiedete sich, um ein wenig Schlaf zu bekommen. Ich steuerte die *Erlangen* weiter in Richtung Stiller Ozean und legte mich am Ende meiner Wache erschöpft in die Koje. Niemand hatte uns folgen können, so viel schien klar.

Am nächsten Morgen – es war ein Sonntag – liefen wir mit voller Fahrt durch den Ozean. Die Arbeit an Bord bereitete den Segelschiffleuten der *Priwall* keine Probleme, denn wir waren ganz andere Anstrengungen gewohnt. Am Ruder beobachtete ich, wie der Dampfer durch den Sturm und die Wellen vor Kap Hoorn schlingerte. Im starken Wind war das Schiff nur schwer auf Kurs zu halten und gierte um 20 Grad nach jeder Seite. Ich war froh, nicht mehr in diesem Wetter draußen auf Deck gewaschen zu werden oder einen Mast hochklettern zu müssen. Keine schlagenden Segel. Kein

Hagelschlag im Gesicht. Keine aufgeplatzten Fingerbeugen. Kein blutig gescheuerter Nacken. Keine Kälte. Auf der Brücke der *Erlangen* gab es sogar eine Dampfheizung, aber zu kuschelig wurde es nicht, denn auf der dem Wind abgewandten Seite stand immer die Tür offen, um einen besseren Überblick zu haben.

Für die Männer im Maschinenraum, besonders für die Lehrer und Kaufleute, die ihre erste Seereise antraten, geriet die Sturmfahrt um das Kap zu einer Qual. Tief unten im schlingernden Schiff schwitzten und schufteten sie, damit der Druck auf den Kesseln gehalten werden konnte. Aus den Ecken der Bunker und den Zwischendecks schoben sie einrädrige Karren mit Scheiten herbei, pausenlos, denn das Holz verbrannte rasch. Die *Erlangen* lief mit dem Wind, kämpfte aber schwer mit den Wellen, und wenn sie ein besonders großer Brecher traf, spürte man die Erschütterung durch das gesamte Schiff laufen. Viele Aushilfsmatrosen litten unter Seekrankheit, aber sie mussten weitermachen. Jede Hilfe wurde benötigt.

Dass es bedeutende Unterschiede zwischen der *Priwall* und dem Dampfschiff *Erlangen* gab, bemerkte ich, als ich meine Wache antrat.

»Guten Morgen!«, rief ich auf die Brücke.

Der Erste Offizier drehte sich um und sah mich an, als hätte ich ihm gerade über die Schulter gespuckt.

»Was fällt Ihnen ein!«, schnauzte er, »hier gilt der Deutsche Gruß! Es heißt ›Heil Hitler‹, morgens wie abends und immerzu. Ich warne Sie! Merken Sie sich das, oder Sie lernen mich kennen!«

Lange nach Kriegsende hörte ich, dass er es zum Kapitän der *Völkerfreundschaft* gebracht hatte, dem Kreuzfahrtschiff der Deutschen Demokratischen Republik, mit dem verdiente Genossen nach Kuba schippern durften. Offenbar gehörte er zu jener Sorte Mensch, der das Talent gegeben ist, zu jeder Zeit den richtigen Gruß zu beherrschen.

HELDEN UND ERBSENSUPPE

Um den britischen Jägern zu entgehen, lief die *Erlangen* auf einer weit ausholenden Route um das Kap herum. Ein wirklich ungewöhnlicher Kurs entlang der äußersten Kante der Welt. Südlich noch von Südgeorgien dampften wir bis zum 34. westlichen Längengrad, wo wir nordwärts abdrehten. Jedes Risiko, einem anderen Schiff zu begegnen oder von einem der britischen Späher entdeckt zu werden, die auf den Falklandinseln ihre Basis hatten, wollte unser Kapitän vermeiden.

Sein Plan ging auf. Was auch daran lag, dass sich das Wetter in den nächsten Wochen kaum besserte. Diesmal war der Sturm unser Verbündeter, auch wenn das die Seekranken im Maschinenraum bestimmt anders sahen. Am 3. Juni ankerten wir auf Reede vor dem Hafen von Mar del Plata, Argentinien. Unsere Ankunft sprach sich schnell herum. Schon wieder galt die *Erlangen* als Sensation. Kein anderes deutsches Schiff hatte es seit Kriegsbeginn geschafft, die Blockade der Royal Navy zu brechen. Einwohner der Hafenstadt winkten uns von den Kaimauern zu, Schiffsführer ließen die Hörner tuten. Der freundliche Empfang lag daran, dass viele Bewohner Mar del Platas einst aus Italien ausgewandert waren, einem Verbündeten des Hitler-Regimes. Kaum hatten wir die Leinen festgemacht, versorgten uns Fischer mit frischem Fang und Kisten voller Krabben.

»Bienvenido« riefen sie, »seid willkommen!«

Auch die Propaganda-Experten des Dritten Reichs freuten sich über unsere Ankunft. Der Botschafter reiste persönlich aus Buenos Aires an und kam zu einem feierlichen Essen an Bord, für das man in Luke III, zwischen Brücke und Schornstein, eine lange Tafel aufgebaut hatte. Serviert wurde Erbseneintopf. Wir wurden zu Helden stilisiert, zu Helden mit Hülsenfrüchten.

Wie ich viel später erfuhr, berichteten sogar der *Völkische Beobachter* und andere Zeitungen in Deutschland über die Fahrten und das anschließende Eintopfessen. Es war gar nicht möglich, allen Einladungen nachzukommen, die wir erhielten. Ich verbrachte meine Freizeit gern an Land und stromerte in den Straßen von Mar de Plata umher. Besonders gern spazierte ich im Sonnenschein auf der Rambla, wie die Uferpromenade hieß.

Kapitän Grams reiste nach Buenos Aires, um vor der örtlichen Kaufmannschaft einen Vortrag zu halten. Bald darauf hielten immer mehr Lastwagen mit hochwertiger Ladung an der Pier: Leder, Häute, Wolle und Öl, vor allem Wolfram und Molybdän, die für die Produktion von Edelstahl benötigt wurden. Kriegswichtiges Material. Argentiniens Eisenbahngesellschaft stand unter britischem Einfluss, was den Transport von knapp 1000 Tonnen Bunkerkohle erschwerte. Die Pier, an der unser Frachter festlag, wurde daher in den nächsten Wochen zu einem großen Lastwagenparkplatz.

Wir bekamen Order, die *Erlangen* zu tarnen. Die Aufbauten bekamen einen frischen, grauen Anstrich. Auf der Brücke stapelten wir Sandsäcke zum Schutz vor Maschinengewehrfeuer. Zusätzliche Rettungsboote wurden aufs Achterdeck gehievt, und unser Zimmermann stellte eine Kanone aus Holz her. Das 28-Millimeter-Geschütz aus Buche sollte helfen, aus der *Erlangen* ein britisches Schiff zu machen.

5 German Ships Leave Chile

SANTIAGO, Chile, May 19 (AP). Five German merchant ships, refuged in Chilean harbors since the war's start, steamed out into the Pacific during the week end daring the British blockade, and one was believed stalked by an armed British freighter.

The 6,466-ton British vessel Laguna, armed with a six-inch cannon and two anti-aircraft guns, left Antofagasta in the wake of the 6,173-ton German merchantman Rhakotis, giving rise to the possibility that the Laguna was dispatched to overhaul the Nazi craft. Both steamed south late Saturday.

The other departing German ships — which emptied Chilian ports of Nazi vessels—were the 5,523-ton Frankfurt from Concepcion; the 1,230-ton sister ships Quito and Bogota from Coquimbo; and the 6,101-ton Erlangen from Puerto Montt. The first three left Saturday, the latter before dawn yesterday.

Reich Donates Vessel to Chile

Santiago, Chile, May 24 (AP).— The Government formally announced tonight that it has received the German school sailing ship Priwall as a gift of the German Government. The Priwall, a 3,185-ton, four-masted bark, had been at Valparaiso since the start of the war. Chilean naval officers took possession of her May 15.

The Best VARNISH yet produced—

"MARLAVA"

Used by many of the first class yachts, both power and sail.

In a "J" class yacht crossing to New York and back.

"MARLAVA"

is still the choice for general appearance and durability.

•

To be obtained from

HORACE W.
GOODWIN
Shipchandler
HIGH STREET, SOUTHAMPTON

20 Germans Refuse Rescue

By the United Press.

LISBON, Aug. 11.—Twenty German seamen were believed still adrift in an open boat in the North Atlantic today after having refused a rescue offer because of fear they would fall into British hands. The Portuguese destroyer, Vouga, was searching for them.

They escaped from the German ship Franfurt four days ago when it was intercepted at sea by British warship. They were sighted by a Panama ship but refused to come aboard.

Sell Ship for Coal

Santiago, Chile, May 21 (U.P.).— Germany sold the training ship Priwall to the Chilean Navy to obtain coal for five vessels which sailed Saturday night to run the blockade, shipping circles report today.

Mar del Plata, am 3. Juni 1941: Mit dem Frachter »Erlangen« hatten wir es geschafft, den britischen Kriegsschiffen zu entwischen, und waren in Argentinien angekommen. Die Propaganda des Dritten Reichs hat versucht, diese Reise auszuschlachten. An Bord der »Erlangen« sind auch viele Seeleute der Viermastbark »Priwall«: der Koch Heinrich Herrmann (in Küchenmontur), Willy Buch (weißer Rollkragenpullover, weiße Mütze, steht neben dem Kapitän Alfred Grams).

Auch Joachim Lundberg (2. von rechts) gehörte schon zur Besatzung der »Pri-wall«. Der Erste Offizier der »Erlangen«, der sich mit dem rechten Gruß zur rech-ten Zeit auskannte, ist am rechten Bildrand zu sehen (6. von rechts). Ich hocke in der vorderen Reihe (4. von rechts) neben dem Matrosen Paul Kramer (mit Pfeife in der Hand), der später in Sierra Leone einen riskanten Fluchtversuch durch haiverseuchte Gewässer unternehmen sollte.

"Frankfurt"-Besatzung lehnt Rettung ab

(Meldung der "Associated Press")

LISSABON, 10. Aug. — Zwanzig Mann des deutschen Fracht-Dampfers "Frankfurt" wurden in ihrem auf dem Atlantik treibenden Boot von einem panamischen Schiff gesichtet, lehnten aber ihre Rettung durch dieses Schiff ab, da sie fürchteten, daß sie interniert werden könnten.

Das panamische Schiff, dessen Name nicht mitgeteilt wurde, funkte den Standort des Bootes und der portugiesische Zerstörer "Vouga" lief gestern aus, um die Leute an Bord zu nehmen. In den Meldungen wird die "Frankfurt" als deutsches Kaperschiff beschrieben, das vor einigen Tagen von einem englischen Kriegsschiff versenkt worden sei.

(Die Britische Admiralität hatte gemeldet, der 3027 Tonnen große deutsche Frachter "Frankfurt" sei bei seinem Versuche, die Blockade zu durchbrechen, aufgebracht worden.)

Kapitän Alfred Grams

Kapitän Alfred Grams war ein freundlicher Mann mit kantigem Schädel, der durch bloße Anwesenheit Ruhe ausstrahlte. Unter seinem Kommando machte der Dampfer »Erlangen« 1939 eine Reise, die zum Mythos wurde: Trotz eines Mangels an Kohle und Proviant schaffte es das Schiff über den Pazifik von Neuseeland nach Chile, eine Leistung, die Hollywood zur Vorlage des Films »Der Seefuchs« diente. John Wayne mimte Kapitän Grams alias »Kapitän Ehrlich«. Dabei ist die wahre Geschichte beinahe spannender als die Fiktion aus den Filmstudios.

Chile erwarb Schulschiff „Priwall"

Eigener Drahtbericht

ep. Santiago de Chile, 4. Juni. 41

Die feierliche Hissung der chilenischen Flagge auf dem ehemaligen deutschen Segelschulschiff „Priwall", das von der deutschen Regierung geschenkt wurde, findet am kommenden Freitag in Valparaiso statt. An der Zeremonie werden der deutsche Botschafter, Dr. Wilhelm Freiherr v. Schön, der Chef der chilenischen Flotte sowie hohe Vertreter der chilenischen Kriegsmarine teilnehmen.

Nachdem aus dem Frachter *Erlangen* die passable Attrappe eines alliierten Dampfers geworden war, lautete die entscheidende Frage: Wie konnten wir den Jägern vor der Küste entwischen? Nach all der Erbsensuppe war uns die besondere Aufmerksamkeit der Engländer gewiss. Die Stimmung an Bord war angespannt, aber man spürte auch einen gewissen Trotz: Wenn überhaupt ein Schiff die Reise nach Europa schaffen könnte, dann doch die *Erlangen*, das Schiff mit dem sagenhaften Glück. Ein Pilot startete mit seinem Sportflugzeug, um die Lage vor der Küste zu erkunden. Wo lagen die britischen Kreuzer im Seegebiet vor Mar del Plata? In der ersten Woche nach dem Einlaufen hatten wir die Silhouetten der Kriegsschiffe immer wieder am Horizont sehen können, ohne dafür ein Fernglas zu benötigen.

Als der 23. Juli dämmerte – es war kurz nach sieben –, gab Kapitän Grams den Befehl, die Leinen loszuwerfen. Wir liefen aus, mit 41 Mann an Bord und einem kleinen Hund, einer Promenadenmischung namens Tiffy. Nebel zog auf. Nebel, wunderbar dichter, weißer Seenebel, wie bestellt. Die perfekte Tarnung. Es wurde schnell dunkel und es blieb neblig. Jede Seemeile, die wir von der Küste wegkamen, erhöhte unsere Fluchtchancen. Mit jeder Stunde, die wir uns von der Küste entfernten, vergrößerte sich das Seegebiet, in dem unsere Verfolger nach uns suchen mussten. Das Glück fuhr weiter mit der *Erlangen* – so dachten wir. Euphorie machte sich an Bord breit. Die ersten 48 Stunden galten als besonders kritisch, weil man in Mar del Plata schnell feststellen würde, dass wir abgelegt hatten. Es war nur eine Frage von Stunden, bis das britische Flottenkommando eine gezielte Suche nach uns einleiten würde.

Mit acht Knoten liefen wir durch die See. Acht Knoten, schneller ging es nicht, denn der Dampfer *Erlangen* war seit Jahren nicht überholt worden. Am Schiffsboden zogen wir eine

Art Unterwassergarten hinter uns her, der die Fahrt bremste. Zwar hatte der Dritte Offizier in Puerto Montt einen Taucheranzug organisiert, um Algen und Muscheln zu beseitigen, aber mehr als eine grobe Reinigung war nicht möglich gewesen.

Am Morgen des 25. Juli waberte noch immer ein Dunstschleier auf der glatten See. Die Uhr auf der Brücke zeigte genau 9.44 Uhr, als das Glück der *Erlangen* aufgebraucht war. An Steuerbordseite achteraus tauchten die Konturen eines Schiffs im Dunst auf, etwa drei Seemeilen entfernt: die *Newcastle*, ein britischer Kreuzer. Sofort gab Kapitän Grams Alarm. Kommando: »Voll zurück.« Maschine stopp! Jeder an Bord wusste, was zu tun war.

Es galt, unser eigenes Schiff zu versenken.

An Bord des Kreuzers beabsichtigte man wohl, die *Erlangen* im Vorbeischeren zu kapern. Wie ich später erfuhr, hatte man uns nicht auf dem Radar entdeckt; die aufmerksame Besatzung eines britischen Suchflugzeugs sah unsere Masten aus dem Nebel herausragen. Innerhalb weniger Minuten war der Kreuzer zur *Erlangen* aufgelaufen. Zeitgleich bereiteten wir auf unserem Frachter den Untergang vor. Der Zweite Ingenieur eilte in den Reservebunker, um eine vorbereitete Sprengladung zu zünden. Mit zitternden Fingern – das schrieb er mir später in einem Brief – versuchte er, die Lunten anzuzünden. Doch die Streichhölzer waren nass. Er fand eine trockene Packung in seiner Hosentasche.

Matrosen liefen die Treppen hinunter in den Rumpf, um Bodenventile zu öffnen. Bei einem Wassereinbruch sollte kein noch so flinkes Prisenkommando die *Erlangen* retten können. Schiffe waren begehrte Kriegsbeute, und natürlich auch unsere wertvolle Ladung. Es dauert nicht lange, bis eine schwere Explosion die *Erlangen* erschütterte. In weitem Bogen flog der Steuerbordlüfter des Reservebunkers außenbords. Heizraum und Maschine standen Augenblicke später unter Wasser. Auch das Feuer breitete sich, wie geplant, zügig aus. Der Dampfer *Erlangen* bekam Schlagseite.

Meine Aufgabe war es, eine Strickleiter an Steuerbordseite herunterzulassen, für den Fall, dass jemand in letzter Sekunde von der *Erlangen* herunterklettern musste. Ich stand auf dem Hauptdeck, als das Feuer einer Maschinenkanone zu hören war. Es klirrte. Direkt neben mir zerbarst das Glas der Bullaugen. Ich warf mich hinter die Verschanzung aus Eisenplatten und vernahm das Zischen der Kugeln, die über mir in die Schiffswand einschlugen.

Von Bord der *Newcastle* feuerte man eine Salve nach der anderen auf den Frachter. Aber warum nur? Niemand an Bord der *Erlangen* trug eine Waffe. Von uns ging nicht die geringste Gefahr aus. Dass unsere Kanone aus Holz bestand, konnte selbst der kurzsichtigste Schütze erkennen. Trotzdem sprengten die Briten sie mit einer Granate von Bord. Vielleicht war der Ruf der *Erlangen* derart mythisch beladen, dass man fürchtete, aus einer Holzattrappe beschossen zu werden. Der Schütze feuerte jedenfalls immer noch, als wir im Rettungsboot trieben. Ein Boot mit einem Prisenkommando raste uns entgegen. Die britischen Marinesoldaten zogen Pistolen und brüllten: »Zurück an Bord! Los! Kehrt um!«

»Ich habe keine Seeleute im Boot. Das sind keine Seeleute«, rief der Dritte Offizier zurück, der das Kommando des Rettungsboots hatte. Um seiner Behauptung Nachdruck zu verleihen, stellten wir uns beim Rudern so dämlich an, wie es nur ging. Der Kreuzer *Newcastle* war inzwischen nahe an den Dampfer herangekommen, aus dessen Brücke dichter Rauch quoll; auch lag das Schiff bereits tief im Wasser. Die Soldaten des Prisenkommandos fuhren zur *Erlangen*, wo sie an Bord gingen. Unauffällig ruderten wir mit unserem Boot in die Leeseite unseres Frachters. Als der Rauch uns einhüllte, legten wir uns in die Riemen. Rasch richteten wir den Mast auf, um ein Segel setzen zu können. Bis zur Küste waren es rund zweihundert Seemeilen und der Atlantik war ruhig – es sollte kein Problem sein, Argentinien zu erreichen.

Dann fielen erneut Schüsse.

Mehrere Salven waren zu hören. Man zielte nicht auf uns, sondern auf das andere Rettungsboot, das an Backbordseite zu Wasser gelassen worden war. Der Schütze schoss mitten hinein, mitten hinein in eine Gruppe unbewaffneter Schiffbrüchiger, mitten hinein in ein Ruderboot mit Seeleuten, auf dem einer der Offiziere stand und zum Zeichen der Aufgabe ein weißes Taschentuch schwenkte.

Ich kann mir nicht vorstellen, dass es dazu den Befehl eines Offiziers gab. Ich kann mir dieses Verbrechen nur damit erklären, dass dem MG-Schützen die Nerven durchgingen. Dass er von jemandem überwältigt wurde, bevor er alle an Bord umbrachte. Bis heute spüre ich Bitterkeit und Zorn in mir aufsteigen, wenn die Erinnerung daran zurückkommt.

Einige Kameraden sprangen ins Meer, um dem Beschuss zu entgehen. Das stark beschädigte Rettungsboot trieb auf dem Wasser. Mit drei Schwerstverletzten an Bord: Der Dritte Ingenieur und ein junger Leichtmatrose waren im Unterleib getroffen worden; ein junger Chilene blutete ebenfalls stark. Er murmelte: »Es ist aus«, als er sein Hemd hochschob und die Wunden sah. Andere Matrosen hatten Steckschüsse erlitten. Ein Offizier begann damit, notdürftig Druckverbände anzulegen.

An Bord der *Newcastle* kümmerte man sich nicht um die Verwundeten. Stattdessen verfolgte der Kreuzer nun uns. Das Kriegsschiff kam rasch auf, stoppte dann die Maschine und warf achtern eine Strickleiter über Bord. Wir hörten Rufe, die man nicht missverstehen konnte. Unser Fluchtversuch war gescheitert, bevor er richtig begonnen hatte.

Ich saß der Strickleiter am nächsten. Als ich die Sprossen hochkletterte, gingen mir viele Gedanken durch den Kopf: eine Mischung aus Angst und Neugier. Wie würde man uns behandeln? Zwei Soldaten in den Uniformen der Royal Marines, mit blauen Jacken, weißen Hosen und weißen Mützen, halfen mir über die Verschanzung und führten mich an die Seite. Andere Soldaten nahmen mir mein Bündel mit einigen Habseligkeiten ab, das ich in einer kleinen Blechdose am Gürtel befestigt hatte. In der Blechdose, die ich wasserdicht mit Leukoplast verklebt hatte, bewahrte ich Fotos auf, die ich während der Reise auf der *Priwall* mit meiner kleinen Agfabox-Kamera aufgenommen hatte. Niemand sprach ein Wort.

Ich beobachtete, wie sich die Prozedur mit den anderen Kameraden wiederholte. Von unserem Rettungsboot hatte man alle Seeleute geborgen, auch Tiffy, die Promenadenmischung, unser vierbeiniges Maskottchen. Ein Matrose führte uns in einen messeähnlichen Raum in den Aufbauten unterhalb des zweiten Geschützturms. Unser Kapitän wurde in eine andere Kammer abgeführt, wo man begann, ihn zu verhören. Man reichte uns Sandwiches und Tee und bot sogar Zigaretten an. Als die Tür hinter uns ins Schloss fiel, sprach lange Zeit niemand ein Wort. »Hast du mal Feuer?«, war die einzige Frage. Ich fühlte mich einsam. Ein Gefühl der Leere breitete sich in mir aus, ein Gefühl, ohne Bezugspunkt zu sein in einer feindlichen Welt. Einige Stunden vergingen im engen Raum, den sich 20 Männer teilten; wir lagen auf Bänken und unter Tischen. Die Tür öffnete sich, und jemand kam hinein, um Hygieneartikel zu verteilen: Zahnbürsten, Handtücher und Rasierzeug, außerdem weiße, dicke Wolldecken und Tropenhelme.

Am Abend, etwa zwölf Stunden nachdem wir von der *Newcastle* entdeckt worden waren, sank die brennende *Erlangen*. Lange war sie noch auf ihrer Ladung getrieben, trotz der Feuer und des großen Lecks unterhalb der Wasserlinie. Das Licht in unserem Gefangenenraum wurde gelöscht. Vorher erhielten wir noch eine Nachricht, die uns erschütterte.

Drei Kameraden – der Dritte Ingenieur, ein junger Hilfsarbeiter aus Chile sowie Fritz Dopp, ein Leichtmatrose aus Niebüll in Nordfriesland, den ich gut kannte – waren im Bordhospital ihren Schusswunden erlegen. Stundenlang hatten sie zuvor ohne medizinische Hilfe im Rettungsboot getrieben. Fritz Dopp wurde nur 21 Jahre alt.

TOTENWACHE

Die Sonne versank im Atlantik, als unsere Toten bestattet wurden. Auf dem Achterdeck waren alle Gefangenen und die Freiwache angetreten. Kapitän Grams sprach einige Worte. Nach einem Gebet rutschten die drei in Segeltuch eingenähten Leichname unter einer Hakenkreuzflagge ins Meer. Ein Trompeter blies die »Letzte Post«. Royal Marines, die ihre Paradeuniformen angelegt und ihre Bajonette aufgesteckt hatten, schossen drei Ehrensalven in einen Himmel, der in dunklem Rot leuchtete. Damit war die Zeremonie beendet.

Abends, als ich auf dem Stahlboden der Unterkunft lag, dachte ich lange darüber nach, wie nahe mir der Tod an diesem Tag gekommen war. Ich dachte darüber nach, dass ich in dem beschossenen Boot hätte sitzen können, an der Stelle von Fritz Dopp. Ich dachte darüber nach, wie dankbar ich sein konnte, noch am Leben zu sein. Später, viel später, habe ich mich immer gefragt, wie viele Millionen in diesem Krieg sinnlos starben, für die niemals ein Salut geschossen wurde.

Ich wurde den Eindruck nicht los, dass sich einige britische Soldaten wegen der Attacke auf unser Rettungsboot schämten. Der Kommandant der *Newcastle* hatte entschieden, dass wir persönliche Gegenstände, die das Prisenkommando geborgen hatte, zurückbekamen. Wir empfanden dies als eine großzügige Geste, wie überhaupt die Behandlung an Bord ausgesprochen freundlich war. Sämtliche Habseligkeiten wurden im Flugzeughangar ausgebreitet. Darunter befand sich auch ein Akkordeon, das uns noch durch manche Stunde helfen sollte. Gelegentlich wurden wir verhört, vor allem die Offiziere, doch viel war von uns nicht zu erfahren. Wir wussten kaum mehr, als dass wir Richtung Südfrankreich dampfen sollten. Recht bald wurde die Bewachung freizügiger geregelt; wir durften ohne Begleitung die sanitären Einrichtungen aufsuchen und unser gewaschenes Zeug zum Trocknen über das Geländer des Heizraums hängen. Eine ungewöhnliche Praxis für ein Kriegsschiff auf Feindfahrt.

Unsere Bewacher gestatteten uns, die drückenden, heißen Tage der Tropen auf dem Vordeck zu verbringen. Dafür hatte man also die weißen Helme an uns ausgegeben, ohne deren Schutz die Sonne uns verbrannt hätte. Wir liefen durch eine glatte See, und die Sonne stach gnadenlos herunter aus einem Himmel ohne jede Wolke. Einige spielten Karten, vor allem Skat. Man sprach miteinander darüber, was einen wohl erwarten würde, was wohl in der Heimat geschah, wie der Krieg wohl verlief. Man tauschte seine Geschichten aus.

Ich lernte früh, dass Einsamkeit zum Beruf des Seemanns gehört. Obwohl man an Bord eines Schiffes niemals allein ist, gehört Einsamkeit zum Alltag auf See, vor allem, wenn man als Kapitän oder Offizier arbeitet. Es gibt niemanden, dem man sich anvertrauen kann, wenn einen etwas bedrückt. Für einen Kapitän ist sein Erster Offizier ein vertrauenswürdiger Ansprechpartner, aber aus der Mannschaft darf er sich niemandem anvertrauen. Als Kapitän kann man seine Probleme nicht mit der Mannschaft teilen, das gilt als ungeschriebenes Gesetz. Über die eigenen Probleme zu reden, untergräbt die Autorität.

Einige Tage nach der Versenkung der *Erlangen* wurden wir irgendwo vor der Küste von Brasilien auf den britischen Hilfskreuzer *Carnarvon Castle* umgeschifft. Der Empfang an Bord fiel reserviert aus, denn die *Carnarvon Castle* war zuvor im Gefecht von dem deutschen Hilfskreuzer *Thor* von diversen Granaten getroffen worden. Von 21, um genau zu sein. Nur durch eine waghalsige Flucht waren die Briten der Versenkung entgangen.

Als man feststellte, dass wir keine Marineangehörigen waren, sondern einfache Seeleute, verbesserte sich der Umgangston. Woche um Woche dauerte die Reise, und wenn nicht jemand die Tage mitgezählt hätte, wäre uns das Gefühl für die Zeit abhanden gekommen. Eine Stunde täglich durften wir unter unseren Tropenhelmen an Deck, den Rest verbrachten wir tief unten im Schiffsbauch, in einem Raum für Passagiere, der im Gefecht ausgebrannt war. Am Stand der Sonne erkannten wir, dass wir in einem Planquadrat hin und her kreuzten.

Etwa einen Monat dauerte die Reise, als die Maschine stoppte. Wir stiegen in Boote und fuhren hinüber zu einem Schiff, das uns vertraut erschien: Wir kamen zurück auf die *Newcastle*. Tage später ging der Kreuzer in einer Bucht vor Anker. Die Flüsterpropaganda an Bord berichtete, dass wir schon bald an Land gebracht werden sollten, ins Hauptquartier des britischen Commanders in Chief für den Südatlantik. Es war Dienstag, der 26. August 1941.

Wir lagen vor Freetown, Sierra Leone.

SEPTEMBER 1941
PORT LOKO, DSCHUNGEL VON SIERRA LEONE

IM HERZEN DER FINSTERNIS

Zwei Besatzungsmitglieder der *Erlangen* waren besondere Charaktere, von deren besonderem Freiheitsdrang jeder an Bord wusste: Dem Matrosen Kramer aus Bremen war es 1939 gelungen, von dem Dampfer *Düsseldorf* zu entkommen, der vor der nördlichen Küste Chiles von Briten aufgebracht worden war. Er hatte ein Bullauge geöffnet, war meilenweit bis in den Hafen geschwommen, wo er an Bord eines japanischen Frachters bis zum Auslaufen versteckt wurde.

Für den Kochmaat Heinrichmeier aus Berlin war die Selbstversenkung der *Erlangen* bereits der zweite geplante Untergang seines Lebens. Ein amerikanischer Zerstörer hatte ihn aufgegriffen, als sich der Passagierdampfer *Columbus* selbst versenkte, worauf er in einem Lager interniert wurde; eines Nachts türmte er und schlug sich in monatelanger Flucht bis

Buenos Aires durch, wo er sich in der deutschen Botschaft meldete.

Es wunderte also wenig, dass Kramer und Heinrichmeier ihre Flucht planten. Gegen zwei Uhr in der Nacht öffneten sie das Bullauge direkt unter dem Fallreep, also einer Brücke, die an der Bordwand hängt. Es gelang ihnen, unbemerkt ins Wasser zu gleiten. Dass es vor der Küste Westafrikas von Haien wimmelte, schien sie wenig zu beeindrucken. Sie hatten jedoch die Entfernung zum Land unterschätzt und erreichten mit letzter Kraft den Strand. Es war später, als sie geplant hatten. Die Sonne war bereits aufgegangen, und zu ihrem Pech beobachtete ein Polizist, wie die Schwimmer erschöpft aus dem Wasser torkelten und in den Sand fielen. Er verhaftete die verdächtigen Gestalten.

Auf der Wache behaupteten die beiden, niederländische Matrosen zu sein, die mit den Arbeitsbedingungen an Bord nicht einverstanden waren. Ein Richter, dem sie vorgeführt wurden, blieb misstrauisch und verhängte eine Geldbuße von 14 britischen Pfund, die sie nicht begleichen konnten – und so steckte man Kramer und Heinrichmeier für 14 Tage in eine Zelle.

In der Zwischenzeit ließ man auf der *Newcastle* alle Gefangenen zum Morgenappell antreten. Ein Offizier zählte nach, wunderte sich und zählte erneut. Vor Wut veränderte sich seine Gesichtsfarbe in ein dezentes Rot. Sofort alarmierte man über Funk die Behörden an Land, und im Gefängnis benötigte man keinen Sherlock Holmes, um zu kombinieren, dass man es nicht mit niederländischen Matrosen zu tun hatte, die sich beruflich weiterentwickeln wollten.

Wir wurden vom Kriegsschiff an die Kaimauer von Freetown gebracht, wo uns eine Kompanie schwarzer Soldaten in Empfang nahm. Schwer bewaffnete Männer, mit einem feindlichen, hasserfüllten Ausdruck in den Augen. Zwei britische Offiziere begleiteten den grimmigen Trupp. Wir wurden in einen Schuppen geführt, wo wir uns bis auf die Unterhose ausziehen mussten und untersucht wurden. Reine Schikane. Es war sehr heiß in diesem Schuppen. Die Soldaten richteten Schnellfeuergewehre auf uns: »Eine falsche Bewegung, und wir töten euch!«

Kurz darauf wankte Matrose Kramer in den Schuppen. Sein Gesicht war bleich. Er zitterte.

»Sie haben Heinrichmeier umgebracht«, flüsterte er, »einfach so.«

Er erzählte, was geschehen war: Auf einem Lastwagen, der die beiden Ausreißer zur Besatzung der *Erlangen* bringen sollte, hatte einer der Bewacher plötzlich und ohne erkennbaren Grund sein Gewehr gehoben und abgedrückt. Der Körper des deutschen Seemanns fiel vom Laster; der Soldat sprang ab und zertrümmerte mit dem Gewehrkolben den Schädel seines Opfers. »Ein britischer Offizier saß neben dem Fahrer. Er sagte nur: ›It's all right‹«, erzählte Matrose Kramer leise, »was haben sie den Schwarzen erzählt, dass sie uns so hassen?«

Kalte Wut spürten wir und auch die Furcht, der Willkür unserer Bewacher ausgesetzt zu werden. Es gab kein Recht und wenig Schutz in Freetown. Zum Glück verhielten sich alle Seeleute diszipliniert, trotz der Hitze, trotz der Schikanen und der Waffen, die auf uns gerichtet waren. Jeweils vier Mann mussten auf die Ladefläche eines Lastwagens steigen, hinter die sich Soldaten stellten, die ihre Gewehre mit Bajonetten bewehrt hatten. Die Fahrt ging hinaus aus Freetown und hinein in den Dschungel. Es war dampfend schwül und heiß im Urwald, die Luft schlug einem ins Gesicht wie ein feuchter Lappen. In den Tagen zuvor musste es stark geregnet haben, denn die Pisten waren aufgeweicht und standen tief im Matsch. Stunde um Stunde verging, die Lastwagenkolonne kämpfte sich immer weiter hinein in den Urwald.

An einer besonders morastigen Stelle kam einer der Wagen von der Piste ab, kippte um und versank im Moor. Die Wächter sprangen von der Pritsche und befahlen den Gefangenen, unter der Plane zu bleiben. Immer tiefer sackte der Laster ab, feixend beobachtet von den Bewaffneten, die jeden Rettungsversuch mit der Drohung unterbanden, sofort das Feuer zu eröffnen. Als einer der Männer bereits bis zum Halsansatz im Morast verschwunden war, stoppte der nachfolgende Transporter.

»Was soll das?«, schrie ein britischer Offizier, »holt die Leute sofort raus!«

Sein Eingreifen hat vier Seeleuten das Leben gerettet.

BLACK MAMBAS

Das Gefangenenlager hieß Port Loko, eine Ansammlung von Hütten aus Lehm und Gras auf einem waldfreien Plateau, umzäunt von stacheligem Draht. Eigentlich hätte man sich den Zaun sparen können, denn an Flucht war gar nicht zu denken. Port Loko befand sich in einem undurchdringlichen, mörderischen Dschungel. Von hier gab es kein Entkommen.

Erleichtert stellten wir fest, dass wir nicht auf dem Boden schlafen mussten, sondern auf Feldbetten aus Metall, die uns Schutz boten vor Schlangen, Skorpionen oder Ratten. Die Feldbetten, jeweils zehn in jeder Hütte, wirkten in der trostlosen Umgebung wie Luxusgüter, zumal über ihnen Moskitonetze gespannt waren. In der ersten Nacht fand ich trotzdem nicht in den Schlaf. An die Geräusche der Tiere im Urwald, an das Ächzen und Glucksen und Stöhnen des Dschungels musste ich mich erst gewöhnen.

Am nächsten Morgen merkten wir, dass es Termiten gelungen war, die Bettgestelle hochzukrabbeln und durch die Moskitonetze zu schlüpfen. Wir juckten uns, wir kratzten uns. Erst später fanden wir ein Gegenmittel: Wir stellten die Füße der Feldbetten in Konservendosen, die wir mit Petroleum auffüllten. Zumindest das Termitenproblem war nun erledigt. Schwieriger war es, mit den Black Mambas klarzukommen, einer olivbraunen, bis zu vier Meter langen Giftnatter, deren Biss tödlich ist;

wer von ihr gebissen wird, dem sterben erst die Extremitäten ab, bevor die Organe unter starken Schmerzen versagen. Nur das Hirn bleibt bis zuletzt wach. Durch Zufall entdeckten wir, dass diverse Black Mambas im Grasdach lebten. Unsere einheimischen Bewacher halfen uns, sie loszuwerden, indem sie aufs Dach kletterten und die Schlangen töteten. Das Verhältnis zu den Aufsehern hatte sich gebessert, nachdem wir zu einem Besuch ins Nachbardorf eingeladen worden waren, wo uns der örtliche Häuptling willkommen hieß. Nach einigen Höflichkeitsbekundungen bot er einen Trank an, den er als »Wein« anpries. »Chateau Port Loko«, Südhangdschungellage, wobei die Auslese von 1940 gewiss nicht zu den großen Jahrgängen zählte. Zu den bedeutenden Taten von Kapitän Grams gehörte es, dieses Getränk zu schlucken, ohne dass ihm die Gesichtszüge entglitten.

Die Bewacher verboten, dass wir unsere Mahlzeiten selbst kochten (morgens gab es ein Stück Brot, mittags meist Gurkensuppe, abends nichts) oder hinterher den Abwasch erledigten. Nicht mal die Latrinen durften wir reinigen. Wir sollten nur schwitzen und dösen. Alle Arbeiten waren von Schwarzen zu erledigen, die uns mit »Sir« anzusprechen hatten. Wir waren Englands Feinde, wir waren Englands Gefangene, aber wir waren trotzdem Weiße, so lautete die perfide Botschaft.

Eine Abwechslung im schwülen Alltag bot sich, als uns die britischen Offiziere zu einem Fußballspiel aufforderten. Was das Klischee bestätigt, dass überall dort, wo drei Briten zusammenkommen und ein irgendwie tretbarer Gegenstand in der Nähe ist, ein Fußballspiel beginnt. Der Platz befand sich neben dem Lager, eine Lehmpiste, in die man zwei Eisengestelle hineingerammt hatte. Die Auswahl des FC Erlangen schlug sich achtbar gegen Port Loko United, was erneut an unserem Torwart lag. Wie schon beim vorangegangenen Auswärtsspiel in Chile parierte Bäcker Mahnke aus dem Tor des FC St. Pauli beinahe jeden Schuss. Nur einen Elfmeter konnte er nicht abwehren. Das Spiel endete schließlich 2:1 für den FC Erlangen. Was die Briten mit Humor nahmen. Grinsend boten sie unserem Torwart an, dauerhaft in Port Loko zu bleiben. Mahnke lehnte das Angebot dankend ab.

MALARIA

Zu einer üblen Plage wurden die Moskitos, gegen die es keinen echten Schutz gab. In den Abendstunden, wenn sie aus dem Unterholz aufstiegen, schwirrte die Luft regelrecht von Insekten. Sie fielen in Schwärmen über uns her. Je länger unser Aufenthalt dauerte, desto mehr Lagerinsassen litten an Malaria. Dass uns Chinin verabreicht wurde, konnte den Ausbruch des Sumpffiebers nicht verhindern. Ich war einer der wenigen, die verschont blieben. Neun von zehn Seeleuten waren infiziert; sie litten Qualen, denn Medikamente gegen die Krankheit gab es im Dschungel nicht. Wir betreuten die Betroffenen so gut es die Umstände zuließen und pumpten Wasser, das wir in Blechschüsseln herbeitrugen. Kein Seemann kam im Lager Port Loko durch Malaria ums Leben.

Unser Maskottchen, die Promenadenmischung Tiffy, schien sich eine andere Krankheit eingefangen zu haben, die wir alle fürchteten. Wie rasend drehte er sich im Kreise, jaulte und bellte und biss Kapitän Grams, der zufällig in der Nähe stand, in den Unterschenkel. Hatte Tiffy etwa Tollwut? Der Verdacht drängte sich auf. Einem britischen Offizier blieb keine Wahl, als den Hund mit einem Revolver zu erschießen.

Der Kadaver wurde vorsichtshalber untersucht. Dabei stellte sich heraus, dass Tiffy keineswegs an einer Hirnerkrankung litt, sondern seine Nase in einen Termitenhaufen gesteckt hatte, woraufhin die Insekten zum Gegenangriff übergegangen waren. Unser Kapitän, der mangels eines Impfstoffs schon einem elenden Tod entgegensah, fühlte sich vor Erleichterung wie neugeboren.

Auch der Rest der Gefangenen von der *Erlangen* atmete bald darauf auf, denn unsere britischen Gastgeber teilten uns mit, dass wir das Lager verlassen konnten. Wohin uns die nächste Etappe führte? Nach Europa vielleicht? Es war uns ganz egal. Jedes Ziel musste besser sein als Port Loko.

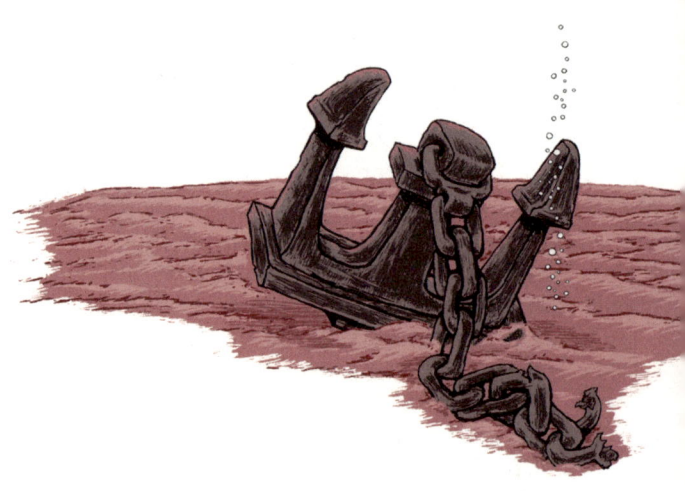

PATAGONIA

e Victory
now Hills
Craggy Land
Sound rangoing Land
Straits of Fort
St Jerome Sound
Landsborough R.
Elizabeth Bay
C. Froward
Pt St Martin
Whale Sound

Straits of Magellan
C. Virgin Mary
C. Katherine's
C. de Pinas
Gulf Cove
South River
C. Monmouth
R. St Sebastian

ISLA DE TERRA
DEL FUEGO

Vulcano

This Coast not well known

B. of Good Success
B. de Wonden

I. St Diago
Ramores

I. Vauverland

I. Cezambre

I. des

Cape Horn

Hermites I.

I. de St Alfonse

Barnavelds Isles

TRUPPENTRANSPORTER

DUCHESS OF BEDFORD

September 1941 – Januar 1946
STACHELDRAHTJAHRE

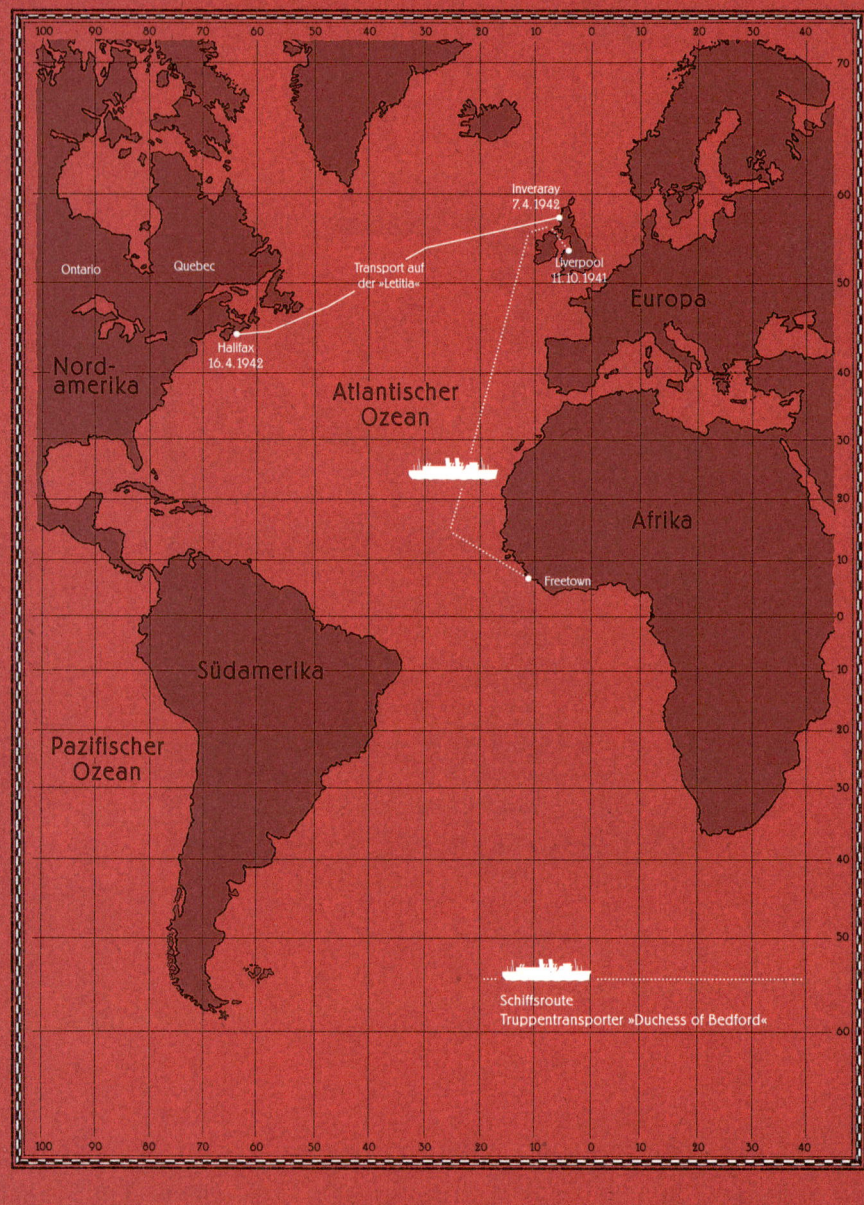

Inveraray
7.4.1942

Liverpool
11.10.1941

Ontario

Quebec

Transport auf
der »Letitia«

Europa

Halifax
16.4.1942

Nord-
amerika

Atlantischer
Ozean

Afrika

Freetown

Südamerika

Pazifischer
Ozean

Schiffsroute
Truppentransporter »Duchess of Bedford«

ANGST AUF DER »HERZOGIN«

Auf den Pritschen von Lastwagen fuhren wir durch den Regenwald und erreichten nach Stunden den Hafen von Freetown. Die Laster bremsten vor der Bordwand eines Truppentransporters, der einst eine Majestät der Meere gewesen war: Die *Duchess of Bedford* diente vor Kriegsausbruch als Passagierdampfer der Gesellschaft Canadian Pacific, ein Luxusliner mit zwei mächtigen Schornsteinen und dem bohemen Schick jener Zeit. Soldaten geleiteten uns an Bord.

Als Gefangenen wies man uns Unterkünfte weit unterhalb der Wasserlinie zu, in einer der vorderen Luken. Auf dem Weg tief hinab in den Bauch des Schiffs kamen wir an Soldaten aus verschiedenen Nationen vorbei. Im Gang saß ein hagerer Mann mit dem fahlen Gesicht eines Heizers, der mir im Vorübergehen auf Deutsch zuraunte: »Wir fahren hin, wir fahren her, wir haben keine Heimat mehr.«

Vom Komfort, den die *Duchess of Bedford* ihren Passagieren einmal geboten hatte, war in den Laderäumen nichts zu spüren. In unserem Raum brannten einige Glühbirnen, gerade hell genug, dass man nicht übereinander fiel. Es war eng, und die Matten hingen dicht nebeneinander. Wenn sich jemand nachts umdrehte, bemerkte dies mindestens ein anderer Schläfer. Die Lüftung funktionierte immerhin, sodass die Luft zwar stickig, aber zu ertragen war. Wir schliefen mit 30 Männern in einem Raum, der höchstens 40 Quadratmeter maß. Was die Verpflegung betraf, bekamen wir gleich mit der ersten Essensausgabe einen Eindruck, was uns auf dieser Reise bevorstand. In der Schüssel schwappte eine seltsame Masse, eine Art Eintopf mit Überraschungseinlagen: Fischgräten, Kartoffelschalen, Zigarettenstummel. Einmal entdeckten wir im Mittagessen sogar einen alten Lappen.

Die *Duchess of Bedford* war bis auf die letzte Koje belegt, mit mehr als 3000 Soldaten, von denen viele khakifarbene Uniformen trugen, weil sie aus Indien zurückkehrten. Wie wir erfuhren, gab es an Bord auch einige Soldaten, die in Dünkirchen eingekesselt worden waren; in der »Operation Dynamo« hatte es die britische Marine geschafft, den größten Teil ihrer Truppen nach Großbritannien zu retten. Die Soldaten fürchteten sich, wie wir bald feststellen sollten, nach ihren Erfahrungen vor allem vor einem: vor den Angriffen deutscher U-Boote.

Das Seegebiet, durch das wir mussten, dürfte manchen von ihnen besonders nervös gemacht haben. Gerade die Westküste Afrikas und besonders die Hafeneinfahrt von Freetown, einem wichtigen Stützpunkt der Briten, galten als Revier der Jäger. Wir waren in den Laderäumen dem Einschlag eines Torpedos schutzlos ausgeliefert. Sollte es einen Treffer in unserem Bereich geben, hatten wir kaum eine Chance, an Deck zu kommen. Britische Seeleute zeigten uns den schnellsten Fluchtweg zu den Rettungsbooten, die auf dem vorderen Inseldeck angebracht waren; eines der Boote, die auf einem kleinen Aufbau um den Vormast herumstanden, habe man für uns reserviert, versprachen sie.

An einem frühen Morgen lief der Konvoi aus Freetown aus. Jeder von uns spürte ein drückendes Gefühl in der Magengegend. Zwischen unserem Lagerraum und dem Rettungsboot lagen diverse Decks und Hunderte von Treppenstufen. Wenn wir uns beeilten – das hatte ein Testlauf ergeben –, konnten wir das Rettungsboot in etwa zehn Minuten erreichen, nicht eingerechnet die Verzögerungen durch das Durcheinander, das ein Alarm auslösen würde.

Wie ein solches Chaos aussah, beobachteten wir bereits nach wenigen Stunden auf See. Die Sirene heulte, ein Klingeln und Lärmen und Schreien hallte durchs Schiff: U-Boot-Alarm! Als wir die Treppe hinauf an Deck nahmen, erkannten wir Panik in den Gesichtern vieler Soldaten. Es war ein Fehlalarm, einer von zahlreichen falschen Alarmen, die noch folgen sollten bis Liverpool.

Skat, die Tage vergingen als eine Abfolge von Skatpartien. Von den Aufsehern bekamen wir einige verblätterte Zeitschriften aus Indien, sonst gab es nichts zu tun. Wir dösten, wir rauchten, wir spielten Karten und warteten darauf, wieder an Deck gelassen zu werden. Morgens und nachmittags durften wir uns für einige Minuten an der Seeluft bewegen. Während eines Spaziergangs im Kreis bemerkte ich, dass wir in einem Konvoi von beachtlicher Größe fuhren: Zum Schutz der insgesamt vier Truppentransporter begleiteten uns ein altes Schlachtschiff, ein Flugzeugträger sowie einige Zerstörer und Korvetten. Ein Flugboot vom Typ »Short Sunderland« sicherte den Geleitzug aus der Luft. Ich war einigermaßen erleichtert, denn es bedeutete, dass es für deutsche U-Boote schwierig sein würde, in Schussweite der Torpedos an uns heranzukommen.

Mehrmals am Tag und in beinahe jeder Nacht schrillte der Alarm. Es kam vor, dass wir gerade wieder in unserer Unterkunft zurück waren, als die Sirene erneut heulte. Jedes Mal stürmten Hunderte Soldaten die Treppen hinauf und schienen nicht sonderlich viel Zutrauen in unsere Aufpasser zu haben. Panik wurde für manchen an Bord zum Dauerzustand.

Ich weiß nicht genau, wie viele Alarme wir schon hinter uns hatten, als wir dazu übergingen, die Aufregung nicht mehr allzu ernst zu nehmen. Einige Skatspieler schüttelten nur noch genervt die Köpfe und droschen weiter ihre Karten. Immerhin halfen uns die Fehlalarme, den deprimierenden Speiseplan aufzubessern. Wenn die Soldaten in den Decks über uns die Treppen hinaufstürmten, schlichen wir in ihre Unterkünfte, nahmen alles Essbare mit und steckten ihre Zigaretten ein.

Streitigkeiten untereinander gab es trotz der Enge und der angespannten Umstände wenige, anders als in den Logis der Soldaten. Unter uns Seeleuten hatte sich recht bald eine eigene, nennen wir es: natürliche Hierarchie entwickelt, eine Rangordnung, die nicht diskutiert wurde. Wer intelligent und energisch war, der sagte, was getan werden musste, unabhängig von seinem Dienstgrad. Es zählte gewissermaßen der natürliche Dienstgrad, der sich nicht an Streifen auf einem Uniformärmel ablesen lässt.

Die Tage vergingen, indem man sich gegenseitig mit Witzen bei Laune hielt und darüber diskutierte, welche Sonderbeilage wohl diesmal im Abendessen zu finden war. Wir rauchten, alle rauchten, jeder Seemann, jeder Soldat. In der Unterkunft hing immerzu ein dunstiger Schleier der ungezählten »Wild Woodbine« – so hieß die Marke. Eine dünne Zigarette oder zumindest die Imitation einer Zigarette. Sah aus wie Tabak, roch ein wenig nach Tabak, schmeckte minimal nach Tabak. Vermutlich bestand sie aus aromatisiertem Papier.

Uns blieb viel Zeit nachzudenken. Ich war in Gedanken oft in Cuxhaven. Und bei meinem Vater, den ich ohnehin viel vermisste, mein ganzes Leben lang. Er war meist auf See und nie greifbar. Seltsamerweise sehnte ich mich nach ihm öfter als nach meiner Mutter, von der ich wusste, dass sie daheim war. Dass der Vater nicht zu Hause ist, prägt sich ein, ist eine Empfindung, die man nur schwer verdrängt. Den älteren Kameraden, gerade jenen mit Frau und Kindern, merkte man ihre Sorgen manchmal an. Ihr Leben war komplett aus der Bahn geraten: Familie, Beruf, jeder Aspekt erschien ungewiss und mit Sorgen behaftet.

Immerhin vergingen die Tage in dem Bewusstsein, einem Ziel näher zu kommen, irgendwann einmal anzukommen. In der stetigen Bewegung, dem Rollen und Schaukeln der *Duchess of Bedford* lag ein gewisser Trost, und wenn wir die freien Minuten übers Deck gingen, spürten wir, dass es kühler wurde und der Himmel grauer. Es wurde kälter, je weiter nördlich wir kamen. Der Konvoi lief trotz der regelmäßigen Alarme mit voller Fahrt auf einer weit ausholenden Route nördlich um Irland herum. Vom Atlantik dampften die Schiffe auf einem Zickzackkurs nach Südosten, hinein in die Irische See.

Eines Morgens, als wir unsere kostbaren Minuten an der Meeresluft genossen, herrschte plötzlich eine große Aufregung. Fliegeralarm! Diesmal stürmten alle von Deck zurück in die Aufbauten. Das Feuer der Luftabwehrgeschütze war zu hören. Augenblicke später brandete Jubel auf, als man das Flugzeug getroffen hatte. Es stürzte in der Nähe des Konvois ins Meer. Die Begeisterung legte sich allerdings rasch: In der Nervosität hatte man ein britisches Flugzeug abgeschossen, einen unschuldigen Aufklärer. Zum Glück konnte der Pilot zwischen den Trümmern aufgefischt werden.

11. OKTOBER 1941
LIVERPOOL, IN DEN DOCKS

STADT IM KOMA

Liverpool wirkte – vom Deck des Truppentransporters aus betrachtet – wie eine schwer verwundete Stadt. Der Himmel hing tief und bedrohlich über einem Hafen, von dem nach den Angriffen der deutschen Luftwaffe nur eine Trümmerlandschaft übrig geblieben war. Über den Ruinen schwebten Sperrballons, mit denen man feindliche Piloten verwirren und die Flugzeuge zum Absturz bringen wollte. Sie sahen aus wie große Würste über dieser unwirklichen Szenerie. Es war der 11. Oktober 1941. Kühler Herbstwind fegte über die Docks, und es muss seltsam ausgesehen haben, wie wir in kurzen Hosen und mit unseren weißen Tropenhelmen von Bord gingen. Einige Dutzend Veteranen, die im Ersten Weltkrieg gedient hatten, nahmen uns in Empfang. Sie trugen grüne Uniformen der Infanterie, flache Helme und waren mit einfachen Gewehren bewaffnet. Ihre Gesichter waren blass, die Wangen eingefallen, sie alle wirkten auf mich erschöpft.

Langsam marschierten wir vorbei an zerstörten Schuppen und ausgebrannten Lastwagen durch den Hafen. Aus einigen

Trümmern stieg noch Rauch auf. Als wir weiter in die Stadt hineinkamen, standen viele Einwohner Liverpools an den Straßenrändern. Frauen, Kinder, alte Männer. Sie sahen ausgezehrt aus, so müde wie die Veteranen, die neben uns herschlurften. Ende 1941 litt die britische Bevölkerung Hunger und Not.

Ich stellte mich darauf ein, dass sie uns nun in jedem Moment beschimpften, dass sie spuckten oder mit Steinen nach uns warfen. Die Wut der Menschen musste nach den Angriffen der deutschen Bomber entweichen. Doch wir hörten kein einziges Wort. Keine Gehässigkeiten, keinen Fluch und nicht eine Verwünschung. Wir hörten gar nichts. Mit stummer Verachtung verfolgten die Einwohner der stolzen Hafenstadt Liverpool unseren Marsch.

Es war ein recht weiter Weg zum nächsten unzerstörten Bahnhof. Auch wir schwiegen, denn es war bedrückend zu sehen, wie die Menschen in den Trümmern der Häuser nach Angehörigen und nach den Resten ihrer Habseligkeiten suchten. Die Stadt der Schiffsbauer, der Werften und der Docks schien in einer Art Koma zu liegen. Es war seltsam still, wie unter einer grauen Glocke. Was uns mancher der Veteranen erzählte, die neben uns hergingen, hätte ausgereicht, ihn vor ein Kriegsgericht zu stellen. Die Männer schimpften: »Verluste überall!«, »Rückzug aus Afrika«, »Es gibt nichts zu essen!« Sie fluchten auf Winston Churchill, als sprächen sie über Adolf Hitler, ihren Feind, und nicht über ihren eigenen Premierminister.

Der Bahnhof bestand aus einem einzigen, langen Bahnsteig, an dem ein alter Zug auf uns wartete. Dunkelheit legte sich über die Stadt, und bald war es so finster wie in einer Höhle. Kein Licht brannte in Liverpool, denn die Verdunkelung sollte es den deutschen Bomberpiloten erschweren, ihre Ziele zu treffen. Kein Auto war zu hören. Kein Schrei einer Schiffssirene im Hafen, nichts. Es war absolut still, als existiere Liverpool gar nicht. Endlich durften wir einsteigen, und bald darauf setzte sich der Zug in Bewegung. Vom monotonen Rattern der Waggons eingelullt, schlief ich bald ein.

KNAPDALE, CAMP 24

Am Morgen stoppte der Zug auf freier Strecke neben einer Straße, auf der Lastwagen standen. Es muss in der Nähe von Glasgow gewesen sein. Von Soldaten bewacht, kletterten wir auf die Pritschen. Bald wurden die Straßen schmaler und kurviger, die Fahrt ging hinauf ins schottische Hochland. Kein Baum wuchs in dieser schroffen Landschaft, nur ein paar Sträucher, ansonsten sahen wir Hügel, graues Felsgestein und Gras, Gras, Gras. Regen setzte ein, und die Highlands erschienen mir als eine grüne, dampfende Öde unter einem Himmel ohne Farbe; es schien nur Grau und Grün zu geben in dieser Welt, Nebel und Regen und Gras und Fels. Ich fühlte mich verlassen und war traurig. Am schlimmsten war das lähmende Gefühl, nichts an der Situation ändern zu können, die Monate andauern konnte. Oder sogar Jahre?

Das Lager hieß »Knapdale«, offiziell: »Camp 24«, eine Ansammlung von Holzbaracken auf einem Hügel. Wenn nicht der mannshohe Stacheldrahtzaun gewesen wäre, hätte man es für eine Sammelunterkunft von Holzfällern halten können. Unsere Vorbewohner waren französische Fremdenlegionäre gewesen, die nach dem Rückzug aus Norwegen hierhergebracht worden waren. Vom Hügel aus sah man den Crinan Canal und noch andere Hügel. Ein Städtchen namens Lochgilphead sollte nicht weit sein, aber was spielte das für uns eine Rolle? In jeder Gefangenenbaracke standen 24 Betten, entlang der Wände aufgereiht. Toiletten und Duschen befanden sich im Nebengebäude; Mahlzeiten nahmen wir in einer Nebenbaracke ein. Wir froren, was auch daran lag, dass wir uns an die Temperaturen des schottischen Herbstes gewöhnen mussten. Die weißen Wolldecken der Navy hatte man uns leider abgenommen und gegen dünne, kratzige Ausgaben der Army ersetzt.

Gleich am ersten Morgen ertönte ein furchtbarer Lärm. Es klang wie ein Verkehrsunfall mit Eseln. Wo kamen denn diese Töne her? Wir überlegten, und es dauerte ein wenig, bis jemand auf die Lösung kam: Die Dudelsackbläser der Einheit probierten ihre Instrumente aus, jeder übte für sich, jeder mit der festen Absicht, die anderen noch zu übertönen.

Fortan sorgte das morgendliche Konzert für Heiterkeit im Lager. Immer wieder fiel jemandem eine noch gehässigere Bemerkung ein. Ansonsten gab es wenige Gründe für gute Laune. Für alle Gefangenen, aber besonders für uns Junge, war es schwierig, das Nichtstun zu üben. Man beobachtete den Nebel, den Regen, den Matsch und die Pfützen, in die der Regen prasselte. Man zählte die Holzbohlen und die Tropfen, die von der Decke herunterfielen; alles in Camp 24 schien auf Zeitlupe gestellt zu sein.

Eine nasse, eine gemeine Kälte kroch durch die Ritzen der Hütte. Um den kleinen Ofen zu heizen, teilten uns die Aufpasser täglich einen Eimer Kohle zu, eine Menge, die aber nur für eine Stunde ausreichte. Das Kohlendepot befand sich mitten im Lager und war nur durch Stacheldraht gesichert. Als wir feststellten, dass man die Holzplanken unserer Hütte anheben konnte und sich darunter ein beachtlicher Hohlraum befand, fassten wir einen Plan.

In der nächsten Nacht schlich ich mit zwei Kameraden hinaus in die Dunkelheit. Der Stacheldrahtzaun war eher die Attrappe eines Zauns und kein Hindernis. Wir hoben die Planen hoch, nahmen die Kohlen hinaus und stopften zwei Säcke und einen Karton voll. Geduckt schlichen wir zurück in unsere Baracke und deponierten unsere Beute im Hohlraum unter dem Holzboden. Von nun an war es behaglich warm in unserer Holzfällerhütte, was sich im Lager schnell herumsprach. In den nächsten Nächten beobachten wir, dass immer mehr Gefangene zu Selbstversorgern wurden. Die Wachposten schienen tief zu schlafen, und man wunderte sich bald darauf, dass der Kohlehaufen stark geschrumpft war. Unser Versteck aber entdeckte man nicht.

Mit Einverständnis der anderen Bewohner hatte ich damit begonnen, die sauber verschalten Wände unserer Baracke mit Zeichnungen zu verschönern. Als Ersatz für einen Stift benutzte ich Holzkohle. Ich zeichnete zum Beispiel die Tower Bridge von London, vor der einige Dampfer auf der Themse lagen, als ein zwei Meter hohes Panorama.

Als der Lagerkommandant routinemäßig das Lager inspizierte, kam er auch in unsere Baracke und stand schließlich vor meinem künstlerischen Frühwerk. Er kniff die Augen zusammen.

»Sergeantmajor, wer war das?«, schauzte er und zeigte auf die Tower Bridge, als handele es sich um etwas Unappetitliches, »in zwei Stunden will ich den Verantwortlichen in meinem Büro sehen! Verstanden?«

Eine Stunde und 55 Minuten später marschierte ich in Begleitung eines feixenden Veteranen und eines schlecht gelaunten Sergeantmajors meiner Bestrafung entgegen. Etwas unwohl war mir, aber andererseits: Ich war erst 17, ich hatte das Wahrzeichen Londons gezeichnet, was sollte passieren? Selbst den Arbeitsdienst hätte ich gern angetreten, dann gab es wenigstens etwas zu tun. 28 Tage Einzelhaft waren die Höchststrafe, die mir drohte.

Der Lagerkommandant saß hinter seinem Schreibtisch und füllte Formulare aus, als wir eintraten. Er sah von seinen Unterlagen auf, musterte mich und schickte den Sergeantmajor hinaus. Kaum war die Tür zugefallen, veränderte sich sein Gesichtsausdruck. Er sah nun beinahe freundlich aus. Er lächelte sogar.

»Junger Mann«, hob er an, »wissen Sie eigentlich, dass Sie ein großes Talent besitzen?«

Ich war zu überrascht, um darauf zu antworten, also fuhr der Kommandant fort.

»Kommen wir zur Sache: Ich habe einen kleinen Sohn und möchte ihm etwas schenken. Über den Preis werden wir uns bestimmt einig. Gehen Sie zurück in Ihre Unterkunft.«

Ich nickte, murmelte »Thank you« und spazierte zurück in die Baracke, wo die Kameraden schon neugierig warteten.

»Und? Was wollte er?«, erkundigten sie sich, »was ist die Strafe?«

»Ich habe einen Auftrag bekommen«, antwortete ich und sah in verdutzte Gesichter, »ich soll ein Bilderbuch malen!«

DER BRIEF

Schon wenig später brachte mir ein Aufseher Buntstifte und ein kleines Heft. Die Motive durfte ich selbst wählen, also zeichnete ich Schiffe, einen Hafen, die Tower Bridge, Kräne, also Dinge, von denen ich annahm, dass sie meinem kleinen Kunden gefielen. Der Auftraggeber schien zufrieden zu sein mit den ersten Entwürfen, denn die Bezahlung kam pünktlich: eine Stange Senior Service, eine bessere Zigarettenmarke. Die meisten Mitgefangenen in der Baracke spornten mich nun an, rasch weiterzuzeichnen. Fast jeder wünschte sich Nachschub von den Senior Service.

Leider waren die Kinderbuchtage schon bald vorbei. Am 7. Dezember 1941 verlegte man uns in ein anderes Lager. Wieder ging die Fahrt mit Lastwagen durchs Hochland, bis hinein in einen Talkessel am Loch Fyne. Im Lager Glenbranter zogen wir in »Nissenhütten«, in Baracken, die aussahen wie große, der Länge nach halbierte und gekippte Wellblechtonnen. An der Stirnseite gab es Fenster und Türen, sonst fiel kein Licht hinein. Es war eng in diesen Unterkünften, und nicht jeder bekam eine dünne Matratze aus Stroh zugeteilt; einige Gefangene verbrachten die Nächte auf dem nackten Beton.

Obwohl es kalt war und wir froren, litten nur wenige unter Krankheiten. Was uns zusetzte, war die Monotonie des Nichtstuns. Mich bedrückte, dass man in diesem Talkessel nichts anderes sah als Felswände. Immerzu schien man gegen eine graue Wand zu starren, kein Horizont war in Sicht, was das

Gefühl der Isolation, das Gefühl, keine Luft zu bekommen, noch verstärkte. Ich vermisste Bücher, die Musik, vor allem aber vermisste ich eines: die Weite des Meers.

Jede halbe Stunde, Tag und Nacht, konnte man die Wachposten, die rund um das Lager auf Türmen hockten, einander rufen hören.

»Number one, all well!«

»Number two, all well!«

»Number three, all well!«

»Number four, all well!«

Vermutlich mussten die Soldaten etwas unternehmen, um sich wachzuhalten. Die Wiederkehr des »All well« verstärkte den Eindruck, sich in einer Zeitschleife verfangen zu haben und nicht wieder herauszufinden.

Mich erreichte ein Brief mit einem Absender aus Schleswig-Holstein, ein Schreiben der Eltern von Fritz Dopp, dem erschossenen Leichtmatrosen. Offenbar hatten sie meine Gefangenennummer in Erfahrung gebracht und wussten aus älteren Briefen ihres Sohnes, dass wir gemeinsam auf die *Erlangen* gekommen waren. Sie fragten nach dem Schicksal ihres Sohnes, von dem sie lange nichts mehr gehört hatten. Ich las ihre Zeilen, las ihre Hoffnung und ihre Verzweiflung heraus und fühlte mich überfordert, die passenden Worte zu finden.

Ich konnte diesen Brief nicht beantworten und wandte ich mich an Kapitän Grams. Er schien ebenfalls ergriffen zu sein, als er darin las. »Junge, gib her. Ich schreibe den armen Leuten zurück«, sagte er, faltete die Seite zusammen und steckte sie in die Innentasche seiner Jacke. Wir haben darüber nicht mehr gesprochen. Kapitän Grams genoss hohes Ansehen im Lager, was nicht nur an seinem Ruf lag, den er sich auf der *Erlangen* erworben hatte. Grams galt als integer, als zugänglich, als freundlicher Mann. Andere Kapitäne, die mit ihrer Mannschaft weniger pfleglich umgegangen waren, hatten es schwerer. Sie lebten zwar vom Rest der Besatzungen isoliert, in einer eigenen

Kapitänsbaracke, bekamen im Lageralltag aber leisen Spott zu hören. Die einstigen »Master next god« waren im schottischen Moor genauso weit entfernt von Gott wie wir. Einen nannten wir »Schinken-Willi«, weil er für seine vollmundigen Versprechungen bekannt war, die sich nie bewahrheiteten. Ein anderer, der sich zum Sprecher der Gefangenen hatte aufschwingen wollen, seine Fähigkeiten und seine Beliebtheit aber maßlos überschätzte, hieß fortan »Der von Gott Gesandte«.

WIEDERSEHEN

Die Überraschung war groß, als sich die Tür der Baracke öffnete. »Das gibt es doch nicht!«, rief jemand. Im Rahmen grinsten Seeleute der *Priwall*, jene Männer, die in Chile dem Frachter *Frankfurt* zugeteilt worden waren. Herzliche Szenen des Wiedersehens folgten, Umarmungen und Schulterklopfen. In den nächsten Tagen gab es reichlich Gesprächsstoff. Der Frachter *Frankfurt* hatte es zunächst bis Rio de Janeiro geschafft und danach sogar fast den Atlantik überquert, war dann aber vor den Azoren von einem britischen Hilfskreuzer aufgebracht worden. Nach ihrer Selbstversenkung war die Besatzung in zwei Rettungsboote gestiegen und hatte versucht, in der Dunkelheit über den Ozean zu entkommen. Dem Boot mit meinem Bekannten Cassen Eils an Bord glückte die Flucht.

Auch in einer anderen Baracke gab es ein bewegendes Wiedersehen: Ein britischer Offizier und ein Gefangener kannten sich von Bord der *Arandora Star*, einem Truppentransporter, der im Juli 1940 von dem deutschen *U-Boot 47* auf dem Weg nach Kanada versenkt worden war – mit Hunderten italienischen und deutschen Kriegsgefangenen an Bord.

Als die Schiffbrüchigen im kalten Atlantik um ihr Leben schwammen, hielt der Deutsche, ein großer, kräftiger Kerl, den britischen Offizier über Wasser, bis Rettung eintraf. 850 Menschen verloren bei diesem Angriff ihr Leben, nur 586 überlebten. Nun standen sich beide in einer schottischen Baracke gegenüber und begrüßten einander wie Brüder, die sich aus den Augen verloren hatten. Der Hauptmann versuchte in den nächsten Tagen, sich bei seinem Retter erkenntlich zu zeigen: mit Zigaretten, mit ein wenig Schokolade.

Viel konnte er nicht geben, denn auch die britische Bevölkerung litt Not. Außerhalb der Lager konnte die Verpflegung kaum besser sein, und immerhin schaffte es unser Schiffskoch, die meisten Mahlzeiten genießbar zu gestalten. Zu Weihnachten erwartete uns sogar eine Sensation: Jeder bekam ein Ei.

DAS FOTO

Ins Lager kam ein Fotograf, um Bilder der Gruppen zu machen. Als ich davon erfuhr, erinnerte ich mich an ein Foto meines Vaters, das 1918 in britischer Kriegsgefangenschaft entstanden war, irgendwo in den schottischen Highlands. Vater trägt auf diesem Bild eine Pelzmütze. »Was Vater kann, das kann ich auch«, dachte ich und sprach einen Mitgefangenen an, der eine ähnliche Pelzmütze besaß. Er lieh mir die Kopfbedeckung für den Fototermin aus. Während der Fotograf sein Bild machte, freute ich mich auf den Tag, an dem ich Vater die Dublette zeigen konnte.

Was draußen geschah, was sich in der Welt ereignete, davon erfuhren wir von den Wachposten oder aus zerlesenen Zeitungen. Jede Nachricht, jeden Hinweis nahmen wir entgegen wie Verdurstende ein paar Tropfen Wasser. Anschließend wurde ausgiebig diskutiert: Was hatte es zu bedeuten, dass Japan Pearl Harbor überfiel und die USA den Krieg erklärten?

Die meisten Gespräche blähten sich zu Blasen ohne Inhalt auf. Manchmal wurde gesungen. Dann ging das Gerücht um, dass wir wieder verlegt werden sollten: diesmal nach Kanada. Wie es manchmal ist mit Gerüchten, die sich so hartnäckig halten wie ein Schnupfen im Herbst, so stimmte auch dieses.

Wir kletterten auf Lastwagen, die uns in die Hafenstadt Inveraray brachten, wo ein Ausflugsdampfer an der Pier lag. Damit fuhren wir hinüber zur *Letitia*, einem älteren Passagierschiff, das schon vor dem Ersten Weltkrieg zu den britischen Kolonien gedampft war. Besonders vertrauenswürdig sah der Kahn, ein Schiff von rostigem Charme, nicht aus, aber man versicherte uns, dass die Reise offiziell als Gefangenentransport deklariert war. Das Schicksal der *Arandora Star* sollte sich nicht wiederholen. Es war der 7. April 1942.

▲ 1918, in einem Gefangenenlager irgendwo in den schottischen Highlands: Mein Vater Hans Jürgens (3. von rechts) posiert neben anderen Gefangenen für ein Erinnerungsfoto. Man beachte die vielen Pfeifen – und die Pelzmütze meines Vaters. ▼ Ich erinnerte mich an Vaters Kopfbedeckung, als ich 23 Jahre später im schottischen Lager Glenbranter gefangen war, und besorgte mir von einem Mitgefangenen eine Pelzmütze. Einige der Männer auf dem Bild kenne ich, seit die Reise auf der »Priwall« begann.

Leben in einem Außenposten: Das »Prisoner of War«-Camp Neys lag am Ufer des Oberen Sees in Kanada. Rechts sieht man die Wohnbaracken der Gefangenen, von denen jeweils zwei durch einen Gang verbunden waren. In diesem Gang befanden sich auch die Toiletten. Im Vordergrund erkennt man die Schulräume und die Küche; dahinter befanden sich die Gebäude der Verwaltung und die Bibliothek. An Flucht über den See war nicht zu denken, denn das Wasser war auch im Sommer bitterkalt.

▲ Nächstes Lager, nächstes Gruppenfoto: die Besatzung der »Erlangen« im kanadischen Kriegsgefangenen-Camp Farnham.

▼ Eine Erinnerung an die Jahre in der Wildnis von Kanada. Hintere Reihe (v. l.): Jungmann Ernst Ackermann (»Priwall«), Leichtmatrose Eugen-Edmund Schriever (»Priwall«), der Bootsmann der »Erlangen« Willi Horn, Schiffsjunge Gerhard Friederich (»Priwall«), Leichtmatrose Alfred Strysio und Leichtmatrose Bruno Pichner (»Priwall«). Rechts neben mir sitzen Schiffsjunge Hans Niebuhr (»Priwall«) sowie zwei chilenische Überarbeiter.

16. APRIL 1942 – MAI 1946
KANADA

POW-CAMP 40, FARNHAM, QUEBEC
POW-CAMP 42, SHERBROOKE, QUEBEC
POW-CAMP 100, NEYS, ONTARIO
POW-CAMP 23, MONTEITH, ONTARIO

LEBEN IN DER MÄNNERPENSION

Ein Irrtum musste vorliegen, ein Versehen, denn anders war nicht zu erklären, dass der Zug, der an der Pier von Halifax auf uns wartete, so geräumig war, so hervorragend eingerichtet und bequem gepolstert. Ein richtiger Personenzug, in dem man Proviantrationen verteilte, die unmöglich für uns gedacht sein konnten: Butter, Brot, Wurst. Kaum zu fassen: Butter. Wurst? Schinken! Seit Monaten hatten wir nicht so gut und reichhaltig gegessen.

Die Reise über den Nordatlantik hatte neun Tage gedauert. Von Halifax aus ging die Zugfahrt nun durch die Einsamkeit Kanadas. Im Abstand von gefühlten hundert Kilometern huschte im Fenster ein Eisenbahnerhäuschen vorbei; ansonsten gab es nur weite Landschaft zu sehen, dunkle, tiefe Wälder, Seen, Berge, ein gewaltiges Panorama, das keinen Anfang und kein Ende zu haben schien.

Das Lager Farnham, »Prisoner of War«-Camp 40, eine Ansammlung von hölzernen, winterfesten Baracken, brachte für uns eine deutliche Verbesserung der Lebensqualität. Was wir gleich nach der Ankunft schmeckten: Man servierte uns gerösteten Mais und Spiegeleier. Was ein solcher Genuss wirklich bedeutet, kann nur nachempfinden, wer über längere Zeit Hunger gelitten hat. Unsere Schiffsköche übernahmen bald darauf die Kantine und schienen sich gegenseitig übertrumpfen zu wollen. Unsere Mahlzeiten schmeckten um einiges besser als die unserer Bewacher.

Ich empfinde es rückblickend als großes Glück, in Kanada inhaftiert gewesen zu sein. Uns erging es in kanadischer Gefangenschaft besser als Millionen Menschen auf der anderen Seite des Atlantiks. Wir fühlten eine Sicherheit, wir bekamen regelmäßige, gute Nahrung, wir schliefen in geheizten Räumen und bekamen Kleidung. Blaue Hosen aus einem jeansartigen Stoff, blaue Jacken und blaue Hemden, auf deren Rückseite ein roter Kreis aufgemalt war, offenbar als eine Zielscheibe, sollte einer von uns die Flucht wagen. Von der Furchtbarkeit des Krieges bekamen wir so gut wie nichts mit in unseren Männerpensionen mitten in der Wildnis Kanadas.

Hinter dem Stacheldraht lernte ich eine Weltoffenheit schätzen, die mein Leben prägen sollte. Ich bekam eine Chance, mein Wissen, meine Menschenkenntnis, mein Interesse für Literatur und Kunst zu erweitern, wie es zu Zeiten des Krieges und einer verblendeten, menschenverachtenden Ideologie niemals möglich gewesen wäre. Die Jahre in Gefangenschaft erscheinen mir heute wie die Semester in einer Universität des Lebens. Tatsächlich erinnerte manches an einen schwer bewachten Campus, auf dem Hunderte Kaufleute, Seemänner und Gelehrte miteinander lebten. Seeleute waren von den Behörden als Gefangener zweiter Klasse eingestuft worden – und galten damit als Zivilisten, gleichgestellt mit Auslandsdeutschen, die teils als hochqualifizierte Fachkräfte überall in der Welt gearbeitet hatten.

In den nächsten Jahren wechselten wir viermal das Lager – zwei befanden sich in Quebec, zwei in Ontario –, aber stets begann nach wenigen Tagen der Unterricht für alle Insassen, die sich für Bildung interessierten. Angetrieben von dem Wunsch, die eigene Existenz nicht auf die »Körperfunktionen« Essen, Schlafen, Kartenspielen zu beschränken, organisierten die Gefangenen Vorlesungen und Schulungen. Im Lager lebten einige Professoren, die ihr Wissen in Literatur, Mathematik oder Maschinenbau weitergaben. Wer wollte, konnte sogar Alt-Griechisch lernen, und einer der Gelehrten bot einen

Chinesisch-Kursus an, der allerdings nicht besonders viele Interessenten fand.

Ich besuchte den Unterricht, in dem mehrere Kapitäne die Grundkenntnisse der Seefahrt vermittelten: Navigation, Seerecht, Physik, Chemie, Seemannschaft. Die Lehrbücher, klassisches Lehrmaterial über Nautik, waren von kanadischen Vereinen gespendet worden. Nach einem halben Jahr galt es, die Abschlussprüfung zu bestehen, nach der man uns zwar kein Zeugnis ausstellte, dafür aber Empfehlungsschreiben der Dozenten, was nach Kriegsende in manchen Fällen noch wertvoller sein sollte als mancher offizielle Stempel.

Wie in jeder anderen Hochschule begannen die Lehrtage nach dem Frühstück, kurz nach acht Uhr, und endeten erst in den späten Abendstunden. Unsere kanadischen Bewacher verzichteten auf Sperrstunden. Besonders interessierte ich mich für die Malerei und verbrachte viele Nachmittage in der Baracke der Künstler. Der Professor einer Kunsthochschule und zwei talentierte Seeleute malten dort, unterhielten sich aber kaum miteinander. Der Professor, ein exzentrischer Mann, der wilde, abstrakte Dinge auf die Leinwand warf, erkannte die Fähigkeiten der anderen kaum an. Seine Geheimnisse behielt er für sich. Ich lernte trotzdem vieles in der Malerbaracke, bekam viele Kleinigkeiten mit, Tricks im Umgang mit Farben und Pinseln, vor allem aber ein Gefühl für die Schönheit der Malerei, was mir zu dieser Zeit keine Schule hätte vermitteln können.

»KILL-ME-QUICK«, VERONICA LAKE

Auch mit einer anderen geistreichen Beschäftigung begannen die Lagerinsassen: Wir brannten unseren eigenen Schnaps. Etwa drei Wochen dauerte es, bis die Maische aus Pflaumen, Zucker und Haferflocken in einer Milchkanne gärte. Im Waschraum hatten wir eine einfache Anlage gebaut, die auf

Basis eines Ofens, eines Kupferrohrs und einer Kühlschlange funktionierte. Die ersten Experimente verliefen nicht ganz planmäßig. Weil der Ansatz zur Rohrleitung verstopfte, explodierte unser Provisorium mit lautem Knall, und ein Deckel flog unter die Decke.

Sobald die Produktion anlief, legte sich ein süßlicher Geruch über die Baracke. Es dauerte nicht lange, bis der erste Kapitän anklopfte. Ein erfahrener Seefahrer der Hapag, groß und breitschultrig gebaut, mit weißem Haar, von dem bekannt war, dass er seinen Frachter vor Brasilien selbst versenkt hatte.

»Darf ich probieren?«, fragte er und deutete auf das Wasserglas, in dem wir die Tropfen auffingen. Er tauchte einen Esslöffel hinein, kostete und nickte anerkennend. Dann sagte er: »Oha, das ist aber 'n Kill-me-quick!«

In den nächsten Wochen perfektionierten wir unsere Brennmethode, und das Qualitätsprodukt der Destillerie »PoW« fand – abgefüllt in englische Essigflaschen – regen Absatz. Nicht nur im Lager: Unsere Kunden waren vor allem Eisenbahner, die das Lager versorgten und den deutschen Schnaps in der Region bekannt machten. Tag und Nacht lief die Produktion unserer kleinen Destille auf voller Flamme. Dem Lagerkommandanten blieb unser Nebenerwerb, den man schon von weitem riechen konnte, nicht verborgen. Gelegentlich ordnete er Razzien an, aber diese blieben stets ohne Folge, weil auf geheimnisvollen Wegen immer wieder der genaue Zeitpunkt der Durchsuchung bekannt wurde. Es schien, als ordne er die Durchsuchungen immer dann an, wenn er selbst nicht mehr über genügend Hochprozentigen verfügte. »Lasst eure Apparate verschwinden«, raunte uns dann ein Soldat zu, »die wollen wir nicht finden.«

In einer anderen Baracke hatte man eine Art Casino eingerichtet. Abgesehen von einer kurzen Pause kurz vor Sonnenaufgang, als selbst die härtesten Spieler ruhen wollten, wurde rund um die Uhr gespielt. Vor allem Skat und Poker waren beliebt, auch bei kanadischen Offizieren, die sich gelegentlich mit an den Tisch setzten. In einer Ecke dampfte eine Pfanne mit Pfannkuchen. Der Spieleinsatz: Lagergeld aus Pappe. Ein Pappdollar war so viel Wert wie ein kanadischer Dollar. Zur Reichsmark gab es ebenfalls einen Wechselkurs. Mancher, der das Glück auf seiner Seite hatte, verließ das Lager als recht wohlhabender Mann.

Alle Artikel des Lageralltags waren in deutscher Währung ausgezeichnet. Man konnte Zahnpasta kaufen, Seife und andere Hygieneartikel. Im Lager Neys erhielt jeder Gefangene einmal in der Woche eine Flasche Bier, die zwischen den Gefangenen gehandelt wurde wie ein Pappdollar. In manchen Baracken feierte man samstagnachts ausgelassene Partys. Es fehlte eigentlich nur eine Kirchenbaracke, in der man sich sonntagmorgens traf, sonst ähnelte das Leben hinter Stacheldraht dem Leben in einer x-beliebigen Kleinstadt.

Zum Unterhaltungsprogramm gehörte das regelmäßige Erscheinen von Veronica Lake oder Humphrey Bogart. Zweimal wöchentlich flimmerten Hollywoods Helden über die Leinwand der Kinobaracke. »Sahara«, »Fahrkarte nach Marseille« und auch der Klassiker »Casablanca«. Wir waren immer bestens informiert, was sich in der internationalen Filmwelt gerade abspielte.

Vom Kriegsverlauf erfuhren wir aus kanadischen Zeitungen, die immer nahe an der Wahrheit entlang berichteten. Oder wir hörten davon im Radio, sogar die Goebbelsche Propaganda konnten wir über Kurzwelle empfangen, aber die hörte sich kaum jemand an. Im Lager gab es einige Hochleistungsempfänger, die Bastler zusammengeschraubt hatten. Wegen der wertstabilen Pappdollars war es kein Problem, das passende Zubehör zu bekommen, und der Ideenreichtum kannte kaum eine Grenze. Ein Gefangener baute eine Kamera der Marke Leica originalgetreu nach.

Wenn die kanadischen Zeitungen von Bombenangriffen auf deutsche Städte berichteten, drückte das die Stimmung im Lager. Viele wussten nicht, was mit ihren Frauen, was mit ihren Kindern geschehen war, oder ob ihre Verwandten noch lebten. Besonders nach 1943 muss die Ungewissheit für manche zermürbend gewesen sein. Politische Diskussionen oder Streitereien, die in manch anderem Lager sogar zu Morden führten, gab es in unserem Lager nicht.

DER PROFESSOR UND DER HEIZER

Wieso der Alltag im Lager reibungsfrei verlief, lässt sich am Beispiel eines Professors und eines Schiffheizers erklären. Der Professor, ein Jurist, war als Gastdozent einer bedeutenden britischen Universität in Gefangenschaft geraten. Er war ein geistreicher, bisweilen aber auch geistesabwesender Gelehrter, der sich auf dem Weg zum Waschraum so tief in seinen Gedanken verfangen konnte, dass er innehielt, minutenlang reglos verharrte, dann erstaunt seine Zahnbürste anstarrte und kopfschüttelnd zurück in die Baracke schlenderte.

Gewisse Probleme bereitete es dem Professor, seinen Reinigungsaufgaben nachzukommen. Jeder hatte den Boden zu schrubben oder die Toiletten zu putzen; in der Lagerdemokratie galt die allgemeine Feudelpflicht. Seeleute schufen Ordnung, wie sie es von Bord eines Schiffes kannten. Wenn der Gelehrte zum Wischmob griff, taugte das nur für humoristische Einlagen. So bot ihm der Heizer eine Art Abkommen an: Wenn er die Putzdienste übernehme, sollte der Professor im Gegenzug jeden Schriftkram erledigen und auch seine Briefe verfassen. Der Professor willigte erleichtert ein.

Was das Leben vereinfachte, war die faire, beinahe freundschaftliche Art, mit der uns die kanadischen Soldaten behandelten. Der Unterschied zwischen Bewachern und Bewachten verschwand allmählich. Es hat keine Bedeutung, auf welcher Seite des Stacheldrahts man sich aufhält, wenn die nächste Kleinstadt gut hundert Kilometer entfernt ist oder das Thermometer im Schneesturm minus 30 Grad Celsius anzeigt. Wir alle waren Gefangene der Wildnis.

Die wenigen Besucher, die sich ins Lager Neys verirrten, PoW-Camp 100, direkt am nordwestlichen Ufer des Oberen Sees gelegen, trugen Fell oder Pelz. Ein imposanter Hund lief uns zu, ein Neufundländer, beinahe so groß wie ein Kalb, der in einer kanadischen Militärkapelle die Trommel gezogen hatte, nun aber zu alt war, um zuverlässig seinen Dienst zu leisten. Man hatte ihn gewissermaßen pensioniert und uns zur Pflege übergeben. Der Hund mochte nicht in unseren Baracken übernachten, sondern legte sich lieber vor die Tür, selbst in der schneidenden Kälte des kanadischen Winters.

Nach einer arktischen Nacht fanden wir ihn reglos vor der Tür. Er reagierte nicht auf Rufe, doch seine Augen bewegten sich. Ich kam näher und erkannte sein Problem: Der Hund war mit seinem langen, zotteligen Fell am Boden festgefroren. Nachdem wir ihn behutsam enteist hatten, trottete er neben uns zum Frühstück, als sei nichts geschehen.

Die Bären der Gegend entdeckten unseren Müllplatz als Nahrungsquelle. In einer kalten Nacht, in der der Wind um die Baracken pfiff, erschoss ein Wachposten ein Muttertier von zwei Jungen. Wir berieten uns kurz und adoptierten die kleinen Bären als Maskottchen, denen wir die Namen Fritz und Max gaben. Sie tollten zwischen den Betten der Baracken umher, bekamen von allen Streicheleinheiten und wurden ausgiebig gekrault. Man baute für sie einen kleinen Käfig, draußen neben der Barackenwand, aber meistens schliefen sie zusammengerollt auf dem Boden der Unterkunft.

Im Laufe der nächsten Monate wurden Fritz und Max zu Problembären, denn sie wuchsen schnell und kamen in die Bärenpubertät. Jede Streicheleinheit geriet nun zur Mutprobe. Als sie knapp zwei Meter groß waren, mussten sie in einen geräumigen Käfig umziehen, denn aus den Kuscheltieren waren ausgewachsene Raubtiere geworden. Ein junger chilenischer Überarbeiter namens Thené, der sie ihr ganzes

Bärenleben lang versorgt hatte, war der Einzige, der sich noch zu ihnen hinter die Stahlstangen traute.

Als es Sommer wurde, entdeckte ich über den Baracken Vögel, die ich niemals in Kanada vermutet hätte: Kolibiris. Als ich später in Cuxhaven davon erzählte, sagte man mir: »Ja, sicher, und dann ist bestimmt eine Herde Elefanten mit ausgebreiteten Ohren vorbeigesegelt«, aber es ist wahr: Es gab Kolibris im Lager Neys. Über den Besuch eines Stinktiers, das eines Tages um die Baracken herumschlich, freuten wir uns weniger. Wie sollten wir es loswerden, ohne dass es sich beleidigt fühlte? Wenn es beleidigt war, würde es die Betten in unserer Baracke mit beißendem Mief einsprühen, den wir noch Wochen später gerochen hätten. Die Handwerker bastelten eine Falle, einen tragbaren Käfig mit einem Köder. Schon am nächsten Tag zog das Stinktier wieder um, in den großen Wald, ziemlich weit vom Lager entfernt.

Im Frühjahr 1943 räumten wir Neys und wurden nach Monteith transportiert, PoW-Camp 23, ein großes Lager für mehr als 1500 Seeleute und Zivilisten, etwa 700 Kilometer nördlich von Toronto. Das Bildungsangebot war noch einmal besser, und es gab die Möglichkeit, Sport zu treiben. Im Sommer schwammen wir in einem von uns mit Schaufeln ausgehobenen und mit Holzpfählen befestigten Becken um die Wette. Die Norddeutschen spielten Handball, die Gefangenen aus dem Ruhrgebiet bevorzugten Fußball. Mahnke, der Torwart der *Priwall* und des FC St. Pauli, hinterließ erneut einen nachhaltigen Eindruck. Etwas überspitzt ausgedrückt könnte man sagen, dass man in Südamerika, in Afrika und Nordamerika über Mahnkes Glanzparaden staunte. Er war gewissermaßen der erste internationale Fußballstar im Tor. Im Winter spielten wir Eishockey oder liefen Schlittschuh auf einer selbst angelegten Bahn.

Verglichen mit Lagern in Russland oder Afrika ging es im Camp Monteith zu wie in einem Club Med für Kriegsgefangene. Für musikalische Unterhaltung auf Festen sorgte die

Lagerkapelle August Welker, ein Ensemble, das gern Schlager vortrug. Sie traten auch zur Weihnachtsfeier 1944 auf, deren Menükarte ich bis heute aufbewahre, weil ich kaum glauben mag, was die Schiffsköche uns da servierten.

Vorspeise:
Pikante Vorsuppe, Rahmsuppe oder Fleischpastete
»Herzogin Art«
Hauptgang:
Rostbraten mit gemischtem Gemüse und Röstkartoffeln
Dessert:
Bunter Fruchtteller

Weihnachten 1944, als in Europa Millionen hungerten und froren, ging es bei uns um die Frage, wie knusprig der Rostbraten ausfiel. Ich aber wollte kein Mischgemüse, ich wollte die Freiheit. Ich träumte von Mädchen, von Musik, von einer normalen Jugend. Ich wollte endlich hinaus aus der Welt hinter Stacheldraht und plante meine Flucht. Einige Gefangene durften zum Arbeitsdienst antreten, in einer Gerberei von Toronto oder einem Holzfällerlager in den Wäldern. Mein Fluchtplan sah vor, mich zu diesem Arbeitsdienst zu melden, in einem günstigen Moment zu türmen und mich zur Westküste durchzuschlagen, um auf einem Schiff Richtung Chile anzuheuern.

Um nicht gleich von der ersten Polizeikontrolle erwischt zu werden, fälschte ich eine Registration Card, eine Art kanadischer Personalausweis. Es war nicht schwer, eine Vorlage zu besorgen; ein Wachposten steckte mir ein Dokument zu, weil ich ihm als Gegenleistung ein Porträt für seine Verlobte zeichnete. Den amtlichen Stempel kopierte ich mit einer Kartoffel. Leider wurden die Baracken in Monteith regelmäßig inspiziert, und bei einer dieser Kontrollen fand man meine Dokumente aus Heimarbeit; ich bin bis heute nicht sicher, ob mich jemand verraten hat. 28 Tage lang wurde ich zur Strafe in eine Zelle der Gefängnisbaracke gesperrt, während die meisten anderen Gefangenen in eine Gerberei von Toronto umzogen. Mein Arbeitsdienst wurde für die nächsten Jahre gestrichen.

LEBENSZEICHEN

Was daheim in Cuxhaven geschah, erfuhr ich aus Briefen, die Mutter mir regelmäßig schickte. Sie schrieb, dass alle Verwandten wohlauf waren und Cuxhaven von Bombenangriffen weitgehend verschont geblieben war – anders als Hamburg und Bremen. Vater lag noch als Versorger vor den Kanarischen Inseln. Er schickte mir sogar haltbare Nahrungsmittel, weil er nicht ahnen konnte, wie paradiesisch es uns ging. »Macht euch keine Sorgen«, schrieb er.

Ich bewahre manche Briefe noch heute auf und wundere mich über die Belanglosigkeiten, die man sich hin und her schickte. Ein Phänomen, das von Korrespondenzen aus Kriegen oder von der Front bekannt ist. Als wolle man dem Brief eine Alltäglichkeit, eine Normalität, auch eine Langweiligkeit mitgeben. Man sehnte sich nach Vertrautheit, nach Wärme – vielleicht ist das der Grund. In meinen Briefen beschrieb ich den Alltag, das Lernen, ich schrieb von Fritz und Max. 24 Zeilen durfte ein Brief lang sein, in einer exakt vorgegebenen Breite. Das Blatt Papier musste dreifach gefaltet sein und wurde nicht in einen Umschlag gesteckt, weil Zensoren des kanadischen Militärs mitlasen. In meinen dreifach gefalteten 24 Zeilen, die ich einmal im Monat absenden durfte, standen zwei Aussagen, die ich jedes Mal variierte: »Mir geht es gut. Macht euch keine Sorgen.«

Das Leben in den Lagern lief gleichförmig weiter, in einer End-
losschleife aus Unterricht, Handballspielen, Veronica Lake und
der Sehnsucht nach Freiheit. Dass ein Ende des Krieges bevorstehen könnte – darüber sprach niemand mehr. Fatalismus
prägte die Stimmung, das seltsame Gefühl, keinen Platz mehr
in dieser Welt zu haben. Anders als in manchen PoW-Camps,
in denen es wegen politischer Ansichten zu Schlägereien kam,
zu täglichem Terror, sogar zu Morden, blieb die Lage bei uns
stets ruhig. Von einer »Feldwebeldiktatur«, wie sie andernorts
genannt wurde, von einem System der militärischen Strenge
und Autorität war in unserem Lager nicht das Geringste zu spüren. Wie in allen Jahren zuvor bewährte sich eine Art natürliche
Hierarchie, die nichts mit einem Dienstgrad, sondern vielmehr
mit persönlicher Integrität zu tun hatte.

Es kam selten vor, aber wenn jemand meinte, den Tonfall
eines Feldwebels anschlagen zu müssen, schwieg er bald darauf.
Schroffes Auftreten machte keinen Sinn, denn niemand hörte
zu. Politische Diskussionen blieben weiterhin aus, dazu kam
es einfach nicht, weil weder die Seeleute noch die weltoffenen
Kaufleute sich streiten mochten. Es mag überzeugte Natio-
nalsozialisten im Lager gegeben haben, mit Sicherheit gab es
einige, unter den Überarbeitern oder dem Personal, das man in
Botschaften gefangengenommen hatte, aber sie behielten ihre
Weltanschauung für sich. Vielleicht, weil sie spürten, dass ihre
Meinung nicht erwünscht war.

»Der Krieg ist aus!«

Die Nachricht sprach sich innerhalb von wenigen Minuten
herum. Ich freute mich, doch die meisten nahmen die Nachricht emotionslos zur Kenntnis, als hätten sie die Tragweite
gar nicht verstanden. Begeisterung? Zeigte niemand. Wut
auch nicht. Dass am 7. Mai 1945 Einheiten der Royal Canadian Mounted Police ins Lager einrückten, um Unruhen zu
verhindern, erwies sich als unnötig. Die Polizisten, knapp eine

Kompanie, also hundert Mann, hatten für den Notfall sogar einige Maschinengewehre mitgebracht. Sie wirkten nach kurzer Zeit ratlos und zogen wieder ab.

Eine gewisse Erleichterung war im Lager zu spüren, ein Aufatmen, weil nun jedem bewusst war, dass die Stacheldrahtjahre bald ein Ende haben könnten, mehr aber auch nicht. In einer Baracke spielten mehrere Seeleute Skat. Als ich hineinrief, dass das Dritte Reich kapituliert hatte, unterbrachen sie ihr Spiel.

»Ach, wirklich?«, fragte mich einer, »interessant.«

Dann wandte er sich an die anderen: »Wer gibt?«

Sie nahmen die Karten wieder auf.

PATAGONIA
Straits of Magellan
C. Katherines
C. de Penas
I. St. Sebastian
ISLA DE TERRA
DEL FUEGO
Vulcano
B. of Good Success
B. de Wenden
Whale Sound
This Coast not well known.
I. St. Diago Ramores
I. Vauwerland
I. Cezambre
Cape Horn
I. de St. Alfonse
Hermites Is
Barnavelds Isles
Craggy Land
Elizabeth Bay

PATAGONIA

Victory
nore Hills
Cragon Land
Sound running into
Straits Sound
St Jerome Sound
Philibbert R.
Elizabeth Bay
C. Froward
Tr. St Martins Vir.

Straits of Magellan
C. Katherines
C. de Pinas

C. Monmouth
C. S. Sebastian

Whale Sound

ISLA DE TERRA
DEL FUEGO

B. of Good Succes
B. de Wendon

Vulcano

This Coast not well known.

I. St Diago
Ramores

I. Vauverland

I. Cezambre

Cape Horn

I. des I.

I. de St Alfonse

Hermites If.

Barnavelds Isles

FISCHKUTTER

DITHMARSCHEN

JANUAR 1946 – MAI 1949

KOHLENKLAU UND KABELJAU

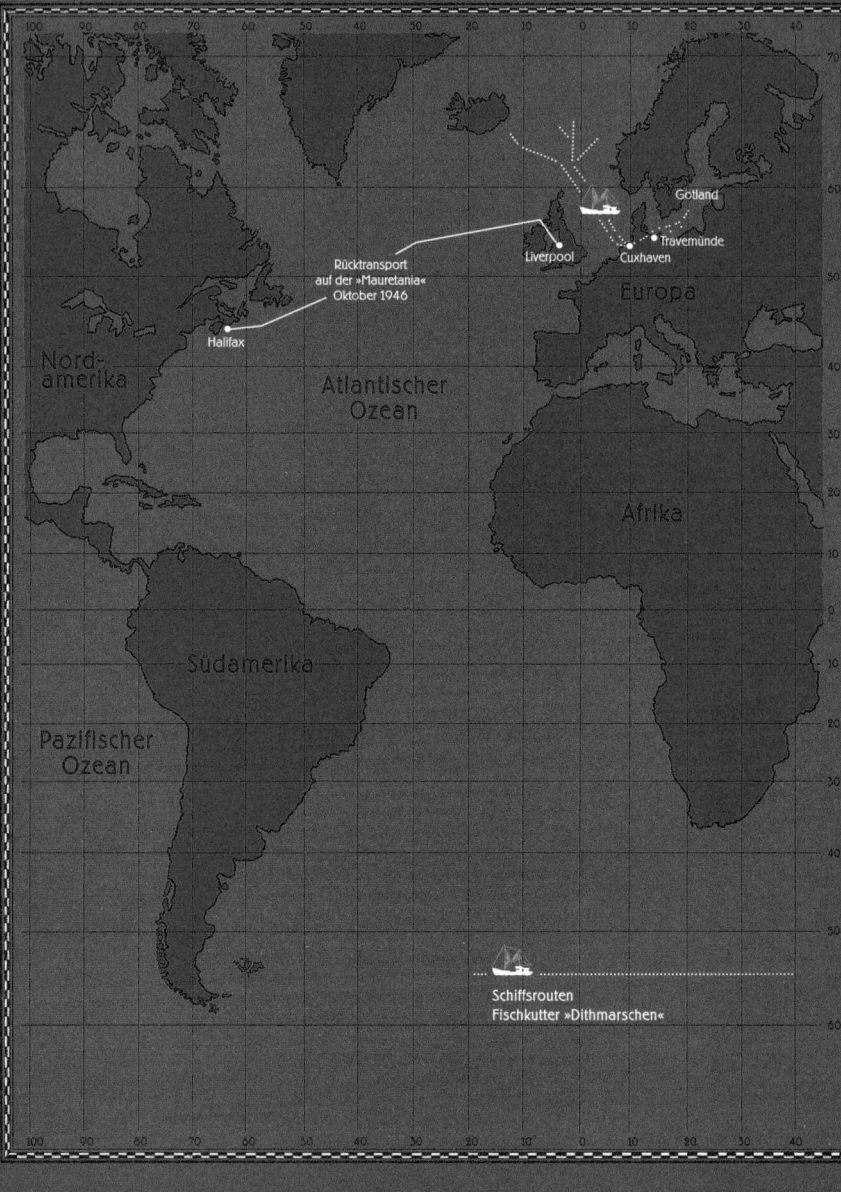

Gotland

Travemünde

Liverpool

Cuxhaven

Europa

Rücktransport
auf der »Mauretania«
Oktober 1946

Halifax

Nord-
amerika

Atlantischer
Ozean

Afrika

Südamerika

Pazifischer
Ozean

Schiffsrouten
Fischkutter »Dithmarschen«

Fast zwei Jahre lebten wir im Lager Monteith und warteten darauf, zurück in die Heimat gebracht zu werden. Die Stimmung unserer Bewacher veränderte sich mit jedem Monat und jeder Woche; der Tonfall der Soldaten wurde schärfer und die Annehmlichkeiten hatten ein Ende. Man verordnete uns eine Diät, die zuerst 1600 Kalorien, dann 1300 Kalorien am Tag nicht überschreiten durfte. Weil es uns gelang, mit unseren Pappdollars zusätzliche Lebensmittel durch den Zaun zu schmuggeln, musste niemand hungern.

Jeder im Lager wurde durch ein Verfahren entnazifiziert, das reichlich Spielraum für Erinnerungslücken ließ: Name? Parteimitglied? Next, please! Mitglieder der NSDAP, also auch die Kapitäne, von denen das Regime verlangt hatte, dass sie beitraten, waren automatisch verdächtig, auch Mitarbeiter von Botschaften und öffentlichen Einrichtungen. Sie blieben länger in Gefangenschaft. Alte, Kranke und Junge hingegen wurden von den Verhören ausgespart, und als einer der jüngsten Lagerinsassen wurde ich nicht entnazifiziert.

Endlich, im Oktober 1946, hatte das zähe Warten ein Ende. Mit dem Zug reisten alle Gefangenen nach Halifax, zweieinhalb Tage weit entfernt an der Ostküste, wo wir an Bord des Truppentransporters *Mauretania* gingen. Nach einer Woche, die ohne jede Erinnerung abspulte, liefen wir in Liverpool ein. Diesmal sah ich nichts von der Hafenstadt, die ich fünf Jahre zuvor auf dem Weg nach Kanada in trauriger Erinnerung hatte, denn es war finstere Nacht. Auf der Pier wartete bereits ein Zug, der uns in ein Zwischenlager brachte. Nach Bury, einer Minenstadt in der Nähe von Manchester. Es handelte sich nicht um ein Lager, wie wir es kannten, sondern um eine Fabrik, die man notdürftig zur Sammelunterkunft umgebaut hatte. Die Mauern aus Backstein waren schwarz von Ruß. Alles schien schmutzig, verräuchert, mit einem Schmierfilm überzogen. Jeden Morgen waberte grauer Smog über den Industrieanlagen von Bury.

Zur Begrüßung bedachten uns die Bewacher mit Schimpfwörtern und Schikanen. Einer der Soldaten schlug jeden, der an ihm vorbeikam, mit einem Stock auf den Rücken. Bis er einen groß gewachsenen, kräftigen Matrosen erwischte, der sich umdrehte, den Schläger am Kragen packte und einige Zentimeter in die Luft hob. Alle anderen Seeleute, die in der Nähe waren, umringten die Soldaten, die zur Unterstützung losschlagen wollten. Die Situation drohte einen Moment lang außer Kontrolle zu geraten, bis ein britischer Offizier, der in der Nähe stand, hinzukam und mit ruhiger Stimme sagte: »Gentlemen: Einige von uns sind nach vielen Jahren der Gefangenschaft sehr gereizt. Also Vorsicht! Lassen Sie die Schläge sein.«

Fortan gab es keine Probleme mehr mit den Aufsehern, und was die deutschen Soldaten der Wehrmacht betraf, die bislang in den Unterkünften und auch in der Verwaltung des Lagers Bury das Kommando führten, wurden wir uns rasch einig. Noch am Tag unserer Anreise kam es zu einigen, teils heftigen Prügeleien, denn die Vorstellungen von Höflichkeit, von Respekt, Ordnung und Sauberkeit gingen deutlich auseinander.

Mit Gesang und reichlich Wasser reinigten wir die Unterkünfte. Seeleute sind es gewohnt, auf engem Raum miteinander auszukommen, und wissen, wie man mit wenigen Mitteln, zum Beispiel einer Decke oder einer Kerze, Privatsphäre schafft oder wie man durch Behelfsmöbel die Unterkunft gemütlicher gestaltet. Unsere Schiffsköche übernahmen die Küche. Die Soldaten wurden noch geduldet, doch ihre Privilegien galten nicht mehr.

Nach einigen Wochen wechselten wir erneut das Lager, weiter Richtung Süden. Zumindest kamen wir der Heimat in Etappen näher. Es war eine lange Lastwagenfahrt nach Truro, einer Kleinstadt in Cornwall. Die Landschaft war wild und schön und wie geschaffen für kitschige Liebesromane. Man verzichtete auf Knüppelschläge und behandelte uns so korrekt, wie wir es von britischen Gefangenenlagern gewohnt waren. In den Abendstunden saßen Willy Buch, der Rote Gollo und ich zusammen, und wir malten uns aus, wie es in Deutschland wohl aussah.

Tage spielten keine Rolle, weil einer wie der andere verging; es mag sein, dass wir vier Wochen in Truro interniert waren, vielleicht auch nur zwei. Auf einer Fähre, die gefährlich überbelegt war, querten wir schließlich von Dover aus den Ärmelkanal und kamen am Scheldekai von Antwerpen an. Wie Vieh verfrachtete man uns in Güterwaggons. Die Fahrt ging hinaus aus dem Hafen von Antwerpen und über flaches Land. Es stank in den Wagen, als Toiletten dienten Eimer, die man in eine Ecke gestellt hatte.

Als wir die Grenze zu Deutschland überquerten und in Großstädte des Westens hineinfuhren, begann eine Reise durch eine zerstörte Welt. Alle erschraken angesichts der Vernichtung, manche weinten. Wir kamen durch das, was von Köln übrig war. Das Ausmaß der Schäden war apokalyptisch. Nichts als Wüsten aus Stein und Geröll, in denen wenige Gerippe standen oder Mauerreste, die von den Häusern übrig geblieben waren. Wie eine Erscheinung überragte der Dom das Trümmerfeld. Ich fragte mich im Stillen, ob es überhaupt möglich war, diese Stadt wieder aufzubauen.

Wer aus Ostpreußen, aus Schlesien oder Pommern stammte, der wusste, dass es für ihn keine Heimat mehr gab. Nur noch ankommen, darum kreisten die Gedanken, endlich ankommen. Die meisten von uns waren kaum ansprechbar. Wenn der Zug hielt, erlebten wir inmitten der Zerstörung Versuche einer Hilfsbereitschaft, die fast unangenehm war. Ausgemergelte Frauen und Kinder brachten uns Wasser, das sie mühsam aus den wenigen funktionierenden Leitungen aufgefangen hatten. Nichts besaßen sie, aber dieses Nichts wollten sie mit uns teilen. Ich empfand es als Glück, stangenweise Zigaretten im Gepäck zu haben. Mit Zigaretten konnte man die Gesten zumindest erwidern.

Unwirklich erschien alles, wie ein schlimmer Traum, als wolle der Verstand nicht begreifen, was wir sahen, weil es schwer zu ertragen war. Kanada, das grüne, saubere, das heimelige Kanada, das Kanada der zutraulichen Bären und des saftigen Bratens, schien unendlich weit entfernt, als sei ich niemals dort gewesen. Absolut hilflos fühlte ich mich.

Während der Zug immer weiterrollte, wurde mir bewusst, wie lange meine Reise wirklich gedauert hatte. Durch die Trümmer, die Andersartigkeit des Landes, in dem nichts mehr war wie zuvor. Siebeneinhalb Jahre waren vergangen, seit ich Hamburg verlassen hatte, als ein großes Kind. Nun kehrte ich als junger Mann zurück in ein Land, das so aussah, als könne man es in den nächsten Jahrzehnten nicht wieder aufbauen. »In Cuxhaven sieht es besser aus!« – an diesen Gedanken klammerte ich mich wie ein Ertrinkender an einen Rettungsring, »den Eltern geht es gut. Bestimmt geht es ihnen gut.«

Ein letztes Mal wurden wir als Gefangene registriert, in Munster-Lager, einer Barackenstadt unter den Bäumen der Lüneburger Heide. Kriegsgefangene aus der ganzen Welt trafen hier ein, Hunderttausende, deren Herkunftsländer man mit Kreide an die Wände der Waggons geschrieben hatte: Ägypten, Großbritannien, Belgien, Russland. Wer von der Sonne verbrannt war und einen Tropenhelmen trug, kam aus dem Mittleren Osten; jene, die über Bretzenheim aus Frankreich transportiert wurden, erkannte man an ihren zusammengeflickten Uniformen, die noch von der Wehrmacht stammten. Die Heimkehrer von der Ostfront galten als besonders schweigsam und verschlossen.

Leider wiederholte sich, was schon in Bury ausgetragen werden musste: Respektlosigkeiten und Unordnung führten zu körperlichem Streit zwischen Seeleuten und einigen Soldaten. Diesmal standen uns Fallschirmjäger zur Seite, Überlebende aus der Schlacht von Monte Cassino, für die wir vom ersten Moment an eine starke Sympathie empfanden. Kam es zu Problemen, schlugen die Fallschirmjäger, denen nicht der Sinn nach Diskussionen stand, kompromisslos und hart zu.

Wer zu dieser Zeit Zigaretten besaß, genoss einen gewissen Wohlstand, denn Zigaretten, vor allem amerikanische, galten als Leitwährung. Jeder kannte diesen Spruch, der vor Schwarzhandel warnen sollte: »Die Tugend sei dein fester Schild, lockt dich auch sehr die Chesterfield.« Mit einigen Stangen Senior Service war es uns möglich, einen Lastwagen samt Fahrer zu mieten. Wir waren 19 Seeleute, die nach Cuxhaven zurückwollten, die meisten gehörten zu Besatzungen von Fischdampfern, die irgendwo aufgegriffen worden waren. Bis Cuxhaven wollte uns der Fahrer nicht chauffieren, immerhin aber bis Stade.

Die Fahrt ging durch eine leicht hügelige Heidelandschaft. Mit jedem Kilometer wuchs die Anspannung. Wir rauchten, niemand sprach ein Wort. Die Dörfer, durch die wir kamen, schienen intakt zu sein. Es hatte offenbar keine Kämpfe gegeben, als die Alliierten vorgerückt waren. Aus der Heide wurde Marschland, und am Nachmittag rollte der Laster hinein nach Stade, wo er nahe des Bahnhofs anhielt. Ein Zug stand auf den Gleisen, ein Kohlenzug aus dem Ruhrgebiet, der noch an diesem Abend Richtung Küste rollen sollte. Nachdem den Zugführer jemand informiert hatte, dass ein Trupp ehemaliger Kriegsgefangener auf dem Weg nach Cuxhaven in Stade ankommen sollte, hatte er auf uns gewartet.

Über Cuxhaven lag die Dämmerung, als die ersten Häuser der Stadt auftauchten. Es fällt schwer, zu beschreiben, wie es sich anfühlt, geliebte Menschen nach siebeneinhalb Jahren zum ersten Mal wiederzusehen. Man bewegt sich wie in einem Tunnel, alle Geräusche klingen seltsam gedämpft, und der Magen brennt und krampft sich heiß zusammen. Endlich am Ziel. Herzrasen. Offenbar hatte sich durch den Anruf eines Stationsvorstehers herumgesprochen, dass mit diesem Zug nicht nur Kohlen in Cuxhaven ankamen, denn eine Menschenmenge wartete im Bahnhof. Angehörige, die hofften, dass ihre

Männer, Väter, Söhne, Brüder diesmal unter den Heimkehrern waren. Ein großes Gedränge herrschte auf den Bahnsteigen, ein Durcheinander, Rufe des Glücks, Hektik, Schreie, Freude, man sah Menschen weinen und sich umarmen, einander schütteln, als wollten sie prüfen, dass der andere wirklich existierte und keine Erscheinung war, die man nur herbeigesehnt hatte.

Dann entdeckte ich meine Mutter. Neben ihr stand ein Mann, der meinen Schal trug. Meinen grünen Schal, den ich auf die *Priwall* mitnehmen wollte, aber vergessen hatte. Meinen Schal?

Vater? Das war Vater!

Es gibt Momente im Leben, die sind vollkommen im Glück.

FREMDER DAHEIM

Vater war eine Woche zuvor nach Hause gekommen, nachdem er einige Monate in einem Lager in Gibraltar zugebracht hatte. Es gab viel zu erzählen in den nächsten Tagen. An den Abenden saßen wir in der Küche unserer kleinen Wohnung an der Holstenstraße und berichteten darüber, wie es uns ergangen war. Vater lachte herzlich, als ich ihm mein Gruppenfoto aus dem schottischen Lager zeigte, die Hommage an seine Pelzmütze. »Du bist vielleicht ein Halunke«, sagte er. Tagsüber war man damit beschäftigt, sein Leben irgendwie zu organisieren, denn es galt, etwas Essbares und Heizmaterial zu finden. In unserer Wohnung stand ein kleiner, mobiler Ofen, dessen Rohr aus dem Fenster ragte. Wo Deutschland zu diesem Zeitpunkt einigermaßen intakt war, ragten Ofenrohre aus den Fenstern.

Ich fühlte mich fremd in Cuxhaven. Ich konnte keinen vertrauten Ort entdecken und suchte Plätze auf, an denen ich als Kind gern gespielt hatte, in der Hoffnung, dass sich eine Vertrautheit einstellen würde. Doch sie kam nicht zurück. Cuxhaven wirkte so klein, irgendwie klein und andererseits hektisch.

Ich merkte, wie isoliert ich während der vergangenen Jahre gelebt hatte, obwohl ich niemals allein gewesen war. Ich traf auch keinen meiner alten Freunde wieder; viele waren im Krieg geblieben. Es war, als stehe Cuxhaven noch als Kulisse, die Häuser, die Straßen, der Hafen, aber seine Seele, alles das, was die Stadt einmal für mich bedeutet hatte, war verschwunden. Ich spürte eine gewisse Scheu vor Menschen. Jeder schien mit sich selbst beschäftigt zu sein, damit genug zu tun zu haben, die eigene Existenz, das eigene Überleben zu sichern, und wenn mich jemand in einer Warteschlange ansprach, erwiderte ich kaum ein Wort. Man verbrachte seine Tage in langen Reihen. Man wartete auf Lebensmittelkarten, auf Lebensmittel, auf Kohle, auf die alltäglichsten Dinge. Man wartete schon wieder darauf, dass das Leben endlich weiterging. In der Dunkelheit musste man daheim sein, wegen der Sperrstunde. Amtliche Bestimmungen, Verordnungen, Zettel, Marken und Stempel bestimmten das Leben.

Einen Schreck bekam ich, als eine Woche nach meiner Heimkehr ein Brief eintraf: Ich wurde aufgefordert, mich zum Arbeitsdienst in einem Bergwerk des Ruhrgebiets zu melden. Ich suchte am nächsten Morgen einen Arzt auf und erklärte ihm, Schmerzen in der Herzgegend zu verspüren. Unter keinen Umständen wollte ich unter Tage arbeiten, nicht nach den Jahren in Gefangenschaft. Der Arzt sah mich nach der Untersuchung fragend an.

»Sie haben in Wahrheit keine Probleme mit dem Herzen, oder?«

»Nein, aber wissen Sie: Ich bin Seemann, kein Bergmann«, antwortete ich.

Der Arzt nickte. Er erzählte mir, dass er auf Schnellbooten im Ärmelkanal gedient hatte. Wir plauderten noch ein wenig, über die *Priwall* und über das Leben auf See, dann stellte er mir ein Attest aus.

Bei der Arbeitsvermittlung, wo ich mich mit der Bescheinigung melden musste, kannte mich der diensthabende Beamte vom Hörensagen, wie das in einer kleinen Stadt eben so ist, denn sein Sohn und ich waren etwa gleich alt. »Ein herzkranker Seemann, soso. Wollen mal sehen«, murmelte er und steckte mir einen Zettel zu. Ich sollte mich in einem großen, viereckigen Gebäude am Hafen melden, in der Signalstelle der Briten, die einen Dolmetscher suchten.

Ich stellte mich dort vor, bekam den Job und übersetzte fortan vom Englischen ins Deutsche. Auf Nachfrage hatte ich angegeben, auch das Morsealphabet mit dem Klappscheinwerfer zu beherrschen, was vielleicht etwas übertrieben war. Um ehrlich zu sein, kannte ich ein wenig vom Morsealphabet und wusste gar nichts über die Bedienung eines Klappscheinwerfers. Mancher Funker wunderte sich vermutlich über die Losungen, die in diesen Tagen aus der Signalstelle kamen, aber das fiel nicht weiter auf. Das Wichtigste an der neuen Arbeit war ein Stück Papier mit Stempeln: der Hafenausweis, tagsüber wie nachts gültig und unbezahlbar. Er galt auch außerhalb der Sperrstunde, die um 21 Uhr begann. Kurz zuvor war es von den Alliierten erlaubt worden, mit einigen alten Kähnen wieder zum Fischen hinauszufahren. Es gab Fisch im Hafen, und ich konnte dank meines Ausweises hin und wieder einen frischen Hering oder Kabeljau nach Hause bringen.

Noch interessanter wurde meine Tätigkeit, als ich Kohlen in britische Dienststellen überall in der Stadt verteilen sollte. Unsere Aufgabe war es, etwa drei Tonnen Heizmaterial auf einen Laster zu schaufeln und damit die Büros zu beliefern. Wir schaufelten mindestens vier Tonnen hintendrauf, von denen höchstens zwei ankamen. Was mit dem Rest geschah? Auf mancher Tour hielten wir kurz an der Holstenstraße, wo ich den Eisenrost über dem Kellerfenster anhob, und natürlich auch bei Verwandten und Freunden. Der Winter 1946/47 war furchtbar kalt, so kalt, dass die Elbe zufror, aber in unserer kleinen Wohnung war es stets angenehm warm.

Wenn es Abend wurde, trafen sich die zurückgekehrten, jüngeren Seeleute im »Seestern« oder in den Kneipen der Schillerstraße. Alkohol gab es offiziell nicht, aber man schenkte Dünnbier aus. Unten am Hafen holten wir nach, was wir lange vermisst hatten. Man feierte das Ende des Krieges und den neuen Tag, man redete, man lachte und man knüpfte Kontakte, die noch wichtig sein konnten. Bis zur Ausgangssperre.

Alle rauchten, selbst wenn die Zigarette sieben Mark kostete. Für eine Stunde Arbeit bekam man etwa eine Mark, aber in solchen Einheiten durfte man nicht rechnen. Ein Brot zum Beispiel kostete einen Teppich. Für ein feines Porzellanservice gab es einen Fisch. Wer einen Kleiderschrank mit getragenen Sachen besaß, war in diesem Winter ein wohlhabender Mann, denn der Wert der Dinge hatte sich verschoben, und es wurde getauscht, nicht gekauft.

Zigaretten taugten als harte Währung, und ich verbesserte meine Lage, indem ich ein Schiffsmodell aus Holz schnitzte, ein Segelschiff, das ich an einen britischen Offizier mit dem Hinweis verkaufte, es sei ziemlich alt. »Oh really?«, fragte der Offizier und schien beeindruckt zu sein. Ich bekam zwei Stangen Zigaretten. Kein schlechter Lohn, denn ich benötigte nur knapp zwei Wochen für die Schnitzerei.

Anders als dem Rest des Landes, der bitteren Hunger litt, ging es der Bevölkerung in Cuxhaven einigermaßen gut. Aus den Waggons mit Fisch, die tropfend die Stadt verließen, fielen immer wieder einige Fische hinaus. Auch der verfestigte Tran, den man überall hin verschickte, rettete manchem Kind das Leben, und auf dem Schwarzmarkt gab es eingeschweißte Brote zu kaufen, die aus dem Proviant von U-Booten stammten. Sobald es wieder wärmer wurde, baute jeder, der konnte, Gemüse und Obst im eigenen Kleingarten an. Viele besaßen einen Schrebergarten mit sorgsam gegossenen Tomaten, liebevoll behandelten Möhren und aufmerksam beobachteten

Kartoffeln. Wenn die Ernte näher rückte, gingen Vater und ich wie alle Kleingärtner auf unserer kleinen Parzelle hinter der Schule regelrecht Wache, damit niemand etwas stehlen konnte.

FLUCHTHAFEN LÜBECK: DER ERSTE VERSUCH

Cuxhaven empfand ich als eng, als zu klein, Cuxhaven nahm mir den Atem. Ich wollte wieder zur See fahren und konnte nicht länger warten. Ich sehnte mich zurück nach Südamerika, ich wollte am liebsten nach Chile, um neu zu beginnen. Es konnte so nicht weitergehen. Abends im »Seestern« sprach ich mit einem Bekannten namens Rudi Winkler darüber, der ein wenig Geld verdiente, indem er Artikel für die *Cuxhavener Zeitung* schrieb. Im Gespräch stellte sich heraus: Rudi wollte ebenfalls auswandern. Die Frage aber lautete: wie? Über den Hafen von Bremen? Der wurde äußerst scharf bewacht. Auf einem Schiff, das in Hamburg auslief? Keine Chance, denn der Hamburger Hafen war, so hörten wir im »Seestern«, ein Hochsicherheitstrakt hinter einem Wall von Stacheldraht.

Jemand hatte erfahren, dass der Hafen von Lübeck angeblich nicht ganz so stark gesichert wurde. Wir verabredeten, einen Versuch zu starten. Unser Plan war einfach: irgendwie in den Hafen gelangen, der mitten in der Stadt lag, und sich dort auf einen der kleinen schwedischen Frachter schleichen, die dort regelmäßig anlegten. Die Überfahrt konnte nicht lange dauern für uns blinde Passagiere oder, falls man uns entdeckte, für uns Überarbeiter. Von Schweden aus würde sich schon ein neuer Weg ergeben. Ich weihte am Abend meine Eltern ein. Meine Mutter wirkte traurig, sagte aber nichts; für sie muss es schwer gewesen sein, dass ich nach kurzer Zeit daheim schon wieder in die Welt hinaus wollte, aber es ging nicht anders. In Chile wartete eine neue Zeit auf mich, das konnte ich spüren, in Valparaiso, in der kleinen Segelmacherei unten am Hafen vielleicht. Ob es ein Abschied für immer sein würde, konnte niemand wissen, fest aber stand: Ich musste es versuchen. Vater schmunzelte und meinte: »Junge, wenn ich in deinem Alter wäre, käme ich mit!« Beide wünschten mir Glück, bevor ich mich auf den Weg zum Bahnhof machte, wo mein Kumpel bereits auf mich wartete.

Geld für die Fahrkarte nach Lübeck hatten wir nicht, aber das war unwichtig, denn niemand kontrollierte. Die Züge waren hoffnungslos überfüllt mit Soldaten auf der Heimreise, Heimatlosen auf der Suche nach einer Bleibe, Städtern, die aufs Land wollten, um etwas Essbares zu finden. Familien, alte Leute, Kinder, alle hockten und standen dicht gedrängt zwischen ihren Koffern und Habseligkeiten. Die Luft in den Abteilen war verraucht, es roch nach ungewaschener Wäsche und Hunger. Wir fanden Platz auf einem Puffer zwischen zwei Waggons.

Über Lübeck schien die Sonne, es war ein warmer Sommertag, und wir erkundeten die Lage: Die Wallhalbinsel, an der schwedische Schiffe festmachten, wurde an zwei Zugängen von polnischen Posten bewacht. Es schien kein Problem zu sein, in der Dunkelheit auf die andere Seite hinüberzuschwimmen, wo die schwedischen Frachter festlagen. Das andere Ufer war nicht weit entfernt, vielleicht 200 Meter. Doch wie sollten wir uns tropfnass dort verstecken? Und unsere kostbaren Zigaretten, unser einziges Zahlungsmittel, trocken hinüberbringen? Als Freischwimmer konnten wir es nicht versuchen. Unser Blick fiel auf ein deutsches Marineboot.

Wir lungerten in der Nähe der Gangway herum, in der Hoffnung, Kontakt zur Besatzung aufnehmen zu können. Als zwei Matrosen vorbeikamen, schlenderten wir auf sie zu und begannen eine Plauderei.

»Sagt mal, habt ihr vielleicht ein Ruderboot?«, fragte ich.

»Ja, warum?«, fragte der Matrose.

»Bringt uns heute Nacht rüber auf die andere Seite!«

Sie sahen mich erstaunt an.

»Was bekommen wir denn dafür?«

»Zigaretten.«

Wir öffneten kurz unseren Rucksack, um ihnen die Senior Service zu zeigen. Die Matrosen nickten.

»Wir treffen uns kurz nach Mitternacht. Seid pünktlich.«

Sollte es so einfach sein? Rudi und ich suchten uns einen ruhigen Platz, um ein wenig auszuruhen. Wir waren aufgeregt, aber voller Zuversicht. Diese Nacht war sehr schwarz, Wolken schoben sich vor den Mond, und wenn sich die Matrosen im Ruderboot nicht wie komplette Dilettanten anstellten, sollte nun kaum noch etwas schiefgehen. Mitternacht. Eine Kirchenglocke schlug. Die Matrosen warteten wie verabredet auf uns und hatten das Ruderboot schon zu Wasser gelassen. »Beeilung! Es geht los«, flüsterte einer und tauchte das Ruder ins Wasser. Tiefe Stille lag über dem Becken, die Ruderschläge erschienen so laut wie Donnerschläge. Ganz langsam schoben wir uns hinüber zum anderen Ufer, unsichtbar in der Nacht. Noch etwa 100 Meter, noch 75 Meter.

Plötzlich ging ein Scheinwerfer an, nicht weit von uns entfernt. Ein Motor sprang an – und dann sahen wir, wie ein Boot der Wasserschutzpolizei auf uns zuraste. Sollten wir ins Wasser springen? Zwecklos. »Das kann kein Zufall sein«, dachte ich, »jemand hat uns verraten.« Da zerrten schon uniformierte Arme an uns. Die nächste Nacht verbrachten wir im Gefängnis.

Schon am übernächsten Morgen tagte das britische Militärgericht, und man hatte offenbar vor, ein Exempel zu statuieren. Der Vertreter der Anklage beschuldigte mich in seinem Plädoyer, genügend »Intelligenz« zu besitzen, die Verwerflichkeit und Strafbarkeit meines Handelns einzusehen. Unser kapitales Verbrechen: »Versuch illegaler Ausreise.« Dass der Prozess nach knapp zehn Minuten vorbei war, lag daran, dass niemand den Frühstückswhisky versäumen wollte. Auf ein Schlusswort verzichtete ich. Ich hatte den Verdacht, es bei besserer Gelegenheit noch zu benötigen. Das Urteil fiel erwartet streng aus: sechs Wochen Haft.

Die Zelle im Gefängnis von Lübeck, das man »Lauerhof« nannte, hatte die Größe einer Doppelgarage. Es war eine

Massenunterkunft für knapp 50 Männer, die alle wegen ähnlicher Vergehen oder Schwarzhandel verurteilt worden waren. Einer der Insassen hatte im großen Stil Reifen verschoben, ein anderer, der ehemalige Polizeichef einer Kleinstadt, den Schwarzhandel vor Ort organisiert. Von ihm erfuhr man in einer Art Seminar für Schieber, was die Polizei durfte und was nicht. Es gab keinen Streit unter den Gefangenen, und mir machte die Zeit hinter Gittern wenig aus, sobald ich mich an die Black Mambas von Port Loko erinnerte. Ich las Bücher aus der Bibliothek der Anstalt, einige Klassiker von Goethe und Schiller. Nur die mangelhafte Versorgung mit Nahrung machte allen zu schaffen, was in meinem Fall dazu führte, dass ich mir vorübergehend das Rauchen abgewöhnte. Sieben Zigaretten standen einem in der Woche zu. Der Tauschwert einer Zigarette war zellenintern eine Scheibe Schwarzbrot.

Ich zog das Brot vor.

FLUCHTHAFEN LÜBECK, ZWEITER VERSUCH

Lübeck war der richtige Hafen für einen Auswanderungsversuch gewesen, aber wir hatten Pech gehabt und waren zu naiv vorgegangen.

Ungefähr zwei Wochen Alltag in Cuxhaven genügten, um einen zweiten Anlauf zu planen. Diesmal wollte ich nichts dem Zufall überlassen und die Lage genau inspizieren. Als ich meinem Freund Egon davon erzählte – jenem Egon, mit dem ich als Kind schon im Mündungsgebiet der Elbe umhergesegelt war –, sagte er: »Ich will auch weg. Lass es uns versuchen!« Egon, zwei Jahre älter als ich, hatte ebenfalls eine Laufbahn als Seemann begonnen.

Auf einem Zug trampten wir in bewährter Manier nach Lübeck. Es war hochsommerlich warm, ein heißer August. Wir studierten die Stadt genau, schliefen in einem ausrangierten Ausflugsdampfer oder unter freiem Himmel, wuschen uns in einem öffentlichen Bad, verbrachten auch manche Tage am Strand und lungerten an der »Beckergrube« herum, wo wir uns unter die Schwarzhändler mischten. Im Viertel an der Trave entdeckten wir eine Kneipe, die eine Wirtin namens »Mutti Mau« betrieb, ein verrauchtes, finsteres Hafenlokal. Seeleute fühlten sich von »Mutti Mau« besonders angezogen.

In einer Nacht kamen wir mit schwedischen Matrosen ins Gespräch, auch mit Kurt, dem Bootsmann der *Gladan*. Der kleine Stückgutfrachter pendelte mit Hilfsgütern, mit Carepaketen zwischen Göteborg und Lübeck. Nach einigen Bieren erzählte ich Kurt meine Geschichte, berichtete von der *Priwall* und meinem Plan und fragte ihn offen, ob er uns während der Rückreise nach Göteborg an Bord verstecken konnte. Kurt, etwa Mitte zwanzig, kräftig gebaut, ein sympathischer Schwede mit starken Oberarmen und blondem Haar, überlegte kurz. »Wir finden schon einen Platz für euch an Bord«, sagte er und hob sein Glas, »auf die Freiheit!«. In diesem Moment flog hinter ihm ein Stuhl durchs Fenster. Es hatte ein Wortgefecht zwischen schwedischen Matrosen und polnischen Wachleuten gegeben, die auf ein Bier bei »Mutti Mau« eingekehrt waren. Augenblicke später tobte in der kleinen Kneipe eine heftige Schlägerei. Egon und ich verkrochen uns unter einem Tisch und warteten ab. Neben dem Tisch zersplitterten Gläser und Flaschen, man hörte Schreie voller Wut und Schmerz und zwischendurch das Gezeter der Wirtin, die sich um die Einrichtung sorgte.

Nach einigen Minuten stand fest, dass die Schweden einen Punktsieg errungen hatten, was selbstverständlich gefeiert werden musste. Diverse Dünnbiere später wankten wir mit den Matrosen und unserem neuen Freund Kurt in Richtung des Hafenbeckens, vorbei an den Wachposten, die denken mussten, dass wir zur Besatzung gehörten. Wir trugen »Kesselpäckchen«, eine Art Blaumann, in denen wir aussahen wie Maschinisten von der *Gladan*.

Kurt zeigte uns ein Versteck hinter einigen Kisten in Luke III, gab jedem eine Decke, die wir zu einem Kopfkissen falteten, und versprach, während der Reise etwas Essbares und Wasser vorbeizubringen, aber lange sollten wir ohnehin nicht unterwegs sein. Schon in der nächsten Nacht würden wir im Hafen von Göteborg an Land schleichen. Entdecken konnte uns niemand, denn die Decksbesatzung war eingeweiht, und die Offiziere ließen sich so gut wie nie in den Luken blicken. Wir nickten bald darauf mit dem guten Gefühl ein, unserer ersten Station auf dem Weg nach Südamerika näher zu sein. Am frühen Morgen sollte die *Gladan* auslaufen.

Mitten in der Nacht rüttelte uns der Bootsmann wach. Er war aufgeregt. »Hört zu«, wisperte Kurt, »ich habe eben aufgeschnappt, dass unser Schiff umgeleitet worden ist. Wir sollen nicht nach Göteborg zurück, sondern nach Danzig. Kann sogar sein, dass wir nun einige Male nach Danzig fahren. Seht zu, dass ihr wieder von Bord kommt! Es tut mir leid. Viel Glück!«

Wir waren enttäuscht, aber auch dankbar, dass Kurt uns gewarnt hatte, denn die Aussicht, als verdächtige Spione in einem polnischen Gefängnis zu landen, gefiel uns überhaupt nicht. Es bedeutete auch, dass wir nun rasch von Bord mussten, denn sobald der Tag anbrach, waren die Wachposten so stark besetzt, dass wir kaum aus dem Hafen türmen konnten. Ein zweites Mal innerhalb weniger Wochen dem trinkfreudigen britischen Militärrichter zu begegnen, erschien mir nicht erstrebenswert. Wir kletterten aus der Luke heraus und legten uns flach an Deck. An der Gangway standen zwei Wachposten, ein Zöllner und ein bewaffneter polnischer Hafenwächter, die rauchten und sich leise unterhielten. Wir warteten ab, in der Hoffnung, dass einer auf Toilette musste oder ihnen etwas Besseres einfiel, als mitten in der Nacht vor dem kleinen Frachter *Gladan* herumzustehen. Aber die Zeit verrann und nichts geschah. »Sobald es hell ist, bleibt uns keine andere Wahl. Dann springen wir in dem Moment ins Wasser, in dem sie die Leinen loswerfen«, flüsterte Egon. Am Horizont deutete ein zarter Streifen Licht an, dass es nicht mehr lange dauern konnte, bis der neue Tag über Lübeck anbrach.

Es blieb uns nichts anderes übrig, als Geduld zu üben und auf unser Glück zu vertrauen. Und dann sahen wir eine Lokomotive, eine alte Lok, die aus dem Hafen herausrangierte. Das war unsere Chance! Wir rannten los, liefen die verdutzten Wachposten um und sprangen auf die Lok auf. Ich kramte schnell in meinem Rucksack und hielt dem Lokführer eine Stange Zigaretten vors Gesicht, ohne ein Wort zu sagen. Der Mann verstand mich trotzdem sofort und drückte einen Hebel nach vorn. Die Lok beschleunigte und rollte durch die Sperrung und an den Wachposten vorbei aus dem Hafengelände heraus. An der Gangway hatte niemand Alarm ausgelöst, vermutlich in der Furcht, es könne Ärger geben. Fünf Minuten später gaben wir dem Lokführer seinen Lohn und sprangen ab. Wir waren entkommen.

AUF NACH ANTWERPEN

»Was machen wir nun?«, fragte Egon, als wir das Frühstück durch eine Zigarette ersetzten. Wir saßen auf einer Wiese an diesem schönen, klaren Morgen, an dem die Luft frisch nach Ostsee roch, einige Möwen am Himmel kreisten und die Stadt gerade erwacht war.

»Wir starten den nächsten Versuch«, entgegnete ich.

»Hier in Lübeck aber nicht«, brummte Egon und hatte damit recht. Lübeck war zu gefährlich, Lübeck kam nicht mehr infrage. Wir schwiegen einige Zeit, bis Egon murmelte: »Antwerpen.«

»Was? Wieso Antwerpen?«

Egon lehnte sich im Gras zurück, sah in den Himmel und erklärte mir, wie er die Dinge einschätzte: Die Häfen von Hamburg und Bremen schieden nach den bisher gemachten Erfahrungen aus, Dänemark war wegen der scharf bewachten Grenze keine Option und keinesfalls Rotterdam und Amsterdam, weil man sich viele Geschichten erzählte, wie feindlich die Holländer gegenüber Deutschen eingestellt waren. Blieb also Belgien. Blieb Antwerpen.

»Dann also los«, sagte ich. Wir standen auf, klopften das Gras von der Hose und schlenderten Richtung Bahnhof, um den nächsten Zug nach Süden zu bekommen.

Nach anderthalb Tagen Reise erreichten wir Aachen, fuhren mit dem Bus aus der Stadt hinaus und marschierten ein Stück die Straße entlang, in die Richtung, in der wir die belgische Grenze vermuteten. Es war nun später Nachmittag, aber die Sonne brannte noch immer vom Himmel, mit fahlem, mattem Licht. Wir schwitzten und hatten Durst, den wir mit den letzten Schlucken aus der Feldflasche kaum stillen konnten. Ein Stück weit waren wir der Straße gefolgt und hatten dann einen kleinen Weg hinein in den Wald genommen, bis wir an einer Bahnlinie ankamen. Führten die Gleise nach Belgien? Ganz bestimmt, wir gingen den Schienen nach und kamen zu einem Hügel, durch den ein Tunnel führte. Auf der anderen Seite konnten wir ein Grenzschild erkennen.

»Vielleicht fahren die Züge an dieser Stelle langsamer«, überlegte Egon, »wegen des Tunnels. Dann könnten wir aufspringen und ein gutes Stück mitfahren.« Das schien eine kluge Idee zu sein, und weil die Dunkelheit bereits über dem Wald lag und weil wir erschöpft waren vom weiten Marsch und dieser Hitze, schliefen wir bald darauf unter einem Baum ein.

Am frühen Morgen ratterte der erste Zug heran, doch er bremste überhaupt nicht, der Zug verringerte sein Tempo kein bisschen. Egon fluchte leise. Wir liefen durch den Tunnel und waren darauf gefasst, dass ein Stacheldrahtzaun gespannt war und eine Patrouille der Grenzpolizei in der Nähe sein konnte. Aber nichts war zu sehen: kein Zaun, kein Soldat. Weiter folgten wir der Bahnlinie. Die Luft waberte zwischen den Bäumen; es war schon vormittags mehr als 30 Grad warm. Wir kamen nur schleppend vorwärts, wir schwitzten und keuchten, und der Durst wurde schier unerträglich. Niemand begegnete uns. Die Eifel kann an manchen Tagen in den Ausläufern der Sahara liegen.

Hinter dem nächsten Hügel mochten wir unseren Augen nicht trauen: eine Apfelplantage, überall standen Bäume voller saftiger, knallroter Durstlöscher. Wir gönnten uns eine Pause im Schatten, aßen so viel Obst, dass wir Magengrollen bekamen, und stopften Früchte in alle Taschen unserer Blaumänner. Dann machten wir uns wieder auf den Weg, marschierten durchs Unterholz, bogen Äste zur Seite und kamen durch Felder von Farnkraut. Wir orientierten uns am Stand der Sonne. Im Westen musste die Stadt Eupen liegen, irgendwo hinter den nächsten Hügeln.

Als es bereits dämmerte, stießen wir auf eine Straße und sahen ein Haus. Eine Gastwirtschaft, die Fenster waren erleuchtet. Der Durst war stärker als die Vorsicht, also gingen wir um das Haus herum und klopften vorsichtig an der Hintertür. Durch den Vordereingang trauten wir uns nicht herein, nicht so verschwitzt und schmutzig, wie wir aussahen.

Ich klopfte dreimal vorsichtig auf Holz. Eine Frauenstimme war zu hören: »Kommt herein!«

Die Tür öffnete sich, und wir standen vor einer Frau Mitte fünfzig, offenbar die Küchenmamsell, eine wuchtige Erscheinung mit mächtigem Busen, die eine weiße Schürze trug. Sie lächelte uns an.

»Können wir bitte einen Schluck Wasser bekommen?«, fragte ich.

»Wollt ihr nicht lieber etwas essen? Ihr seht so aus, als könntet ihr das gut gebrauchen«, antwortete sie.

»Ja, schon, aber wissen Sie, wir haben kein Geld und …«, hob ich zu einer Erklärung an, aber sie winkte ab.

Die Mamsell, deren Namen wir nie erfuhren, brachte uns eine Flasche mit gekühltem Wasser und begann, Kartoffeln zu schneiden und in eine gewaltige Pfanne zu legen. Wir saßen in ihrer Küche, sahen ihr schweigend zu und waren glücklich über so viel Gastfreundschaft und Nächstenliebe. Kurz darauf zog der Duft von Bratkartoffeln durch den Raum. Als Dessert gab sie uns ein Stück Schokolade – und einen wichtigen Rat: Etwas weiter die Straße entlang, am Rande des Dorfes, befand sich der Friedhof. Eine ruhige und sichere Lagerstelle für die Nacht. Vor allem aber fuhr dort jeden Morgen ein Lastwagen in Richtung Antwerpen ab.

»Ich vermute, ihr wollt nach Antwerpen, oder?«, fragte sie und lächelte, »so mancher, der hier klopft, möchte gern nach Antwerpen.«

Es war gar nicht möglich, ihr genug zu danken, aber das wollte sie auch nicht hören. Anderen Menschen zu helfen schien für sie selbstverständlich zu sein.

Erfahrungen wie diese haben mich lange beschäftigt: Diese tiefe Freundlichkeit, Hilfsbereitschaft, warme Herzlichkeit von Fremden, eine menschliche Größe, an der man sich festhalten konnte in Zeiten, in denen alles in Trümmern zu liegen schien.

»Tut ihr mir einen Gefallen?«, fragte die Mamsell, als wir uns verabschiedeten, »beim nächsten Mal kommt bitte vorn durch den Eingang.«

SPÄTSOMMER 1947
IM BELGISCHEN GRENZGEBIET

FLUCHT DURCH DEN WALD

Ich hatte gelernt, auf Kommando zu schlafen. Eine Notwendigkeit, um in den kurzen Stunden Pause auf der *Priwall* oder anderen Schiffen Erholung zu finden. Ich konnte die Augen schließen und befand mich schon Momente später nicht mehr in dieser Welt, war aber auch in der Lage, zu einer bestimmten Zeit pünktlich wieder zu erwachen, ohne geweckt werden zu müssen.

Ich wachte auf, rüttelte Egon an der Schulter, und wir gingen auf einen Hügel, von dem aus wir die Straße gut einsehen konnten. Die Sonne war gerade aufgegangen, ein weiches Licht lag auf dem Dorf. Dann sahen wir einen Lastwagen, der langsam die Straße hinauffuhr. Wir rannten den Hügel hinunter und schafften es, gerade rechtzeitig die Ladefläche zu erreichen, bevor der Lastwagen am Dorfausgang wieder beschleunigte. Zwei Männer saßen im Führerhaus und sahen durch ein Fenster nach hinten. Sie schienen sich an den Passagieren aber nicht weiter zu stören, denn sie grinsten, bremsten den Laster aber nicht ab. Die Fahrt ging die hügelige Straße entlang; der Laster brummte durch die Wälder der Eifel und zog eine staubige Wolke hinter sich her. Eine halbe Stunde war vergangen, als der Lastwagen in einem Dorf das Tempo verringerte. Der Beifahrer öffnete die Tür des Führerhauses, sprang hinaus und lief in eine Kneipe. Einige Minuten später kam er zurück, und der Laster setzte sich schnaufend wieder in Bewegung.

»Warum hat er wohl gehalten?«, fragte ich Egon.

»Seltsam«, meinte er, »nach dem Weg hat der Kerl in der Kneipe sicherlich nicht gefragt.«

Unser Misstrauen war berechtigt. An der nächsten Weggabelung, direkt neben einem Bahndamm, bremste der Lastwagen erneut, und wir konnten erkennen, dass auf der anderen Straße Polizisten auf uns warteten. Noch bevor der Lastwagen zum Stehen kam, sprangen wir ab und rannten los, über den Bahndamm.

»Schnell, dort in den Wald!«, rief ich Egon zu.

»Ja, wir trennen uns«, rief er zurück. Das war sinnvoll, weil es unsere Chancen verdoppelte.

Äste schlugen mir entgegen, ich rannte so schnell ich konnte, stolperte ab und an über eine Wurzel und fiel auf den weichen Waldboden. Die Polizisten waren uns auf den Fersen. Wie viele es waren, konnte ich nicht erkennen, aber ich hörte mindestens vier verschiedene Stimmen. Die Rufe der Verfolger wurden leiser. Ich beschloss, mich im Unterholz zu verstecken, mit Ästen und Blättern zu bedecken und abzuwarten, anstatt eine planlose Flucht zu beginnen. Der Wald war dicht, und einen Hund hatten die Polizisten nicht an der Leine geführt. Ich lag im Unterholz und wartete. Die Gendarmen schienen meine Spur verloren zu haben. Ich hörte keine Stimmen mehr, sah niemanden und verließ nach einiger Zeit mein Versteck. War Egon noch in diesem Wald? Versteckte er sich oder war er weitergelaufen? Hatten ihn die Polizisten erwischt?

Ich begann damit, ihn zu suchen, was mir aber recht bald aussichtslos erschien, denn rufen konnte ich ihn nicht, und der Wald war wirklich dicht gewachsen. Selbst wenn Egon nur hundert Meter entfernt war, bestand die Gefahr, dass wir uns verfehlten. Ich schlich zurück zur Straße, zu jener Stelle, an der wir die Flucht angetreten waren. Die Gendarmen waren verschwunden. Ich lief im Straßengraben entlang, weiter in die Richtung, die der Laster zuletzt genommen hatte. In einer Kurve am Fuße eines Hügels wartete ich ab und hockte mich ins hohe Gras. Es dauerte nicht lange, bis ein Lastwagen heranrumpelte und mit lautem Schnaufen bremste, um in die Kurve einzubiegen. Ich rannte hin und schaffte es ohne Probleme, mich auf die Ladefläche zu ziehen. Der Fahrer schien nichts mitbekommen zu haben. Ohne noch ein einziges Mal anzuhalten brummte der Lastwagen am frühen Abend über die Stadtgrenze von Antwerpen.

LANDSTREICHER

Vor Reisebeginn hatte ich ein Rasiermesser eingesteckt und etwas Seife, was mir nun helfen sollte. Jeden Morgen rasierte ich mich irgendwo, in der Toilette einer Kneipe, an einem Wasserhahn oder, wenn es gar nicht anders ging, in einer Pfütze. Ohne Bartstoppel sah man einigermaßen gepflegt aus, auch wenn die Kleidung schmutzig war. Männer, die auf Suche nach einer Arbeit durch die Gegend stromerten, gehörten zum Straßenbild, und ich fiel der Gendarmerie zumindest nicht als Landstreicher auf.

Die nächsten Nächte verbrachte ich im Freien, schlief in einer dunklen Ecke in irgendeinem Hinterhof oder unter einem Holzstapel am Rande der Stadt. Zu essen gab es für mich, was ich am Wegesrand fand: etwas Obst von einem Marktstand vielleicht, den Inhalt eines Topfes, den jemand zum Abkühlen ans Fenster gestellt hatte; ich trieb mich in der Nähe von Gärten herum oder schleppte Säcke, um mir vom Tageslohn Brot zu kaufen. Man sah nur wenige Trümmerhaufen in Antwerpen, denn von schweren Bombenangriffen war die Stadt verschont geblieben.

Einen halben Tag dauerte der Marsch hinaus zum Hafen. Kein Stacheldrahtzaun, keine Wachposten waren zu sehen. Ich atmete auf und beschloss, die nächsten Tage hier zu bleiben, bis ich ein Schiff fand. Das Hafengelände war weitläufig und unübersichtlich. Es gab einige Kneipen im Bereich des Scheldekais, einige Etablissements unter rotem Licht. Die großen Dampfer, die nach Übersee ausliefen, lagen noch etwas weiter draußen.

Ich übernachtete in einem leer stehenden Schuppen und blieb in der Nähe der Kais in der Hoffnung, den entscheidenden Hinweis aufzuschnappen. Ich schlenderte von einem Hafenbecken zum nächsten, als ich einen Frachter sah und instinktiv spürte, dass ich mein Ziel erreicht hatte. Es war, als schiene ein Licht über dem alten Schiff, wie in einer Eingebung. *Nagara* hieß die alte Dame, ein betagter, aber mächtiger Frachter, auf den Roheisen und Eisenbahnschienen verladen wurden. Ich sprach einen Hafenarbeiter an: »Entschuldigung, wohin läuft die *Nagara*?«

»Südamerika. Buenos Aires, glaube ich.« Ich spürte, wie mein Herz einen kleinen Satz machte. Von Buenos Aires aus sollte es keine Probleme bereiten, nach Chile zu kommen.

»Wann läuft sie denn aus?«

»Übermorgen.«

Ich dankte und wollte gehen, als der Hafenarbeiter, ein Belgier, klein gewachsen, mit einer verwaschenen Tätowierung auf dem Unterarm und einer Schieberkappe auf dem Kopf, mich fragte: »Junge, hast du Hunger? Du siehst hungrig aus.«

»Ja, nun, schon etwas.«

»Dann komm mit.«

Wir gingen in eine Lagerhalle, wo er in seiner Tasche kramte. Dann reichte er mir die Hälfte seines Mittagessens: ein belegtes Brot und einen Apfel. Nun stellte sich nur noch die Frage, wann der richtige Zeitpunkt war, an Bord des Frachters zu schleichen. Zwischen den Eisenbahnschienen fand ich sicherlich ein geeignetes Versteck für einen oder zwei Tage, bis ich mich als blinder Passagier zu erkennen geben und meine Arbeitskraft anbieten konnte. Die nächste Nacht verbrachte ich wieder in einem leeren Schuppen ganz in der Nähe. Ich spazierte die Straße entlang, zurück in Richtung der Pier, an der die *Nagara* lag. Die Nacht war recht unruhig gewesen, denn man schläft nicht tief, wenn einen Gedanken an neugierige Ratten beschäftigen. Mein Magen knurrte, wenn ich an das Brot des belgischen Dockers dachte. Ich hörte, dass hinter mir ein Wagen heranfuhr. Zwei Türen schlugen zu. Ich hörte schnelle Schritte auf dem Asphalt, die näher kamen, aber ich wagte nicht, mich umzudrehen.

Eine Stimme sagte etwas auf Französisch, das ich nicht verstand. Ich benötigte auch keine Übersetzung, denn ich wusste, dass ich gemeint war und dass man meinem Ausweis zu sehen wünschte.

Ein Gefühl von Traurigkeit stieg in mir auf, ein bitterer Geschmack von Enttäuschung, denn mir war klar, dass ich wieder kurz vor dem Ziel gescheitert war.

Die Stimme sprach mich nun auf Flämisch an. Ich blieb stehen. Zwei Männer in dunklen Anzügen musterten mich. Einen Moment dachte ich darüber nach wegzurennen, aber das erschien zwecklos. Es waren Polizisten in Zivil.

»Mein Herr, Ihren Ausweis bitte«, sagte einer der Männer nun auf Deutsch.

Ich überreichte ihm meine Papiere aus Cuxhaven, aus der britisch kontrollierten Zone, mit denen ich natürlich nicht die Grenze überqueren durfte. Die Männer sagten nichts und sahen mich etwas mitleidig an, aber vielleicht bildete ich mir das auch nur ein.

»Kommen Sie mit!«, forderten sie mich auf. Wir gingen zurück zu ihrem Wagen, einem dunklen Peugeot, in dem wir zur Wache fuhren. Nach einem kurzen Verhör, in dem ich den Grenzübertritt zugab und von meinem Reiseziel Südamerika erzählte, weil es nun nichts mehr zu leugnen gab, sperrte man mich in eine Zelle. Immerhin gab es etwas zu essen und eine Pritsche.

»FUCKING MONSCHAU!«

Damit ich nicht auf neue, abenteuerliche Ideen kam, stiegen gleich zwei Begleiter mit in den Zug ein, der in Richtung deutscher Grenze fuhr. Sie sprachen nicht viel, behandelten mich aber freundlich und teilten sogar ihre Zigaretten mit mir.

»Wohin fahren wir?«, fragte ich.

»Nach Monschau. Das liegt in der Eifel.«

»Wem werde ich übergeben?«

»Der britischen Grenzpolizei.«

Einige Stunden später saß ich im Büro des diensthabenden Offiziers, einem recht jungen, hageren Mann in blauer Uniform, der einen mächtigen Schnurrbart spazieren trug. Er griff zum Telefonhörer und verlangte nach einem Dolmetscher, aber ich unterbrach ihn und sagte, wir könnten uns auch auf Englisch unterhalten, wenn ihm dies lieber sei. Erstaunt sah er mich an.

»Wo wollten Sie denn hin?«, erkundigte er sich.

»Auf See. Ich bin Seemann.«

Ich erzählte ihm in kurzen Worten meine Geschichte, und als ich an der Stelle mit der *Erlangen* angekommen war, nickte er, schob Zigaretten über den Tisch und bestellte in seinem Vorzimmer zwei Tassen mit schwarzem Tee.

»Ich habe die *Erlangen* gejagt«, sagte er mit breitem Grinsen, »mit dem Kreuzer *Glasgow*. Die Kameraden der *Newcastle* sind uns zuvorgekommen, sonst wären wir uns vielleicht schon vorher einmal begegnet.« Dann erzählte er, dass man ihn nach Kriegsende versetzt hatte, ihn, den Mann der Marine, ausgerechnet hierher, ausgerechnet nach Monschau, nach »fucking Monschau!«. Er schien wirklich unglücklich zu sein.

»Was mache ich nun mit Ihnen?«, fragte er, tippte mit seinem Bleistift auf die Tischplatte und überlegte. Eigentlich musste er mich den Strafverfolgungsbehörden übergeben, dem britischen Ankläger in Düsseldorf, was für mich die Frage nach einer stabilen Unterkunft für die nächsten Monate geklärt hätte. »Fahren Sie mal nach Hause, aber Sie müssen mir versprechen, dass Sie sich in Cuxhaven beim Bürgermeister melden«, sagte er und zwinkerte mir zu. »Eine Strafe muss schließlich sein.«

Ich befolgte seinen Rat und war einige Reisetage später, die mir quälend lang erschienen, weil das Gefühl der Enttäuschung mitfuhr, zurück in Cuxhaven. Das Büro des Bürgermeisters aber suchte ich nicht auf. Ich sagte mir, dass er wichtigere Dinge zu erledigen hatte. Am Tresen des »Seestern« hörte ich einige Abende später eine vertraute Stimme. Ich rief: »Egon!«, und dann fielen wir uns in die Arme. Er erzählte, dass er sich vor den Gendarmen im Wald versteckt und nach mir gesucht hatte, nach Einbruch der Dunkelheit dann aber die Heimreise angetreten hatte. Wir feierten unser Wiedersehen so gut es mit dem Dünnbier im »Seestern« ging. Die Sperrstunde war uns in dieser Nacht ganz egal.

AUF DEM MEER

Die Heuerstelle von Cuxhaven befand sich in einem kleinen, baufälligen, alten Haus an der Schillerstraße. Ich wartete im Flur, auf dem es muffig nach Abstellkammer roch. Fischdampfer fuhren wieder hinaus auf See und Männer wurden dringend gesucht, was mich eigentlich wenig interessierte. Doch nach den gescheiterten Fluchtversuchen schien es mir die einzige Möglichkeit zu sein, aufs Meer zu kommen. Außerdem konnte ich Fahrtzeit ansammeln, um eine Steuermannschule besuchen zu können, sobald diese wieder öffneten. 48 Monate auf See wurden verlangt. Das Problem aber war: Mein Seefahrtsbuch war in Kriegsgefangenschaft von den Briten beschlagnahmt worden.

»Der Nächste!«

Die Bürotür öffnete sich, und ich nahm Platz vor dem Schreibtisch eines dicklichen Mannes, dessen Gesichtsfarbe mich an Rotbarsch erinnerte. Er musterte mich misstrauisch.

»Was willst du?«

»Ein Schiff.«

»Weißt du denn überhaupt, wo backbord und wo steuerbord ist?«

»Natürlich. Aber mein Seefahrtsbuch ist weg.«

Der Mann schob einen Zettel rüber: »Melde dich damit im Hafen.«

Eimsbüttel hieß der Fischdampfer, ein rostbrauner Veteran, 1921 erbaut. Es war eines dieser Schiffe, die wieder in Betrieb waren, weil die Siegermächte dafür keine Verwendung fanden. 16 Mann gehörten zur Besatzung, aber die wenigsten von ihnen waren Fischer. Seeleute der Handelsmarine und Dienstränge der Marine waren darunter, und alle hatten nur einen Wunsch: endlich wieder zur See fahren. Die *Eimsbüttel* lief hinaus in die Deutsche Bucht, Kurs nördliche Nordsee.

Meine Freude, wieder auf See zu sein, wich nach wenigen Tagen. Der Tonfall an Bord war vulgär, gereizt und respektlos, was zumindest zu den Lebensumständen passte: Respekt vor Menschen hatte niemand, der dieses Schiff hatte auslaufen lassen. Unter dem Backdeck führte eine steile, ungesicherte Leiter ohne Geländer in eine Art Loch. In diesem Loch schlief die Besatzung, in Kojen direkt an der unverschalten Bordwand.

Damit man bei schlechtem Wetter nicht aus den Kojen fiel – und in den ersten Tagen auf der Nordsee bekamen wir ausnahmslos schlechtes Wetter –, schob man die Türen des Verschlags zu. Am Kollisionsschott gab es einen alten Kanonenofen oder besser: eine Attrappe, denn niemand spürte, dass jemals Wärme von diesem Ofen ausging. Wie wir bald feststellen sollten, waren die Nieten in der Außenhaut des Fischdampfers undicht. Ein kalter, nasser Gestank waberte ständig in unserem Logis. Zumindest meine Zweifel an der Seetüchtigkeit der *Eimsbüttel* verflogen bald. Wie ein kleiner Keil kämpfte sich der Trawler durch die schwere See. Beigedreht wirkte seine große Schraube wie ein Treibanker und hielt das Schiff stabil in den Wellen.

Mit der Ankunft im Fanggebiet nördlich von Schottland begann die Arbeit. Wir fingen Kabeljau und Schellfisch, und solange Fisch an Deck lag, mussten wir schlachten und den Fang eineisen. Alle vier bis sechs Stunden holten wir das Netz an Bord, was dazu führte, dass immerzu Fisch an Deck lag. Meistens standen wir bis zu den Knien in Fisch; eine Pause von zwei Stunden galt als purer Luxus. Und Luxus gehörte nicht auf einen Fischdampfer wie die *Eimsbüttel*.

Umgeben von schlecht gelaunten und übermüdeten Männern, die sich eher für einen Fischkopf als für den Fischer neben ihnen interessieren, schlachtete ich einen Fisch nach dem anderen. Dass es keine schweren Schlägereien an Bord gab, gehört für mich zu den großen Rätseln dieser Reise. Die stille Hoffnung, dass schlechtes Wetter die Arbeit bremsen könnte, gab ich bald auf: Auch im Sturm standen wir draußen an Deck und mussten achtgeben, nicht von einer überkommenden See von den Beinen gewaschen zu werden. Hochseefischer sind hart arbeitende, tadellose Seeleute. Vermutlich hatte ich einfach Pech mit den Fischdampfern, auf die ich geriet, denn auch auf der *Senator Sachse*, auf der ich danach einige Monate fuhr, war die Stimmung nicht besser. Ich erinnere mich ungern an diese Zeit, was nicht daran liegt, dass sie entbehrungsreich war. Kameradschaft auf See war immer wichtig für mich, das Gefühl, sich aufeinander verlassen zu können, egal in welcher Lage sich das Schiff befand, egal wie hoch die See ging und wie stark der Sturm tobte. An Bord der Trawler ging es trotz vieler Umstände, die eine Mannschaft hätten zusammenschweißen können, seltsam unpersönlich zu, bisweilen sogar feindselig. Ich konnte es nie erwarten, dass der Eisraum endlich gefüllt war und wir die Heimreise antreten konnten.

▲ Die »Dithmarschen« war ein typischer Kriegsfischkutter, nicht besonders groß und von einem 100 PS schwachen Motor angetrieben, über dessen Leistungsvermögen wir täglich Witze rissen. Sparsam motorisiert tuckerten wir auf die Mittelbank vor Mecklenburg und weiter die Ostsee hinauf bis zur Südküste von Gotland, wo die Fanggründe besonders ergiebig waren.

▼ Auf der Steuermannschule in Elsfleth lernten wir, die Verantwortung für ein Schiff zu tragen. Mit zwei Mitschülern transportiere ich hier die »Santa Maria«, eine Requisite für ein Theaterstück. Im Hintergrund ist der Turm der altehrwürdigen Seefahrtsschule zu sehen.

Eines Abends bekam ich im »Seestern« von einem ehemaligen Kameraden der *Priwall* einen Tipp: Der Schiffer der *Dithmarschen*, eines kleinen Kutters, benötigte einen Matrosen. Das war meine Chance, mich aus der unpersönlichen Fabrikatmosphäre der Fischdampfer zu verabschieden. Gleich am nächsten Morgen stellte ich mich dem Schiffer vor, der gleichzeitig Eigner seines Schiffs war, ein ausgeglichener, ruhiger Typ, der Pfeife rauchte und mir auf Anhieb sympathisch erschien.

»Min Jung«, sagte er, »hol deine Sachen, du bist dabei.«

Zur Besatzung der *Dithmarschen* gehörte Matrose Matuschak, ein zwei Meter großer Mann mit den Kräften eines Riesen, ein Steuermann, der Stürke genannt wurde und ständig Witze riss, sowie Olaf, Schwiegersohn des Eigners, der von Seefahrt keine Ahnung hatte und deshalb nur in der Küche eingesetzt wurde. Wir vier teilten uns ein vier Quadratmeter großes Logis an der Backbordseite und kamen bestens miteinander aus. Die *Dithmarschen* gehörte zur Klasse der Kriegsfischkutter, war mit 70 Bruttoregistertonnen nicht besonders groß und wurde von einem nur 100 PS schwachen Motor angetrieben, über dessen Leistungsvermögen Stürke täglich seine Scherze machte. Mit der sparsamen Motorisierung tuckerte die *Dithmarschen* auf die Mittelbank vor Mecklenburg und weiter die Ostsee hinauf bis zur Südküste Gotlands, wo die Fanggründe besonders ergiebig waren. Wir fingen große Dorsche und noch größeren Butt und arbeiteten wirklich hart, manchmal 72 Stunden am Stück, in denen man das Gefühl hatte, jederzeit im Stehen einschlafen zu können. Die sandige Haut des Dorschs wirkte wie Schmirgelpapier, weshalb mit Ausnahme des Kapitäns alle unter entzündeten Händen litten. Aber niemand beschwerte sich, denn die Kameradschaft an Bord half über vieles hinweg.

Der Dorsch hatte einen weiteren Nachteil, allerdings keinen, den die Natur vorgesehen hatte: Seine Leber wurde in Dosen verpackt, was widerlich schmeckte, aber reißenden Absatz fand. Mühselig und zeitraubend war das Zudrehen der Dosen, und oft waren wir damit noch beschäftigt, als wir in den Hafen von Glücksstadt oder Travemünde einliefen. In Stunden war unsere Arbeitszeit ohnehin nicht zu bemessen, eher in Wochen, aber der Kapitän gönnte uns und sich – anders als manch anderer Schiffseigner – stets einige Tage der Ruhe, bevor wir wieder zum Fangen ausliefen. Neben Fischen gingen uns regelmäßig Erinnerungen an den Krieg ins Netz. Sogar einen halben Flugzeugrumpf mit britischer Kennung zogen wir aus der Tiefe oder einen Lastwagen. Gefährlicher waren Souvenirs, die östlich von Bornholm auf dem Meeresgrund lagen: Behälter für Munition und Giftgas, die mit dem Fang an Deck fielen. Etliche Fischer hatten Verbrennungen erlitten, und wir behandelten jeden Kanister mit gehörigem Respekt.

Nahe des Kaps Utklippan vor der schwedischen Küste entdeckten wir einen Schatz, den aber niemand als Schatz würdigte, weil er aussah wie ein Felsklotz. Das versteinerte Holz, etwa einen Meter hoch und mit einer Einkerbung versehen, war ein Stagblock, vielleicht von Bord einer Hansekogge, womöglich sogar vom Deck eines Wikingerschiffs. Aus heutiger Sicht ein Fund von unschätzbarem Wert, doch damals nicht bemerkenswert, weil man keinen Tran daraus kochen konnte. Matrose Matuschak nahm den Brocken hoch und warf ihn über Bord.

Wenn Herbststürme über die Ostsee zogen und wir die Arbeit einstellen mussten, weil es im wild rollenden Kutter nicht mehr möglich war, sich aufrecht zu bewegen, freute uns das nicht unbedingt, aber es bot sich immerhin eine Gelegenheit für Ruhepausen. Dass die *Dithmarschen* über die Wellen sprang wie ein wildes Rodeopferd, störte uns nicht, denn wir hatten Vertrauen in das Boot und unseren Schiffer.

Nur in einer Nacht, in einem üblen Weststurm, wurde die Ruhe unter Deck unterbrochen. Der Schiffer war allein auf der

Brücke, als eine See über Deck spülte und das an die niedrige Reling gelaschte Netz mitriss. Nun bestand höchste Gefahr, dass das Netz in Ruder oder Schraube geriet: »Alle Mann an Deck!« Es war schwierig, sich auf den Beinen zu halten, denn die *Dithmarschen* rollte heftig und drehte sich, weil die Maschine abgeschaltet werden musste, langsam quer zur See. Wir mussten darauf achten, nicht von einer Welle über Bord gespült zu werden. Unter Aufbringung aller Energie und vor allem dank der Riesenkräfte von Matuschak gelang es uns, das Netz wieder an Deck zu bekommen.

Tobten die Stürme einige Tage lang, liefen wir die Häfen von Nexø oder Rønne auf Bornholm an. Dort empfing man uns keineswegs feindselig, anders als in den Niederlanden, wo man nach dem Krieg als Matrose stets auf der Hut sein musste. Die Menschen an der dänischen Küste hatten Verständnis für unsere Situation im Sturm. Wir versuchten, in der südlichen Nordsee zu fischen, um die Anfahrtswege zu verkürzen, doch nach mehreren Tagen, in denen wir nichts anderes taten, als den Sturm abzureiten, war klar, dass es sinnlos war. Die *Dithmarschen* war nicht für die Nordsee im Winter geeignet. Unser Kapitän entschied, den Einsatzhafen für den Rest der Fangsaison nach Travemünde zu verlegen. Mit dem modernen Seebad unserer Tage hatte Travemünde damals noch nichts gemein: Es war ein verschlafener Ort, so einsam und merkwürdig leer, als habe man alles Leben evakuiert. Keine Kneipe, kein Kino, keine Abwechslung.

Im Frühling, als die Stürme seltener wurden und unser Kutter wieder seine Bahnen durch die Ostsee zog, lief auch die Produktion von Dosendorsch wieder auf vollen Touren. Durch das ständige Tragen des Ölzeugs waren meine Handgelenke aufgescheuert. Die Wunden heilten wegen des Salzwassers nur langsam, und die Schmerzen erinnerten mich an meinen Plan, eines Tages Kapitän zu werden. Ich hatte genug von der Fischerei.

PATAGONIA
Virgin Mary
Straits of Magellan
C. Katherine's
C. de Pinas
I. Monmouth
R. St. Sebastian
Whale Sound
ISLA DE TERRA
DEL FUEGO
B. of Good Success
B. de Wendon
Vulcano
This Coast not well known.
I. St. Diago
Ramores
I. Vauverland
I. Cezambre
Cape Horn
Hermites Is.
I. de St. Alfonse
Barnavelds Isles
Craggy Land
Straits Sound
St. Jerome Sound
Batchelors R.
Elizabeth Bay
Is. St. Martin
C. Froward

FRACHTER · HELGA SCHRØDER

HELGA SCHRØDER

CACAO CACAO CACAO CACAO

MAI 1949 – MÄRZ 1953
LAND IN SICHT

PFEFFER PFEFFER PFEFFER PFEFFER

P.

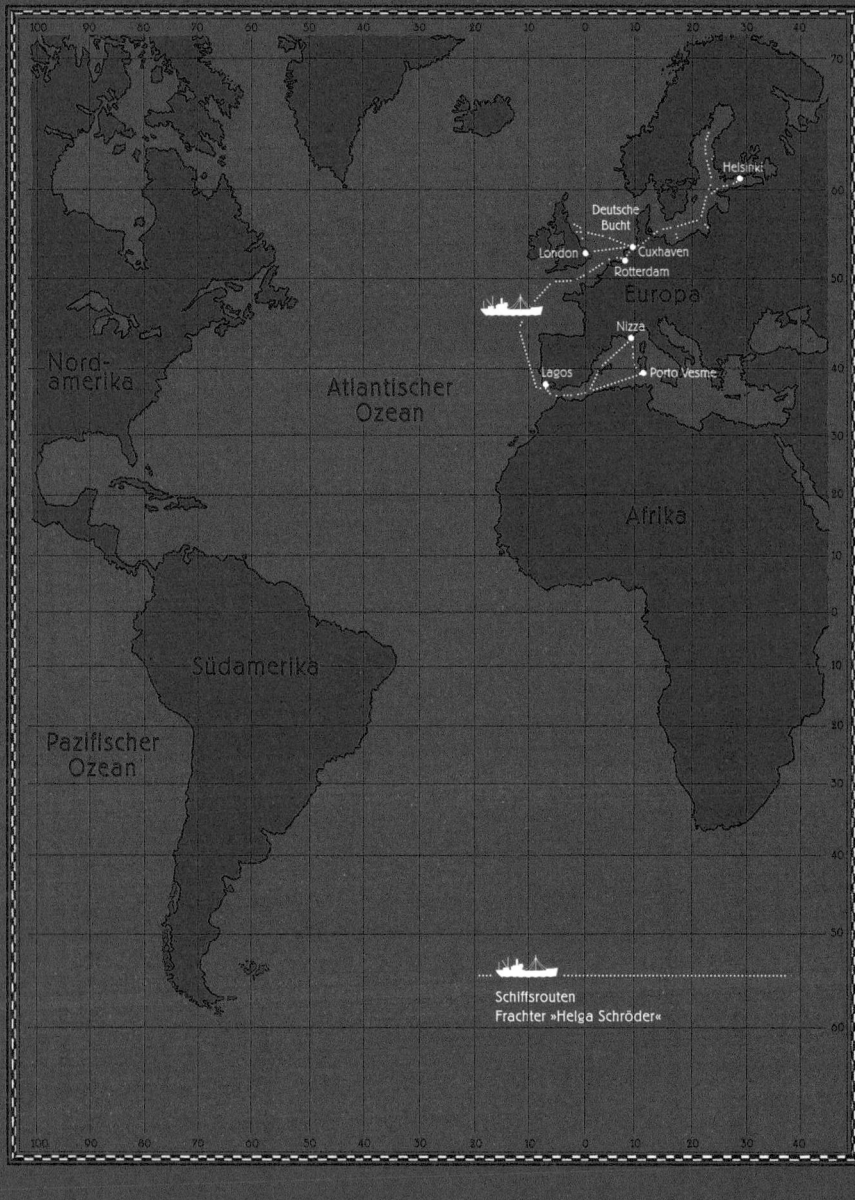

NAZI AN BORD?

Ich wartete mal wieder auf dem Flur der Heuerstelle, dem kleinen, heruntergekommenen Haus an der Schillerstraße. Diesmal lag kein Schiff im Hafen, das für mich infrage kam, aber der Beamte, der Vater eines Bekannten, versprach, an mich zu denken, wenn sich etwas ergab.

Jeden Tag spazierte ich fortan vorbei, um mich nach Neuigkeiten zu erkundigen. Nach zwei Wochen hatte ich Glück: Ein gerade erst eingelaufener Frachter suchte Ersatz für einen Matrosen, der in einem Hafen zuvor achteraus gesegelt war, also die Abfahrt des Schiffes verpasst hatte. Cuxhaven wurde in diesem Winter häufig von kleineren Schiffen angelaufen, die vor einem Sturm Schutz suchten oder bunkerten, um ihre Stabilität zu verbessern: einige deutsche Frachter, die Holz für England luden, oder kleine Dampfer aus Skandinavien.

Das Schiff, auf dem ich anheuern sollte, fuhr unter norwegischer Flagge. Es war ein alter, ziemlich rostiger Kahn mit drei Mann Decksbesatzung. Nach einem kurzen Gespräch war der Kapitän, ein freundlicher älterer Herr, mit meinem Engagement einverstanden und schüttelte mir die Hand. »Geh nur nach vorn und stell dich den anderen Jungs vor«, sagte er, »dann kannst du deinen Seesack holen. Wir laufen heute Nachmittag aus.«

Zwei junge Norweger begrüßten mich in der engen Mannschaftsunterkunft, zwei groß gewachsene, blonde Kerle mit offenen Gesichtern. Ein älterer Matrose aber, der in einer Ecke hockte und rauchte, würdigte mich keines Blickes. Er erwiderte weder meine Begrüßung noch sagte er ein Wort zum Abschied; er tat, als sei ich gar nicht anwesend. Als ich kurz darauf mit meinem Seesack zurück an Bord kam, fiel der Empfang alles andere als freundlich aus. Es hatte meinetwegen einen Aufruhr gegeben. Die jungen Norweger hörten mit gesenkten Köpfen zu, wie der ältere Matrose, ein Holländer, eine Bösartigkeit nach der anderen über mich hervorbrachte.

»Ich fahre nicht mit einem Nazi an Bord!«, schnauzte er, »wir werden Krieg auf diesem Schiff haben, hört ihr: Krieg!« Es folgten diverse Verwünschungen in meine Richtung. Der Kapitän sah mich mit einem Schulterzucken an. An ein Zusammenleben auf engem Raum war natürlich nicht zu denken. »Tut mir leid, Junge, aber du kannst doch nicht mitkommen«, sagte der Kapitän, »der Matrose schlägt dich tot.«

Die nächste Gelegenheit, auf einem Schiff unterzukommen, bot sich einige Tage später auf einem alten, aber saubergehaltenen Dampfer namens *Helga Schröder*, 70 Meter lang und mit dem Doppelstander »C« für »Capitulation« am Mast, der zum Bunkern im Hafen lag. Man suchte einen Matrosen; der Kapitän und sein Erster Offizier empfingen mich auf der Brücke. Sie studierten mein Seefahrtsbuch, aber man musste kein Psychologe mit Diplom sein, um zu spüren, dass ihnen nicht besonders gefiel, was sie darin lasen. Vorurteile gegen Fischdampferbesatzungen, die zwar als hart arbeitende, aber auch besonders raue Männer gelten, gern zwei Biere zu viel trinken und die Ordnung an Bord vernachlässigen, gab es leider schon immer. Mit dem Matrosen eines Fischdampfers – das schien klar – wollten sie nichts zu tun haben. Ich musste etwas unternehmen.

»Meine Herren, ich war auch auf der *Priwall* und auf der *Erlangen*«, sagte ich, »nur damit Sie das wissen.«

»Auf der *Priwall* warst du also? Und warum steht das nicht hier drin?«, fragte der Erste Offizier und hob das Seefahrtsbuch wie ein Staatsanwalt den Hauptbeweis seiner Anklage.

»Mein Seefahrtsbuch ist in Gefangenschaft beschlagnahmt worden«, antwortete ich eilig.

»Ach ja?«, fragte der Erste Offizier, er klang nicht besonders überzeugt. Die Männer schwiegen.

»Hol deine Sachen«, sagte der Kapitän schließlich, »wir werden es versuchen.«

Noch am Abend dampften wir hinaus in die Deutsche Bucht, und ich machte mich mit dem Schiff und seiner Besatzung vertraut. An jeder Luke gab es einen Ladebaum und eine Dampfwinde, mit der man uns in jedem Hafen meilenweit hören konnte. Zur Besatzung gehörten neben mir ein Bootsmann, ein Matrose und zwei Leichtmatrosen. Einer der Matrosen – er hieß Hans Lüders – hatte das Talent, seinen Onkel, den bekannten Komiker Günther Lüders, zu imitieren. Es herrschte ein angenehmes Arbeitsklima an Bord, es wurde recht viel gelacht, sogar über den Zustand unseres Logis. Unser Schlafraum war muffig und so eng, dass wir uns manchmal fühlten wie Zirkusartisten, die sich auf möglichst kleinem Raum stapeln sollten. Lüders meinte, dass selbst ein Schlangenmensch Platzangst bekommen könnte.

AUGUST 1949
SURREY DOCKS, IM HAFEN VON LONDON

SCHNAPS UND POCOCK

Die *Helga Schröder* lief Häfen in Schweden, Finnland, England und Polen an, und wir Matrosen hofften, etwas in den Städten erleben zu können. Doch es mangelte an Geld, in Mark, Pfund oder Krone. An Bord schaltete man das elektrische Licht bald nach Arbeitsschluss ab, um Energie zu sparen, was dazu führte, dass im schummrigen Schein der Petroleumlampen alle bald müde wurden. Ich fand, dass wir zu viel schliefen auf der *Helga Schröder*.

Jede Gelegenheit nutzten wir für Schabernack. Im schottischen Bo'ness zum Beispiel, einem kleinen, längst zugeschütteten Hafen am oberen Firth of Forth, marschierten wir an einem Sonntagmorgen singend hinter einer Kapelle der Heilsarmee durch die Straßen. Die Schotten nahmen unseren Auftritt mit Humor und luden uns zu einigen Tellern Suppe ein.

Je länger eine Tour dauerte, desto mehr Taschengeld verdienten wir uns hinzu, indem wir Kaffee und Schokolade schmuggelten. Im kurz zuvor polnisch gewordenen Stettin, wo uns der Landgang streng verboten worden war, kauften wir ganz offiziell Speckseiten beim Schiffshändler. Imposante, wohlschmeckende Speckseiten, die in Deutschland als seltene Delikatesse galten und nirgendwo erhältlich waren. Noch immer dienten Zigarettenstangen als internationale Währung. Wenn wir Rotterdam anliefen, wo Tabakwaren besonders günstig waren, investierten wir jeden Pfennig, um die Stangen in einem der nächsten Häfen zu tauschen oder für einen besseren Preis zu verkaufen.

Es war August, ein heißer Sommer, als wir mit einer Ladung Holz in den Surrey Docks von London lagen, den alten Piers mitten in der englischen Hauptstadt. Die Hafenarbeiter hatten mal wieder einen Streik ausgerufen. Ein Londoner Docker trug damals keinen Blaumann, sondern Krawatte, Hemd und Mantel, wobei fast alle den Kragen hochschlugen. Ich fragte mich manchmal, wie sie in dieser Kleidung ihre harte körperliche Arbeit verrichteten. Sie taten es jedenfalls mit Stil; einige sahen aus, als kämen sie gerade aus einer Pianobar. Im Allgemeinen benahmen sie sich auch wie Gentlemen. Drohte aber jemand die Regeln anzufechten, die ihre Gewerkschaft für sie erkämpft hatte, wurde es ungemütlich in den Docks von London. Weil einer ihrer Kollegen aus zweifelhaften Gründen entlassen worden war, legte eine Gang die Arbeit nieder. Minuten später ruhten alle Tätigkeiten im Hafenbecken, und schon Stunden danach waren die Docks komplett lahmgelegt worden. Den Schiffsbesatzungen war es strikt verboten, die Ladung selbst zu löschen; in einigen Fällen untersagten Gewerkschaftsvertreter sogar, Rost zu klopfen oder das Schiff zu streichen. Streik war eben Streik, und die Docker waren die wahren Herrscher des Hafens. Nun hieß es: Geduld üben.

Der Streik in den Docks von London dauerte bereits mehr als eine Woche, ohne dass ein Ende in Sicht war. Neben der *Helga Schröder* trieben unzählige Leichter im Hafenbecken; wie seit vielen Generationen lebten Matrosen auf diesen kleinen Holzbooten. Ihr hartes Leben wurde durch den Streik nicht einfacher, weil sie nur ein Auskommen hatten, wenn Schiffe entladen wurden. Es gab keinen Leichtermann, der nicht rauchte, und so kam es zwischen den Nikotinabhängigen auf Entzug, die kein Geld hatten, sich Zigaretten zu kaufen, und uns zu einem Handel. Im Tausch für einige Stangen Chesterfield erhielten wir einen Sack Rohrzucker, ungefähr zwei Zentner schwer. Wir hatten einen Plan, wir hatten Zeit, Erinnerungen an feine kanadische Brände und einen technisch versierten Heizer an Bord, der aus einer Milchkanne und Kupferrohr eine Miniaturdestille bastelte. Schon bald darauf waberte eine süßlich duftende Wolke über dem Schiff.

Eine Schnapswolke.

Es dauerte nicht lange, bis Seeleute des schwedischen Frachters *Albert* an der Gangway herumlungerten und sich erkundigten, wo denn der angenehme Geruch herkomme. Die ersten Tropfen, die wir aus Rohrzucker und etwas Backobst brannten, schmeckten scheußlich, aber wir mischten sie unter Kakao, eine Rezeptur, die wir noch verfeinerten. Wir selbst jedoch rührten unseren Kakaoschnaps, mit dem man ein Moped hätte befeuern können, nicht an; den schwedischen Kollegen dagegen schmeckte unser Brand hervorragend und manchen so gut, dass sie nicht allein zurück zu ihrem Schiff fanden. Bald darauf sprach sich in den Surrey Docks herum, dass wir nicht nur Holz geladen hatten. Tag und Nacht lief unsere Produktion, mit allem, was das Feuer unter der Milchkanne hergab. Die Routine unserer schwimmenden Brennerei wurde nur einmal kurz gestört, weil sich der schwedische Kapitän bei der Hafenbehörde beschwerte; seine Mannschaft befand sich in einem bemitleidenswerten Zustand. Also kamen Mitarbeiter der Hafenverwaltung an Bord. Sofern sie nicht ihren Geruchssinn verloren hatten, wussten sie schon aus etwa hundert Metern Entfernung, was auf der *Helga Schröder* vor sich ging.

Sie fragten grinsend: »Hier wird doch kein Schnaps gebrannt, oder?«

»Schnaps? Hier? Nein!«, versicherten wir.

»Das ist gut. Morgen Vormittag kommen wir mit der Hafenpolizei wieder«, meinte einer der Männer, dann war die Komödie vorbei. Wir bauten eilig die Brennanlage ab und versteckten Milchkanne und Kupferrohr zwischen den Baumstämmen. Die Polizisten fanden bei ihrer Kontrolle keine Beweise, und schon bald mischten wir wieder den schärfsten Kakao von London.

Als mich der Kapitän zum Nachtwächter berief, wurde der Aufenthalt in den Docks vollends zum Vergnügen. Mit dem Taschengeld aus der Schnapsbrennerei war es mir nun möglich, tagsüber die Stadt zu erkunden. Ganz in der Nähe entdeckte ich ein gerade eröffnetes Schwimmbad, das in den Sommertagen, als die Hitze drückend in den Docklands waberte, einen erfrischenden Notausgang aus dem Bordalltag bot. Samstagabends spielte eine Kapelle im Park eines Wohnviertels zwischen den Docks, was sich auch die Besatzung der *Helga Schröder* gern anhörte.

Ich schlief nicht besonders viel in den Wochen des Streiks. Tagsüber erkundete ich die Metropole und besuchte Museen: das National Maritime Museum in Greenwich, die National Gallery oder das British Museum. Ich studierte die Gemälde von Charles Brooking und Nicholas Pocock, beides Maler, die mich bis heute faszinieren. Blieb noch Zeit, kehrte ich im »Prospect of Whitby« ein, einem sehr englischen, sehr alten Pub direkt an den London Docks, der im 17. Jahrhundert als »Devil's Tavern« ein berüchtigter Treffpunkt von Halsabschneidern und Schmugglern gewesen war.

Nach mehr als zwei Monaten – der Hafen lag an manchen Morgen bereits im dichten, schweren Herbstnebel – beendeten die Docker schließlich ihren Streik. Als die *Helga Schröder* behäbig die Themse hinunterdampfte, den gewundenen, grauen Fluss, auf dem es von bunten Lastseglern wimmelte, blickte ich wehmütig zurück. Es war der schönste Streik meines Lebens gewesen, in diesem Sommer von London.

SCHULE

Die *Helga Schröder* hatte in Cuxhaven festgemacht, und ich war nach Hause in die Holstenstraße gelaufen. Meine Mutter begrüßte mich, kochte mir einige Kartoffeln und sagte dann: »Ach ja, Alfred Lässig war vorgestern an der Tür und hat eine Nachricht für dich abgegeben. Ich habe sie auf dein Bett gelegt.« Ich wunderte mich, öffnete den Brief und las:

Lieber Hans Peter,
ich habe uns beide in der Seefahrtsschule Elsfleth angemeldet. Ich vermute, Du bist einverstanden. Der Unterricht beginnt am Dienstag, 11. Oktober. Ich warte in Elsfleth auf Dich. Sei pünktlich.
Gruß, Alfred

11. Oktober? Das war morgen! Vor Begeisterung stieß ich einen Jubelruf aus, lief in die Küche und umarmte meine Mutter. Es war mein großer Wunsch gewesen, die Seefahrtsschule zu besuchen, und ich hatte schon geglaubt, die Anmeldung wegen des Streiks der Docker von London verpasst zu haben. Man benötigte Glück, zugelassen zu werden, denn die englischen Behörden hatten die Teilnehmerzahl des Lehrgangs stark begrenzt. Nur zwölf Seeleute sollten in meinem Jahrgang unterrichtet werden. Ich hätte Alfred in diesem Moment knutschen können, so dankbar war ich ihm.

Am nächsten Morgen nahm ich den frühen Zug nach Elsfleth. Ein schmutzgrauer, trister Herbsttag, an dem die Wesermarsch aussah, als habe man alle Farbe aus der Welt gewischt. Matschige Felder, über denen Regen niederging, nur gelegentlich ein Baum, der kein Laub mehr trug. Auch die Stadt Elsfleth wirkte auf den ersten Blick wie eine Schönheit, die zu viele Nächte durchzecht hatte. Viele der alten Bürgerhäuser bedurften eines Anstrichs.

Alfred holte mich am Bahnhof ab und begleitete mich zu unserem Quartier: einem Zimmer im Haus einer alten Dame, die unmittelbar hinter dem Deich wohnte und als Empfehlung angab, schon Generationen von Seefahrtsschülern eine Unterkunft geboten zu haben. Der Raum war mit zwei Klappbetten möbliert, sonst stand nichts darin, und weil auch die Kohlen zum Heizen fehlten, lag die Zimmertemperatur gefühlte 0,5 Grad über der Außentemperatur. »Na wunderbar, dann können wir wenigstens nicht verschlafen«, sagte ich zu Alfred und grinste. Nach einigen Tagen suchten wir uns ein Zimmer, das den Kneipen von Elsfleth näher lag und nicht an einen begehbaren Kühlschrank erinnerte.

Wir beeilten uns, zurück in die Stadt zu kommen, um nicht zu spät zur ersten Unterrichtsstunde zu kommen.

Die Schule begann.

SOMMER 1951
ZURÜCK AN BORD DER »HELGA SCHRÖDER«

HANSEATISCH EINWANDFREI

18 Monate später suchte ich einen Job. Es war Sommer, und ich hoffte, nicht lange warten zu müssen, denn die Alliierten hatten Deutschland wieder die Handelsschifffahrt gestattet. Die meisten Schiffe waren notdürftig überholte Wracks, angetrieben von Dampfmaschinen, die man aus Ersatzteilen

zusammengebastelt hatte, oder von uralten Motoren. Noch immer waren so viele Seeleute auf der Suche nach einer Heuer, dass selbst erfahrene Kapitäne als Matrosen arbeiteten. Ich fuhr nach Hamburg und besuchte einige Reedereien, um auf Große Fahrt zu gehen, doch ich sammelte nur Absagen.

Mir fiel die Reederei Schröder wieder ein, der ich intime Einblicke in die Docks von London verdankte. Mein damaliger Kapitän war zum Inspektor aufgestiegen, und ich schien keinen schlechten Eindruck hinterlassen zu haben, denn nach einem Gespräch mit dem Reeder stellte man mich als Dritten Offizier an. Schon nach zweieinhalb Monaten und einigen unspektakulären Holzfahrten mit der *Harald Schröder* nach Nordfinnland beförderte man mich zum Zweiten Offizier der *Helga Schröder*, jenem Frachter, auf dem wir in London Schnaps gebrannt hatten.

Die *Helga Schröder* war nun bereits seit fast einem halben Jahrhundert auf den Meeren unterwegs und für jeden Seemann eine wirkliche Herausforderung. Ein Radargerät? Gab es zu dieser Zeit nicht auf deutschen Schiffen. Ein Funkpeiler, mit dem feste Stationen an Land eingepeilt werden konnten? Fehlte ebenfalls. Der Kapitän schrieb Briefe mit der dringenden Bitte, uns doch wenigstens einen Funkpeiler zur Verfügung zu stellen, ein Gerät, das die Briten bereits im Ersten Weltkrieg eingeführt hatten und das auf den meisten Schiffen längst zur Standardausrüstung gehörte. Seine Schreiben schienen in der Reederei jedoch niemals anzukommen. Jedenfalls kam keine Antwort zurück.

Als sich eines Tages der Reeder zu einem Besuch an Bord anmelden ließ, hofften wir auf den Funkpeiler. Doch der Unternehmer kam nicht, um das ersehnte Gerät in Dienst zu nehmen, sondern trug eine Aktentasche, aus der er zwei Schilder zog: das Hamburger Stadtwappen. »Meine Herren, bringen Sie diese Zeichen bitte am Steven unseres stolzen Schiffes an«, erklärte er mit bebender Stimme.

Wir rätselten während der nächsten Reisen, ob er glaubte, dass ein als besonders hanseatisch ausgewiesenes Schiff besser seinen Weg durch stürmisches Meer und dichten Nebel finden konnte. Im Krieg hatte man Nordsee und Ostsee ausgiebig vermint, und es war ratsam, sich ganz genau an die von Tonnen markierten Zwangswege zu halten. Noch immer gingen Schiffe verloren. Nun war es – zumal von der Brücke der *Helga Schröder* – nicht immer leicht, den rechten Weg zu finden; vor allem dann nicht, wenn das Schiff bei starkem Gegenwind und Gezeitenwechsel praktisch auf der Stelle stand oder Nebel die Sicht einschränkte. Aber wer benötigt schon einen Funkpeiler, wenn zwei hanseatischen Wappen am Bug Orientierung bieten?

Das Ruderhaus der *Helga Schröder* war aus massivem Stahl gebaut worden, eine Konstruktion, die nicht nur Außenluft und Feuchtigkeit abhielt, sondern einen anderen Nebeneffekt hatte: Der geringe Abstand zum Kompass verursachte Ablenkungen der Kompassnadel. Die *Helga Schröder* zu navigieren wurde zu einer höchst komplizierten Angelegenheit, zumal ein Schiff nur dann als beladen galt, wenn es mit mindestens fünf Grad Schlagseite den Hafen verließ. Wir fuhren durch stürmisches Winterwetter, als wir feststellten, dass wir immer weiter vom Kurs abkamen.

»Herr Jürgens, übernehmen Sie das«, sagte der Erste Offizier zu mir, »Sie kommen doch gerade erst von der Schule. Sie machen das schon.«

In der Tat hatte ich in Elsfleth eine Menge über Magnetismus gelernt. Ich spürte einen Kloß im Hals, versuchte aber, mir nichts anmerken zu lassen. Nach einigen Minuten kam die Erinnerung zurück und ich stellte erleichtert fest, wie nahe sich Ernst auf See und die Realität eines Klassenzimmers manchmal doch kommen. Kapitän und Erster Offizier waren zufrieden mit meinen Berechnungen, die sich in den nächsten Stunden als richtig erwiesen. Fortan durfte ich vor Beginn der Reisen über den Krängungskoeffizienten aller denkbaren Routen brüten.

Auch wir Offiziere mussten auf der »Helga Schröder« manchmal die Pinsel in die Hand nehmen. Das Foto wurde wahrscheinlich 1951 in London aufgenommen.

Meine erste Heuer nach der Steuermannschule in Elsfleth war auf der »Harald Schröder«. Ich fuhr als Dritter Offizier. In der Mitte der Zweite Offizier, der Baum hieß, rechts Herbert Philipp, den ich auf der »Helga Schröder« wiedertraf und der auch Lotse auf dem Nord-Ostsee-Kanal werden sollte.

Am schönsten war der Geruch nach frisch geschlagenem Holz und den dichten Tannenwäldern, die bis an die Ufer hinunter wuchsen. Ein intensiver Duft lag auf dem Wasser, wenn wir vor kleinen Häfen auf Reede lagen; nur das leise Platschen von Wellen unterbrach die Stille unter der Mittsommersonne und einem tiefblauen Himmel. Es waren Nächte wie schöne Träume an der Küste von Finnland, wo wir auf Flöße mit Papier- und Grubenholz warteten. Die Arbeiter zeigten das Geschick von Seiltänzern, wenn sie die Holzstämme stapelten, dazu ratterten die Dampfwinden. Dass die Sonne nicht unterging in den blauen Nächten, beschleunigte die Abreise keineswegs: Niemand wäre damals auf die Idee gekommen, den Frieden durch Lärm und Geschäftigkeit zu entweihen.

Meist lagen mehrere Dampfer in einer Bucht, und es kam vor, dass man alten Bekannten begegnete. Vor Hamina traf ich einmal zufällig zwei Klassenkameraden aus Elsfleth wieder; einer fuhr auf einem schwedischen, ein anderer auf einem deutschen Dampfer. Mancher Seemann knüpfte auch anderweitig Kontakte: Nach dem Krieg lebten in Finnland deutlich mehr Frauen als Männer; viele Seeleute verliebten sich in blonde Finninnen und blieben im Land der duftenden Tannen. Für mich kamen amouröse Abenteuer nicht infrage, denn ich hatte in Elsfleth meine spätere Frau Marianne während einer Feier kennengelernt. Die ganze Stadt feierte damals harmonische Feste, jeder, vom Kind zum Greis, und die jungen Leute tanzten in den Morgen. Alle freuten sich, noch am Leben zu sein.

Ganz anders erlebten wir den Einbruch der Kälte, die für den Norden Finnlands Isolation und finstere Einsamkeit bedeutete; die alten Dampfer mit ihren schwachen Maschinen wurden in südlichere Häfen beordert. Hangö und Kotka im Finnischen Meerbusen blieben die letzten Häfen, die angelaufen werden konnten. In manchen Wintern kam es vor, dass Schiffe in der Ostsee einfroren und von Eisbrechern befreit werden mussten, was eine äußerst gefährliche Situation war. Einige Schiffe sanken, weil die Brecher nicht rechtzeitig eintrafen und das Eis die Schiffswand zerdrückte.

Für die Mannschaften bedeutete der nordische Winter einen kräftezehrenden Kampf gegen Schnee, Wind und Eis. Das Deck, die Luken, die Winden, Poller und Ladeeinrichtungen, kurzum: Alles an Bord musste enteist werden. Hatten wir in feuchtem Wetter Kohle geladen, war sie zu Blöcken zusammengefroren, die sich kaum löschen ließen. Tagsüber blieb es dunkel, und wenn es überhaupt hell wurde, verfärbte sich der Himmel in den Mittagsstunden in ein schmutziges Grau, was schwer auf die Stimmung an Bord drückte. Ostwind fegte über Deck, wenn wir – mit mehreren Schichten Kleidung vermummt – mit Stahlhämmern oder Rohrstücken verhinderten, dass die Abflüsse zufroren. Die Wollpullover wurden nicht mehr trocken, und an den Ärmeln der Jacken, die steif wie eiserne Rüstungen waren, bildeten sich Eiszapfen.

Auch galt es, die Ruderkette, die quer übers Deck führte, mit gezielten Schlägen eisfrei zu halten, weil wir das Schiff sonst nicht mehr manövrieren konnten. An Tagen, wenn der Eismantel wuchs, wenn der Stahl des Schiffs unter dem Druck knirschte und knackte und wir fürchteten, dass die Bordwand aufbrechen könnte, sorgten wir dafür, dass die Rettungsboote einstiegsbereit waren. Deprimierend langsam verstrichen diese Winterwochen; es war sinnlos, in einem Hafen an Land zu gehen, denn nach Einbruch der Dunkelheit erlosch alles Leben. Jene kleinen Orte, die in lauer Luft des Sommers einen Liebreiz versprüht hatten, wirkten nun wie sterbende Dörfer, in denen nur Schatten wohnten.

DIE PFÄHLE DER SOWJETUNION

Seit Tagen dampften wir gegen den starken Wind aus Nordost mit einer Geschwindigkeit von drei Knoten, und während der Wache kam es mir manchmal vor, als bewege sich die *Helga Schröder* gar nicht unserem Zielhafen Helsinki entgegen, sondern stehe auf der Stelle. Schneeschauer peitschten gegen die Brückenaufbauten, und wir hatten Probleme, uns zu orientieren. Die letzte Landmarke von Gotland lag längst hinter uns, und niemand wusste zu sagen, wo wir uns genau befanden. Jetzt fehlte mal wieder ein Funkpeiler.

Eine leichte Eisschicht bedeckte das Schiff. Ich hatte Wache, als ich bemerkte, dass der Rudergänger Schwierigkeiten hatte. Minuten später ließ sich das Ruder nur noch auf eine Seite legen. Ich ging hinaus, um nachzusehen, was der Grund war, und stellte fest, dass eine Leitscheibe an der Hinterkante des Aufbaus aus der Halterung gesprungen und verschwunden war. Die *Helga Schröder* ließ sich nicht mehr steuern und kam schließlich quer zur See. Wellen prügelten mit großer Wucht auf das Schiff ein. Es konnte sein, dass die nächste einen Lukendeckel aufschlug. Das Ruderblatt sprang unkontrollierbar hin und her. Die Situation war so ernst, dass selbst der Kapitän seine Ruhe verlor, die manchmal an ein Wachkoma erinnerte.

Ich ging hinaus an Deck, wurde sofort von einer überkommenden See erwischt und suchte an der Verschanzung nach den Decksabflüssen; mir war klar, dass die schwere Leitscheibe noch irgendwo an Deck sein musste, weil sie zu groß war, um durch die Abflüsse ins Meer gespült zu werden. Als ich sie mit dem Fuß spürte, tauchte ich kurz unter Wasser, nahm sie hoch und brachte sie wieder an der Halterung an. Kurz darauf lag die *Helga Schröder* wieder auf Kurs, doch Erleichterung wollte sich nicht einstellen. Tatsächlich dauerte es nur wenige

Stunden bis zum nächsten Problem: Die Küste Finnlands war nicht zu sehen, obwohl sie längst vor uns liegen musste. Von den Landstationen, die wir über unsere prähistorische Funkanlage um eine Fremdpeilung baten, kam nur zurück: »Wir können Ihnen nicht helfen. Viel Glück!«

VERLOREN IN YKSPIHLAJA

Mit der *Helga Schröder* in Nebel und Schneetreiben in den labyrinthischen Seegebieten von Skandinavien umherzuirren, war einigermaßen verrückt. Auf einer Reise zuvor sollten wir einen Ladeort mit dem extrem finnischen Namen Ykspihlaja anlaufen, was zunächst auch kein Problem zu sein schien, denn es war hell, und die See lag ruhig zwischen Schären, die bis zu zehn Meilen vor die Küste hinausreichten. Ykspihlaja befand sich in einem Irrgarten aus Inseln, schmalen Durchfahrten, Untiefen und Sandbänken.

Ganz plötzlich schlug das Wetter um. Der Himmel verdunkelte sich so rasant, als legte man in einem Theater den Lichtschalter um, starker Wind kam auf, und es begann heftig zu schneien. »Ist bestimmt nur ein Schauer«, brummte der Kapitän, aber als wir nach einer halben Stunde noch immer durch eine weiße Wolke fuhren, war klar, dass er mit seiner Wettervorhersage danebenlag. Eigentlich hätte der nächste Ansteuerungspunkt längst in Sicht kommen müssen, denn dieser war wirklich nicht zu übersehen. Wie eine riesige Laterne überragte ein Leuchtturm die kleine Insel Tankar. Bei gleichbleibend flacher Wassertiefe schoben wir uns langsam, ganz langsam weiter, denn uns blieb keine andere Wahl: Das Schiff treiben zu lassen erschien angesichts der Untiefen und der felsigen Überraschungen keine Option zu sein; umdrehen konnten wir auch nicht, weil niemand wusste, wie weit wir gekommen waren. Als wir endlich einige Meter Ostsee unter dem Kiel hatten, gab der Kapitän Befehl, die Anker fallen zu lassen.

Das Schneetreiben war so dicht, als lägen wir unter einer Berieselungskanone. Zum Glück frischte der Wind nicht weiter auf. Am nächsten Morgen erwachten wir unter einem fahlen, hellgrauen Himmel und sahen den Leuchtturm von Tankar, ein ganzes Stück hinter uns, in Richtung See. Wir hatten ihn passiert, ohne ihn zu bemerken, und befanden uns nun, wie das Studium der Seekarte ergab, auf einem Ankerplatz, der niemals als Ankerplatz vorgesehen gewesen war. Der Weg dorthin, eine schmale Rinne, die zwischen Untiefen, Sandbänken und Felsblöcken hindurchführte, war in der Karte markiert. Als Gefahrengebiet.

Von Tankar kam ein Lotse an Bord, der wenig begeistert von der Mission zu sein schien, uns wieder hinauszumanövrieren. »Wie zum Teufel seid ihr hierhin gekommen«, maulte er, »das ist doch nicht zu glauben!« Als wir »Anker auf« gingen, wirkte er nervös; sein Gemecker klang etwas ängstlich. »Hören Sie: Wir sind ohne Sicht und ohne Havarie auf diesen Ankerplatz gekommen. Sie bringen uns mit voller Sicht und ohne Havarie wieder hinaus«, brummte der Kapitän, »alles klar?« Der Lotse nickte und sagte nichts mehr. Einige Stunde später erreichten wir die offene See.

Nun erlebten wir also die nächste Geisterfahrt und tasteten uns mit stummer Verzweiflung durch die Schneewolken irgendwo vor Helsinki. Ich wünschte mir, unser kostenbewusster Reeder hätte einige dieser Stunden mit uns teilen können. In jedem Moment liefen wir Gefahr, sein Schiff mit dem tadellos hanseatischen Steven auf Grund zu setzen, denn die Schären konnten nicht mehr fern sein. Die Wassertiefe gab uns keinerlei Hinweis, wo wir uns befanden; die Küste war noch immer nicht in Sicht, und es war jederzeit möglich, dass wir uns an einem Felsen den Rumpf aufschlitzten oder strandeten.

Zu dieser Zeit hielt die Sowjetunion eine Militärbasis nahe der finnischen Stadt Porkkala besetzt, die man – das war an Bord der *Helga Schröder* bekannt – durch eine Art Wall aus

hölzernen Pfählen abgesetzt hatte, um verirrte Fischer, orientie-
rungslose Frachterkapitäne und andere ungebetene Besucher
abzuhalten. Hinter dieser Variante eines antikommunistischen
Schutzwalls galt Schießbefehl; im Abstand von etwa 500 Metern
ragten diese Pricken, auf denen Nummernschilder angebracht
waren, aus dem Wasser. Und an einer dieser Markierungen glitten wir nun ganz dicht vorbei. Nie wieder habe ich mich so
gefreut, einen sowjetischen Holzpfosten zu sehen, denn nun
fanden wir den Weg nach Helsinki. Andere Schiffsoffiziere orientierten sich anhand eines Radargeräts oder zumindest eines
Funkpeilers, wir an Bord der *Helga Schröder* anhand von
Pfählen im Meer.

3. DEZEMBER 1952
NORDSEE

ACHTERBAHN VOR BORKUM

Ende November liefen wir in Hamina mit einer Ladung Papierholz für Rotterdam aus. Das Holz lag – zu hohen Lagen gesta-
pelt – nicht nur in den Laderäumen, sondern auch an Deck
und war in Erwartung einer Sturmfahrt besonders aufmerksam
gesichert worden. Auf der Ostsee gab es keinerlei Probleme,
wir schoben durch den Nord-Ostsee-Kanal und verließen in
der Nacht auf den 3. Dezember das Mündungsgebiet der Elbe.
Auf der Brücke traf eine Wetterwarnung ein: Ein schwerer
Sturm zog auf.

Um kurz nach 12 Uhr – wir befanden uns in der Deutschen
Bucht nördlich der ostfriesischen Inseln – erreichte der Wind
aus nördlicher Richtung Beaufort 10 und nahm weiter zu. Brecher schlugen aufs Deck, die *Helga Schröder* kämpfte schwer
mit der See, rollte heftig und gab kreischende Geräusche von
sich. Es wurde wirklich ungemütlich. Vor allem aber lag die
Helga Schröder plötzlich ganz tief mit dem Bug in der See,

was gefährlich war, denn die Wellen kamen steil und hoch und drohten das Schiff unter Wasser zu drücken. Es ließ sich kaum noch manövrieren. Auf der Brücke brach Hektik aus. Die Erklärung sahen wir Augenblicke später: Einer der letzten Brecher hatte 50 Faden Papierholz, etwa 135 Tonnen, von Bord gewaschen, was dazu führte, dass der Trimm der *Helga Schröder* nicht mehr stimmte, und damit auch nicht ihr Seeverhalten. Brecher hatten zwei Ladebäume aus der Halterung gerissen, die wie Abrissbirnen hin und her schlugen und drohten, das Deck und die Aufbauten zu beschädigen oder die Ruderleitung zu durchtrennen. Die Holzpfähle versperrten den Zugang zur Back, in der sich das Logis der Mannschaft befand; die Matrosen waren nun eingeschlossen und konnten nur hoffen, dass wir allein mit der Situation klarkamen.

Achtern sah das Deck aus wie ein Trümmerfeld. Verrutschte Holzpfähle begruben Teile der Ruderketten sowie die Hilfsruderanlage unter sich. Abgebrochene Deckstützen und Laschings schleiften außenbords mit, und es bestand die Gefahr, dass sie in die Schraube gerieten. Wassermassen überspülten das Vorschiff, das sich kaum noch aufrichtete. Wenn nicht rasch etwas geschah, drohte der *Helga Schröder* der Untergang.

»Hört zu, ihr kappt alle Laschings auf dem Vordeck!«, befahl der Kapitän. »Die Decksladung muss so schnell es geht von Bord, damit wir eine Chance haben. Beeilt euch!«

Ich ging hinaus, um die schlagenden Ladebäume auf dem Achterdeck einzufangen. Das Schiff rollte so stark, dass man sich kaum auf den Beinen halten konnte. Regen schlug mir ins Gesicht, und ich war nach Sekunden völlig durchnässt, als eine See über Deck schlug, aber das spürte ich kaum. Adrenalin ist ein wundersamer Stoff.

In den nächsten Tagen dachte ich darüber nach, dass es die letzten Minuten hätten sein können, als ich an einem Ladebaum hinauskletterte und mich mit gekreuzten Beinen am nassen Metall festklammerte. Dass mir die Holzpfähle, die über Deck rutschten, die Beine hätten brechen können. Wie ein Akrobat im Zirkus sprang ich umher, und es gelang mir schließlich, die Enden der Ladebäume zusammenzulaschen.

An den Bewegungen der *Helga Schröder* war zu spüren, dass es gelungen war, die Laschings zu lösen und die Decksladung loszuwerden. Das Schiff richtete sich – von seiner ungleich verteilten Last befreit – nun allerdings so stark auf, dass es kaum zu halten war; es holte weit, beängstigend weit über. Ich dachte an die Matrosen, die noch immer in ihrem Logis unter der Back eingeschlossen waren. Sie mussten fürchterliche Ängste ausstehen.

Der Kapitän entschied, Borkum-Reede als Nothafen anzulaufen und Richtung Hubertgat zu steuern. Ich hielt diese Entscheidung für falsch, weil bekannt war, dass sich die Nordsee wegen der geringen Wassertiefe zu gefährlichen Grundseen aufschaukelte, zu kurzen, steilen Wellen, deren Tal bis auf den Meeresgrund reicht. Auf offener See hätten wir den Sturm einfacher abreiten können, denn unsere Lage auf dem beschädigten Schiff war sicherlich nicht einfach, aber es bestand nicht mehr die akute Gefahr eines Untergangs. Ich behielt meine Meinung für mich, denn es steht einem Zweiten Offizier nicht zu, den Kapitän zu kritisieren.

Als wir ins Mündungsgebiet der Ems einliefen, erfassten uns sogleich mehrere Grundseen, eine davon so stark, dass ich glaubte, wir könnten kentern. Die *Helga Schröder* legte sich auf die Seite, ächzte schwer in ihren Verbänden und drohte durch eine Decksöffnung zum Heizraum vollzulaufen. Nicht auszudenken, was geschehen würde, wenn große Mengen Wasser in den Maschinenraum liefen und mit den heißen Kesseln in Berührung kämen. Ich ging also wieder hinaus, hangelte mich aufs Bootsdeck und stellte mich hinter den Schornstein. Wenn eine große Welle kam, schlug ich schnell die Eisenklappe zu.

Mit Glück gelang es uns, einen geschützten Ankerplatz zu erreichen, auf Höhe der Leuchtbake Außenrandzel, genaue Position 53° 33′ Nord, 6° 43′ Ost, so steht es im Tagebuch. Sofort begannen Aufräumarbeiten, und wir befreiten die Freiwache aus ihrem Gefängnis unter der Back. Der Sturm flaute in den nächsten Stunden ab; am nächsten Tag hievten wir Anker und dampften mit langsamer Fahrt Richtung Rotterdam.

1952: Im Hafen von Hamina im Finnischen Meerbusen, wo Russland nicht mehr weit ist, luden wir mit der »Helga Schröder« Grubenholz für England.

Das Schiff sah manchmal seltsam überladen aus. Doch jeder Quadratmeter Platz war kostbar, und die »Helga Schröder« konnte an Deck noch einmal die gleiche Menge Holz aufnehmen wie die Laderäume.

Stimmt, die »Helga Schröder« hat Schlagseite, als sie in einem finnischen Hafen Anker auf geht, aber fünf Grad Schlagseite galten damals als üblich. Mit 15 Grad Neigung lief man in den Zwischenhafen ein und bunkerte Kohle, was das Schiff wieder einigermaßen ins Gleichgewicht brachte. Dann setzten wir die Reise fort.

Kurz nach dem Auslaufen aus der Wesermündung gerieten wir auf der Nordsee in schweres Wetter. Größere Sorge bereitete mir indes, dass wir ohne
Radargerät und sogar ohne Funkpeiler auskommen mussten und manchmal beinahe blind durch die Nebel vor den Schärenküsten Skandinaviens
irrten. Damit es uns nicht an Orientierung mangelte, hatte der Reeder zwei
Hamburg-Wappen am Steven anbringen lassen.

Ein Sturm tobte im Hubertgat vor Borkum, mit Stärke 10. Die Decksladung hatte sich achtern gelöst und ging über Bord. Es war eine gefährliche Situation, denn die Stabilität der »Helga Schröder« war verloren, und das Schiff drohte sich in den Wellen nicht mehr aufzurichten. Wir mussten raus an Deck, raus in den Sturm, um die restliche Ladung loszuwerden.

Besonders heikel war es, die schlagenden Ladebäume einzufangen und zu laschen. Ich musste beim Hochklettern darauf achten, nicht über Bord zu gehen, und mich vor den umherrutschenden Holzstämmen hüten.

Wer nun glaubte, die Reederei könnte auf die Beinaheunglücke und die Appelle des Kapitäns reagieren, das Schiff in die Werft holen und endlich mit einem Funkpeiler oder anderen technischen Geräten ausstatten, der irrte. Stattdessen schickte man ein Schreiben, in dem man sich in vorwurfsvollem Ton beschwerte, dass die Versicherung die Prämie für die *Helga Schröder* deutlich heraufgesetzt hatte. Womöglich war diese Erhöhung auch der Grund, dass uns ein Ladungsangebot im Norden Finnlands erspart blieb. Nun sollten wir Nizza anlaufen, mit Kohle als Ladung.

Die Aussicht, auf einem Veteran wie der *Helga Schröder* durch die berüchtigten Stürme der Biskaya zu müssen, gefiel niemandem an Bord; ich dachte mit Sorge an einige brüchige Stellen auf dem Achterdeck. Aber unser Glück erwischte eine Hochdruckphase, und wir liefen selbst im Golf von Lyon durch ziemlich ruhige See. Ob wir es mit der schmalbrüstigen Maschine der *Helga Schröder* überhaupt durch einen Winterorkan in der Biskaya geschafft hätten? Solche Gedanken verdrängten wir, als wir im Sonnenschein am Cap d'Antibes vorbeikamen.

Mit einem Kohlendampfer in Nizza festzumachen ist ungefähr so, als parke man eine Karre samt Esel vor dem Hotel »Ritz«. Wir nahmen einen Lotsen an Bord und vertäuten an der Außenmole des Lympia-Hafens. Besonders glamourös schien mir Nizza, die Stadt der Jachten und des Spielcasinos, allerdings nicht mehr zu sein. Die Fassaden der Hotelpaläste hatten im Kriege arg gelitten und bröckelten; in den Parkanlagen schien man zwischenzeitlich Kartoffeln und Möhren angebaut zu haben. Als ich in der Stadt spazieren ging, begegneten mir auf den Promenaden alte Damen, die versuchten, Stil zu bewahren, indem sie ihre eleganten Garderoben auftrugen. Was auch ein wenig traurig wirkte. Unsere Decksbesatzung schien sich ebenfalls für die Sehenswürdigkeiten von Nizza zu interessieren, denn nach einer Mittagspause waren sämtliche

Matrosen und auch der Bootsmann verschwunden. Der Erste Offizier erteilte mir den Auftrag, die Ausflügler schnellstmöglich zurückzuholen. Ich hegte einen Verdacht und entdeckte sie tatsächlich in einer Hafenkneipe am Ende der Mole, vor einigen leeren Flaschen Rotwein. Die nächste Runde ging auf mich, wir rauchten noch eine Zigarette und brachten das begonnene Gespräch zu Ende, dann kamen alle freiwillig zurück an Bord, um zu arbeiten, so gut es noch ging.

WINTER 1952/53
HAFEN VON LAGOS, PORTUGAL

WASSEREINBRUCH

Der nächste Hafen, den wir anlaufen sollten, hieß Porto Vesme auf Sardinien und war so überschaubar, dass er weder auf den Seekarten noch im Segelhandbuch verzeichnet war. Was nicht verwunderte, denn Porto Vesme, das wir im südlichen Sardinien hinter der Insel San Pietro entdeckten, bestand aus einer kurzen Steinpier vor einigen Dutzend Häusern, an denen man unterschiedliche Stadien des Verfalls untersuchen konnte. Zwischen den trostlosen Fassaden und dem Schmutz gab es einige unebene Wege. Man schien nicht besonders stolz auf diesen Ort zu sein, denn als ich ein Erinnerungsfoto schießen wollte, reagierte ein Polizist so gereizt, dass mir kurzfristig eine Verhaftung drohte.

Ohne Abschiedsschmerz legten wir ab, mit Kurs zurück nach Rotterdam und einer Ladung Schwefelkies in den Luken. Erneut schien die Sonne über der *Helga Schröder*, und die Reise schien problemlos zu verlaufen, denn wir passierten Kap St. Vincent an der Südküste Portugals in einer See, die wie glattgezogen aussah.

Es war ein früher Morgen, eine dieser Stunden, in denen man sich besonders freut, draußen auf See zu sein, weil das

Wasser in allen warmen Farben schimmert und man sich eins fühlt mit der Weite und Majestät des Meeres. Ich hatte Wache, rauchte eine Zigarette und nippte an einem schwarzen Kaffee, als ich bemerkte, dass die *Helga Schröder* Schlagseite bekam. Sogar beträchtliche Schlagseite, das Schiff schien regelrecht nach Backbord umzukippen. Alarmstimmung, mal wieder: Alle wurden geweckt, um die Ursache zu suchen.

Das Leck war schnell entdeckt, in Luke I, wo ein Abflussrohr des Matrosenwaschraums durchgerostet und abgebrochen war. Ein Wasserstrahl, dick wie ein Oberarm, ergoss sich in die Luke und auf den Schwefelkies. Im Laderaum stand nun eine dickflüssige, breiige Masse, die wegen der glatten See erst zu einer Seite übergegangen war, als schon eine Menge Wasser eingelaufen war. Dem Ersten Offizier gelang es mit Mühe, das Leck durch einen Holzpflock provisorisch abzudichten. Einige Minuten später wären wir gekentert und auf Tiefe gegangen wie ein Pyritklumpen. Wasser schwappte bereits aufs Deck und drückte die *Helga Schröder* so tief ins Meer, dass die Meeresoberfläche auf dem Vordeck bis an die Luken reichte.

An eine Weiterreise war nicht zu denken, zumal der zähe Teig aus Schwefelkies die Pumpen verstopfte. Ein Blick auf die Seekarten ergab: Es blieb uns nichts anderes übrig, als die flache Bucht des Städtchens Lagos anzusteuern. Zwischen kleinen Fischkuttern gingen wir vor Anker. Die Rettungsboote hingen klar zum Aussetzen in den Davits. Sollte der Wind nur auf drei Stärken auffrischen, wäre die *Helga Schröder* kaum zu retten gewesen. Selbst kleine Wellen bedeuteten nun eine Gefahr für das tief liegende Schiff.

In Portugal herrschte zu jener Zeit Diktator António de Oliveira Salazar. Ausländer wurden genauestens auf umstürzlerische oder zumindest kriminelle Absichten untersucht. Als die politischen Polizisten die *Helga Schröder* sahen, wussten sie, dass keine Konterrevolutionäre vor Anker lagen; sie verzogen sorgenvoll die Gesichter. Unter ihrer Aufsicht setzte ich über an Land, um unsere Agentur in Lissabon anzurufen.

Unsere unfreiwillige Ankunft galt in Lagos – seinerzeit eine verschlafene Kleinstadt und weit davon entfernt, ein pulsierendes Touristenzentrum zu werden – als bedeutendes Ereignis.

An den Straßenrändern lächelten mir die Bewohner freundlich zu und winkten scheu, als wir durch die Altstadt zum Rathaus spazierten, wo mich der Bürgermeister empfing. Ein freundlicher, klein gewachsener Herr mit streng nach hinten gekämmtem Haar und etwas zu großem Anzug, der mir gleich den Polizeichef und den Hauptmann der örtlichen Feuerwehrstation vorstellte. Nun war mein Portugiesisch ausbaufähig, und die Portugiesen sprachen nur ganz wenig Englisch, aber so viel verstand ich: Es würde mindestens sechs, vielleicht acht Stunden, wahrscheinlich aber noch länger dauern, eine stabile Telefonverbindung nach Lissabon zu bekommen. Ob wir die Wartezeit nicht mit einer Tasse Kaffee auf dem Marktplatz überbrücken wollten?

Nach dem Heißgetränk bot der Bürgermeister an, mir seine Stadt zu zeigen. Ein Tross aus Würdenträgern und Politoffizieren setzte sich also in Bewegung. Im Regionalmuseum, das man in einer Kirche untergebracht hatte, durfte ich mich an prominenter Stelle im Gästebuch, einer Art Goldenes Buch, eintragen. »Und nun zurück ins Café«, rief der Bürgermeister fröhlich, woraufhin wir wieder auf dem Marktplatz einkehrten. Nach dem zweiten Bier fragte ich mich, ob man mich auf der *Helga Schröder* eventuell vermissen könnte, dachte aber auch, meine Pflicht gewissenhaft erfüllen zu müssen. Ich bestellte den nächsten Drink.

Irgendwann – es war ziemlich spät geworden – funktionierte eine Telefonverbindung in die Hauptstadt, und ich konnte dem Reedereivertreter in Lissabon von unserer heiklen Lage berichten. Er versprach, sich sofort um Motorpumpen zu kümmern, die tatsächlich am folgenden Nachmittag in Lagos eintrafen. Dummerweise verstopften die Geräte ebenfalls nach wenigen Minuten. Was nun? Wie so oft, wenn die Technik nicht mehr weiterhilft, wurde das Problem durch Handarbeit gelöst: Einige

Dutzend Fischer, die sich über einen kleinen Beifang freuten, schaufelten den Brei in Eimer, die in einen Erzkübel entleert wurden. Den Kübel, etwa eine Tonne schwer, hievten wir auf und entleerten ihn außenbords. Die *Helga Schröder* neigte sich anschließend noch immer ein wenig nach Backbord, sah aber nicht mehr so aus, dass man als Seemann Herzrhythmusstörungen bekam. Wir erhielten die Erlaubnis, Lissabon anzulaufen, wo das Schiff ins Trockendock sollte, um das Leck für die Heimreise zu flicken.

Als wir einige Wochen später in Rotterdam festmachten, wartete der Inspektor der Reederei an der Pier. Nun wussten wir, dass die Reparatur und die Reise wirklich teuer gewesen waren. Er eröffnete mir, dass ich auf die *Hubert Schröder* versetzt wurde, während die *Helga Schröder* in der Werft überholt werden sollte. Eine bemerkenswerte Einsicht. Wir konnten uns das Grinsen nicht verkneifen. Die Reparaturen brachten zum Vorschein, dass wir nur knapp weiteren, unangenehmen Überraschungen entgangen waren: Spanten und Bodenwrangen, also jene Teile, die den Rumpf eines Schiffes wie ein Gerüst zusammenhalten, waren im Bereich der Kesselanlage derart verrottet, dass ein Werftarbeiter ihre Dicke mit Papier verglich. Wir hatten das Glück gehabt, auf der Rückreise nicht in einen typischen Wintersturm der Biskaya hineingeraten zu sein. Sogar großes Glück.

PATAGONIA

Victory
now Hills
Craggy Land
Sound...
St. Jeromie Sound
Batchelors R.
Elizabeth Bay
Pt. St. Martin Vig.

Whale Sound

This Coast not well known

I. St. Diago
Ramores

Cape Horn

Virgin Mary

Straits of Magellan
C. Katherine's

C. Monmouth
I. S. Sebastian

ISLA DE TERRA
DEL FUEGO

Vulcano

I. Vauverland

I. de S. Alfonse

C. de Pinas

B. of Good Success
B. de Wendon

I. Cezambre

I. des

Hermites I.

Barnavelds Isles

KAPITÄN

Ich war nun 29 Jahre alt und stand kurz davor, meine Liebe zu heiraten. Es war an der Zeit, meinen Traum endgültig zu erfüllen, zu verwirklichen, was ich mir immer gewünscht hatte, seit ich 1939 – 14 Jahre zuvor – Cuxhaven verlassen und auf der *Priwall* als Schiffsjunge angeheuert hatte. Dieser Wunsch war der Treibstoff meines Lebens gewesen, mein Notausgang in trüben Stunden und mein Antrieb, der mich weitermachen ließ, egal, was gerade geschah. Ich meldete mich erneut in der Seefahrtsschule von Elsfleth an. Ich machte A6, das Patent zum Kapitän auf Großer Fahrt.

In den nächsten Jahren fuhr ich für die Bremer Reederei Hansa, erst als Zweiter, dann als Erster Offizier, schließlich als Kapitän auf fünf Schiffen. Ich transportierte Lokomotiven nach Indien oder holte Apfelsinen aus Spanien, staunte über die Ströme der Pilger in Dschidda, besuchte die Tempelanlagen in Rangun und plagte mich mit einer Ladung Walnüssen aus Bombay, in die sich unzählige Ratten eingeschlichen hatten. Vor Kap Finisterre geriet ich mit der *Lichtenfels* in eines der schwersten Orkantiefs, die jemals gemessen wurden; das mit Erz beladene Schiff vollführte solch unmögliche Bewegungen, dass ich fürchtete, es könne einfach in der Mitte auseinanderbrechen.

Auf manches Abenteuer hätte ich gern verzichtet. In Kalkutta hatten wir Jute geladen und liefen zurück nach Rotterdam, wo man während der Löscharbeiten fünfmarkstückgroße Rollen zwischen den Ballen entdeckte. Wie sich zeigte, waren es scharfe Zünder, aus denen bei der geringsten Reibung Stichflammen hervorschossen. Die Reise war ungewöhnlich ruhig verlaufen, mit schönstem Wetter im Mittelmeer und sogar in der Biskaya. Wären wir in einen Sturm gekommen und die Juteballen auch nur leicht in Bewegung geraten, hätte die Ladung sofort in Flammen gestanden. Wenige Wochen zuvor konnte ein Frachter der Hansa-Linie, ebenfalls mit Jute beladen, nach einem Großfeuer vor Kalkutta nur durch Selbstversenkung gelöscht werden.

Ich erlebte, dass ein Kapitän manchmal auch als Schiffsdoktor tätig sein musste. Vor Indien, fernab ärztlicher Hilfe, stieg mit einem Mal die Körpertemperatur des Dritten Ingenieurs stetig an. Es war schwül, es war heiß, es war die Zeit, kurz bevor der Südwest-Monsun einsetzte. Doch die Haut des Ingenieurs war völlig trocken. Seine Schweißabsonderung hatte ausgesetzt, und ich wusste nicht, was dagegen zu tun war; die Körpertemperatur stieg weiter, auf mehr als 41 Grad. Der junge Mann drohte vor unseren Augen zu sterben. Um zumindest die Temperatur unter Kontrolle zu bringen, ließ ich eine Badewanne mit Wasser und Eis aus dem Kühlraum füllen und den Patienten hineinsetzen. Er zitterte und bekam nach etwa zwei Minuten einen Schweißausbruch, sodass ihm die Tropfen über sein Gesicht liefen. Sein Fieber sank in den nächsten Minuten. Wir feierten seine Rettung mit zwei Flaschen kaltem Bier.

Seiner Erfahrung zu vertrauen konnte auch in anderen Situationen überlebenswichtig sein. In Hamburg brachte man kurz vor dem Ablegen stabile Abstützbalken an Bord, die ich von Schwerguttransporten kannte; auf meine Frage, was es damit auf sich hätte, erhielt ich die lapidare Antwort, dass in Dünkirchen einige größere Teile verladen werden sollten. In Dünkirchen lag dann eine 80 Tonnen schwere Röhre auf der Pier, deren Durchmesser ziemlich genau der Schiffsbreite entsprach; die monströse Röhre hatte eine glatte Oberfläche, keinerlei Löcher oder Vorsprünge oder Haken, mit denen man sie hätte laschen können. Und damit sollte ich im Herbst durch die Biskaya fahren? Ich stellte einige simple Berechnungen an, bei denen herauskam, dass schon bei mittlerer Schlagseite die Sicherheit meines Schiffs nicht mehr gewährleistet war. Ich lehnte den Transport also kategorisch ab. Die Reederei ließ mich wissen, dass man meine Entscheidung mit »völligem Unverständnis« zur Kenntnis nehme und schon »sehr gespannt« auf meine

Begründung sei. Meine Rechenexempel, die ich nach Bremen schickte, genügten aber, die Angelegenheit in einem Aktenschrank verschwinden zu lassen.

Im Seegebiet zwischen Malta und Sizilien griffen uns eines Nachts amerikanische Kriegsschiffe an. Schwach beleuchtete Zerstörer kamen in der Dunkelheit immer wieder dicht auf, um im letzten Moment abzudrehen; die Lage wurde derart bedrohlich, dass mich der Zweite Offizier weckte und auf die Brücke bat. Als uns dann noch ein Flugzeugträger, der nur seine Positionslaternen eingeschaltet hatte, mit voller Fahrt ansteuerte, schickte ich dem Kommandanten folgende Morsebotschaft: »Sind Sie verrückt? Sie verstoßen gegen jedes Seerecht und gefährden unsere Sicherheit! Unterlassen Sie gefälligst den Unsinn!« Die Amerikaner drehten danach ab, ohne uns als Zielscheibe zu nutzen.

In meiner Laufbahn erlebte ich immer häufiger, dass Seeleute von ihren Reedern als lästiger Kostenfaktor angesehen wurden. Der Druck auf Kapitän und Offiziere, Ladung und Menschenleben sicher durch jedes Wetter bringen zu müssen, die bisweilen primitiven Lebensumstände an Bord, die langen Trennungen von der Familie, die billigend in Kauf genommen wurden, weil mancher Offizier entgegen allen Absprachen monatelang auf seine Ablösung wartete – all dies schien Schiffseigner nicht im Geringsten zu beschäftigen. Je länger ich in meinem Beruf arbeitete, desto mehr schien mir der Respekt vor Kapitänen zu schwinden.

Auf der *Priwall* war Kapitän Adolf Hauth eine Autoritätsperson, eine unantastbare Persönlichkeit, die niemand mit unwichtigen Details zu behelligen gewagt hätte, schon gar nicht aus der Perspektive eines Bürosessels. Heute höre ich von jüngeren Kollegen, dass manchmal das Telefon an Bord klingelt und sich irgendein Lehrjunge nach irgendeiner Lappalie aus dem letzten Hafen erkundigt. Ob das Schiff gerade durch eine Tiefschlafzone am anderen Ende fährt?

Im Zeitalter der Großsegler wurde man als Kapitän bestimmt mehr gefordert, weil moderne Kommunikationsmittel fehlten, aber man war eben auch der Herr seines Schiffs. Von den »Master next God«, wie Kapitäne früher genannt wurden, blieben bessere Busfahrer übrig.

Ich entschloss mich auch deshalb, an Land zu gehen und als Seelotse zu arbeiten. Meine Frau Marianne und ich hatten zwei Kinder, Peter Christian und Renate, denen ich die langen Trennungen nicht mehr zumuten mochte. Ich selbst hatte meinen Vater zu oft vermisst. Im Januar 1960 trat ich meinen Dienst in Kiel an. 27 Jahre lang lotste ich Schiffe jeder Größe durch den Nord-Ostsee-Kanal und die Förde. Ein Beruf, in dem ich meine Liebe zur Seefahrt weiter pflegen konnte und in dem ich gelegentlich noch Adrenalinschübe bekam. Wie in der Nacht auf den 5. Januar 1982, als ich bei minus zehn Grad in einem Schneesturm mit Beaufort 10 von der Lotsenleiter in die eiskalte Förde fiel, abtrieb und es mit einer gebrochener Hand gerade noch zur Leiter des Schiffs zurückschaffte.

Meine Leidenschaft für die Malerei, die in einer Gefangenenbaracke von Schottland entflammte, pflege ich bis heute; es gibt manchen Kunstexperten, der meint, dass ich einer der bedeutendsten Marinemaler unserer Zeit bin, aber das kann ich selbst nicht beurteilen. Mein Atelier befindet sich im Keller eines Kapitänshauses im Kieler Stadtteil Holtenau, nahe am Ufer des Nord-Ostsee-Kanals.

Ich war der letzte Vorsitzende der deutschen Sektion der Kap Hoorniers, die sich 2004 auflöste, weil nur noch wenige von uns leben. Ich war damals das jüngste Besatzungsmitglied der *Priwall*, des letzten Großseglers, der die beschwerliche Route von Ost nach West gegen den Wind antrat. Der Letzte von uns wird unsere Flagge, die ein Albatros ziert, mit ins Grab nehmen.

Ich denke noch heute oft daran, wie das damals war, als wir nach Westen hielten und wochenlang gegen den Sturm kreuzten.

Kapitän im Ruhestand: Hans Peter Jürgens während eines Spaziergangs an der Ostseeküste, nahe seines Wohnorts Kiel. Die Liebe zur See hat ihn nie losgelassen.

Im Keller seines Hauses hat Jürgens ein Atelier eingerichtet. Hier entstehen seine Gemälde, die international in Galerien und Museen ausgestellt werden und bei Sammlern begehrt sind. Jürgens gilt als einer der bedeutendsten Maler maritimer Kunst.

Dieses Bild zeigt den Dampfer »Erlangen«, auf dem man als zusätzlichen Antrieb Segel angebracht und gesetzt hat, auf seiner legendären Reise von den Auckland-Inseln nach Chile. Hollywood hat nach dem Stoff einen Film gedreht.

Eines der bekanntesten Gemälde von Hans Peter Jürgens: Die Viermastbark »Priwall« läuft unter vollen Segeln in die Deutsche Bucht ein. Im Vordergrund sieht man das Lotsenboot »Elbe 1«.

Realität mischt sich mit Phantasie: In schwerer See begegnen sich die »Helga Schröder« und der Fischkutter »Dithmarschen«, zwei Schiffe, auf denen Jürgens einen Teil seiner Seefahrtszeit verlebte.

PATAGONIA

Victory
now Hills
Cragoy Land

St Jerome Sound
Straits Sound

Barthelemey I.

Elizabeth Bay

Pt St Martin

Whale Sound

Cape Virgin Mary

Straits of Magellan

C. Katherines

Monmouth

I. S. Sebastian

C. de Pinas

ISLA DE TERRA
DEL FUEGO

Vulcano

B. of Good Success
B. de Wemden

This Coast not well known.

I. S. Diago
Ramores

I. Vauverland

I. Cezambre

Cape Horn

I. des

I. de St Alfonse

Hermites I.

Barnavelds Isles

Die Vorhersage meldet ruhiges Wetter für Kap Hoorn, was Wind der Stärke sieben meint, und der alte Kapitän überlegt, ob er morgen früh im Bett liegen bleibt. Er beobachtet durch das Fenster seiner Kabine, wie sich die *MS Deutschland* durch den Beagle Kanal schiebt, entlang der Berge im »Tierra del Fuego«, dem Land des Feuers, immer weiter in Richtung des Kaps, das sein Leben prägte. Hans Peter Jürgens, letzter Zeuge einer vergangenen Epoche, ist dahin zurückgekehrt, wo seine Geschichte begann: 1939 war er Schiffsjunge an Bord der *Priwall*, auf dem letzten Segelschiff, das die berüchtigte Passage um Kap Hoorn mit Ladung überstand. Siebzig Jahre und sechs Monate später wird er wieder an den Felsen vorbeikommen, doch Jürgens scheint der Zeitpunkt, vermutlich in den frühen Morgenstunden, nicht zu passen.

»In meinem Alter ist Nachtruhe wichtig«, sagt Jürgens, 85, brummt noch etwas von »ausgiebigem Abendessen« und »kräftigem Schluck Rotwein«, das kaum zu verstehen ist. Er lächelt sein Kapitänslächeln, ein listiges Blinzeln unter den buschigen weißen Augenbrauen. Was wohl in ihm vorgeht? Jürgens, ein zurückhaltender, ein leiser und verschlossener Seemann, behält es für sich, wie immer. Er sagt, er wolle über sein Leben nachdenken während der Zeit auf See.

Seit mehr als einer Woche ist das Kreuzfahrtschiff nun unterwegs, seit Valparaiso, einer chilenischen Hafenstadt. Die *MS Deutschland*, das Traumschiff aus dem ZDF-Abendprogramm: weiß gestrichene Eleganz, Kategorie Superior, eine Art schwimmender Clubsessel. Gemütlich und altmodisch, mit Ölgemälden auf den Gängen und einem erkennbaren Faible für schwere Teppiche und poliertes Messing. Eine Bar auf Deck sieben heißt »Alter Fritz«, und neben Bier aus Duisburg stehen rund um die Uhr Buletten bereit. Der ewige TV-Steward Sascha Hehn hat hier niemals serviert, und doch ist überall an Bord ein Geist der frühen 1990er-Jahre zu spüren. »Es ist ein schönes Schiff, das noch aussieht wie ein Schiff, und nicht wie eine Vergnügungsfabrik auf dem Wasser«, findet Jürgens, der einst Lokomotiven nach Indien transportierte oder Holz aus Finnland abholte. Nie wäre es ihm vor der Einladung der Reederei in den Sinn gekommen, eine Kreuzfahrt zu unternehmen, also zum Spaß auf See zu gehen.

Wenn er Vergleiche anstellen soll zwischen der Viermastbark und dem Fünfsternedampfer, sagt Jürgens: »Ein Unterschied zwischen Himmel und Hölle.« Auf den Decks der *Deutschland* sind Liegen aus Edelholz aufgeklappt, die Kellner reichen Kaffee mit Gebäck, und selbst wenn der Wind zunimmt, ist der Wellengang kaum spürbar, weil die *Deutschland* ihre Ballasttanks befüllen kann und Stabilisatoren das Schiff ruhig halten. Im Restaurant »Vier Jahreszeiten« sind abends Anzug und Krawatte unbedingt erwünscht, und im »Lido-Gourmet«, wo Jürgens gerne speist, serviert man »Gebratene Fasanenbrust nach Art der Winzerin.« Nicht immer, das kann spüren, wer Jürgens kennt, fühlt sich der Seemann wohl in der Welt des Champagner-Sauerkrauts. Er genießt die Aufmerksamkeit, gewiss, er schmunzelt auch über seine Rolle als wandelnde Sehenswürdigkeit. »Ich bin an Bord der bunte Hund«, sagt er, weil er kaum einen Meter über Deck schlendern kann, ohne angesprochen zu werden: »Herr Kapitän, nur ein Foto, bitte«. Oft sind es Frauen, die fragen, und es gibt rührende Momente, wenn einer alten Dame vor Aufregung die Kamera zittert.

Wenn ihm der Trubel um seine Person zu viel wird, bewegt er sich langsam und in kleinen Schritten fort. Immer wieder muss er erzählen, wie es damals war, von den Qualen und Entbehrungen, die es erforderte, Kap Hoorn zu bezwingen, vor allem im Winter. Wegen des Sturms hatte die *Priwall* das Kap in einem weiten Sicherheitsabstand passiert. Die *Deutschland*, ausgerüstet mit modernster Satellitentechnologie und starken Dieselmotoren, wird mit einer Distanz von wenigen Seemeilen daran vorbeifahren.

Am nächsten Morgen, die Sonne ist gerade aufgegangen, zeigt sich, dass die Meteorologen mit ihren Vorhersagen richtiglagen: Der Wind weht mit Stärke sechs und treibt Wolken über einen Himmel, der aussieht, als habe der Allmächtige nachkoloriert. Blau und Grau und Violett und Schwarz vermischen sich, in einigen Momenten kommt die Sonne durch und taucht die See in Gold, vor der schroffen Kulisse der Felseninsel Isla Hornos und den Bergen des Feuerlandarchipels, einer Zackenlinie am Horizont. Kapitän Jürgens steht auf dem Brückendeck und betrachtet versonnen das Schauspiel. Er trägt eine verschlissene Kappe, die ein Albatros ziert, Wappenvogel der Bruderschaft der »Kap Hoorniers«. Jürgens ist nicht in seiner Kabine geblieben, selbstverständlich ist er das nicht; er war der Erste, den die Offiziere an diesem Morgen begrüßten. 55° 59′ südlicher Breite und 67° 16′ westlicher Länge, der mythische Ort, kommt in Sicht. Kap Hoorn.

Wie für diesen Augenblick bestellt, öffnet sich der Himmel, wie in einem Gemälde von Emil Nolde. Ein Lichtstrahl dringt durch die Wolken und erhellt das Sturmkap, als richte jemand einen Scheinwerfer auf das graue Gestein. Kapitän Hans Peter Jürgens steht auf dem Brückendeck, etwas abseits einer Gruppe von Passagieren, die versuchen, diese Magie des Moments mit ihren Digitalkameras einzufangen. Er lächelt in sich hinein, er wirkt glücklich, irgendwie zufrieden, auch wehmütig, seine Augen sind feucht. Was er empfindet? Die Frage ist zwecklos, er würde die Tränen in seinen Augen auf den Wind zurückführen. Es ist ein bewegender Augenblick, auch für jene, die das Kap nicht mit einem Segelschiff bezwungen haben.

Auf der Brücke der *MS Deutschland* lässt Kapitän Andreas Greulich das Schiffshorn ertönen. Greulich, Ende vierzig, ein Mann mit fein rasiertem Schnurrbart und nach hinten gekämmten Haaren, geht auf den Kap Hoornier zu und nimmt Haltung an. Er sagt: »Herr Kapitän, es ist eine Ehre,

Sie an Bord zu wissen. Wir haben großen Respekt vor Ihrer Leistung.« Dann führt er die Hand zur Mütze und salutiert. Jürgens erwidert die Geste, doch ihm scheint die Szene fast ein wenig unangenehm zu sein. »Ich fahre seit dreißig Jahren zur See und komme zum dritten Mal am Kap vorbei«, sagt Greulich etwas später, »und jedes Mal ist es für mich etwas besonderes. Es mag etwas pathetisch klingen, aber hier liegen viele gute Männer. Mich berührt das sehr.«

Selbst für moderne Containerschiffe kann das Seegebiet, in dem sich zwei Ozeane vereinen und die Strömungen tückisch durcheinander laufen, im Orkan gefährlich sein. »Ich rate jungen Offizieren gerade hier: Verliert niemals den Respekt vor der See!«, sagt Greulich. Die nächste Herausforderung steht wenige Minuten später für den Lotsen an, der vom Kreuzfahrtschiff auf ein Schnellboot der chilenischen Marine umsteigt. Angesichts des Wellengangs ein riskantes Manöver. Ein Hagelschauer geht nieder, und die Passagiere strömen ins Warme, zu Kaffee, Birchermüsli und Vollkornbrot am Frühstücksbuffet.

Die *Deutschland* geht auf einen südlichen Kurs. Auch die »Drake Passage« zwischen Amerika und der Antarktis hat einen üblen Ruf, doch heute scheint die Sonne aus einem tiefen, klaren Himmel. Als Kap Hoorn hinter dem Horizont verschwindet, erinnert das Meer an die Kieler Förde während einer Butterfahrt. Kapitän Jürgens lehnt an der Bar im »Alten Fritz«, neben ihm Axel Prahl, der Schauspieler und Tatort-Kommissar, der abends aus »Sturmkap« lesen wird, das er zuvor bereits als Hörbuch eingesprochen hatte. Prahl, 49, ist mit seinem Vater, einem ehemaligen Seemann, an Bord gekommen. Ihn fasziniert, sagte er, welche Würde und Herzlichkeit Kapitän Jürgens ausstrahlt: »Der Durchhaltewillen seiner Generation, immer weiterzumachen, zu kämpfen, in einem positiven Sinne, das imponiert mir.« Zu Ehren des Kapitäns hat er ein Lied geschrieben, eine Art Shanty, in den am Abend selbst die vornehmen Gäste unter den Kronleuchtern des Kaisersaals einstimmen: »Reise, Reise, alle Mann an Deck!« Der Kapitän und der

Schauspieler tunken Buletten in süßen Senf und sehen Sturmvögeln und einem Albatros zu, die der *Deutschland* folgen.

Je weiter südlich die *Deutschland* stampft, desto kälter wird es, und am nächsten Morgen wagt sich niemand mehr ohne Schal und Mütze hinaus an Deck. Das Schiff läuft mit der Kraft aus drei Motoren und Wellen von achtern, und es ist geplant, so früh wie möglich den nächsten Höhepunkt der Reise zu erreichen: »Deception Island«, die Täuschungsinsel, Spitze eines noch aktiven Vulkans. Der Eingang in die Caldera ist leicht zu verfehlen, kaum zweihundert Meter breit und wird »Neptuns Blasebalg« genannt, oder »Höllenpforte«, oder »Drachenmaul«, weil es hier so oft stürmt. Als das Kreuzfahrtschiff in den Krater hineinläuft, schlägt das Wetter dramatisch um.

Der Wind nimmt von Minute zu Minute zu, als habe jemand ein gewaltiges Gebläse aufgedreht. Kapitän Jürgens hält auf dem Sonnendeck seine Mütze fest. Wenig später erreicht der Wind Sturmstärke, zehn Beaufort, weht mit Wucht herunter vom Mount Pound und den finsteren Zacken der Insel. Auf einer Karte betrachtet, sieht der ruhende Vulkan aus wie ein angebissener Donut, die schmale Einfahrt in den Krater ist auch bei gutem Wetter leicht zu übersehen. Nun peitschen Hagelkörner über die Decks der *MS Deutschland*, fühlen sich an wie eisige, kleine Messer im Gesicht, und nur die tapferen Kreuzfahrtgäste harren an der Reling aus. Der Eindruck aber hilft zu verstehen, was Hans Peter Jürgens durchmachte, der letzte Kap Hoornier, als er 1939 zwischen Amerika und der Antarktis hindurchsegelte. Eine Passagierin hält den Kapitän auf, der gerade auf dem Weg zu einer Tasse mit schwarzem Kaffee ist: »Wo konnten Sie sich früher eigentlich aufwärmen?« Jürgens sieht sie schelmisch an, er antwortet: »Aufwärmen? In meinen Gedanken.« Lediglich einen kleinen Ofen gab es an Bord der *Priwall*, doch der stand in der Kammer des Kapitäns und blieb kalt. Aus Furcht vor Erkältungen. Auch eine Logik.

An Bord der *Deutschland* besteht die Tagesaufgabe der Passagiere darin, eine Anzeige neben der Kabinentür von »Rot – nicht stören!« nach Verlassen auf »Grün – bitte herrichten!« zu drehen. Das Schiff stampft durch das Meer weit draußen am Rande, und was sonst passiert, erfährt man von gefalteten Zetteln, die morgens im Postfach stecken: US-Präsident Obama im Umfragetief, Krise der Bundesregierung wegen Hartz IV, der FC Bayern München gewinnt wieder. Das alles ist ganz weit weg, und ein Schlendrian kehrt ein, eine Gelassenheit, in der Uhrzeiten keine Rolle mehr spielen und einzige Pflichttermine die Essenszeiten in den Restaurants sind.

Nach einigen Tagen auf See kennt man sich aus auf einem Schiff, das Platz bietet für maximal 520 Gäste und damit als Gegenentwurf durchgeht zu Neubauten wie der *Oasis of the Seas*, die mit mehr als 6200 Kreuzfahrern durch die Meere pflügt. Man grüßt sich, man nickt einander zu, man läuft sich immer wieder über den Weg, auf dem Gang, im Fahrstuhl, am Buffet, man plaudert mit David Warwick, dem begnadeten Barpianisten, mit Hella Höfer, einer sympathischen Galeristin aus Mallorca, man staunt über die Panflötensoli eines Slowaken, während Eisberge vorbeiziehen. Und spät in der Nacht, wenn das Schiff durch die schwarze Dunkelheit über der Antarktis gleitet, holt der Schauspieler Axel Prahl seine Gitarre und singt in der Bar auf Deck sieben den Blues.

Die Reise bekommt etwas von einer Klassenfahrt, und man merkt, wie sehr der alte Kapitän, der in seinem Gin Tonic rührt, die Gemeinschaft, das Leben genießt. Einsamkeit gehörte zu seinem Beruf, ein Kapitän, so sehen das Seeleute, darf sich nicht gemein machen mit der Mannschaft. Der Kieler Jürgens lebt heute zurückgezogen in seinem Haus nahe des Nordostseekanals, auf dem er viele Jahre lang als Lotse arbeitete. Im Keller befindet sich sein Atelier. Er gilt als einer der bedeutendsten Marinemaler unserer Zeit, und in seinen Bildern, die fast immer das Meer zeigen, drückt er seine Sehnsucht für das Element aus, das ihn nie losgelassen hat.

Die *MS Deutschland* kreuzt durch einen Irrgarten aus Eisbergen, von denen einige aussehen wie große Tortenstücke; manche schimmern tiefblau, auf einigen hocken Pinguine. Es ist eine kalte Traumsee, durch die das Schiff bis 63° 09′ Süd und 56° 54′ West vordringt, man steht an der Reling, atmet reine eisige Luft, wärmt sich am Kaffee, hat aufgehört, jeden Brocken zu fotografieren und genießt einfach den Panoramafilm der Bransfieldstraße, der Straße der Eisberge und alles, was kommt: King George Island, die Admirality Bay, dann »Elephant Island«, ein Bergmassiv im Wasser, das einst der Expedition von Ernest Shackleton als Zuflucht diente, nachdem ihr Schiff von Packeis zerstört worden war.

Zurück auf einem Kurs Richtung Argentinien, zurück in den Sommer, trifft eine Wetterwarnung auf der Brücke ein, gültig für die Region der Falklandinseln, die morgen angelaufen werden sollen. Ein mächtiges Tief schiebt aus Nordwesten heran, mit Windstärke neun, zunehmend, und einer See, die in der Warnung mit »very rough«, sehr rauh, umschrieben wird. Die *Deutschland* läuft einem Sturm entgegen. Mitglieder der Crew beginnen damit, Liegestühle und Tische zu sichern, und mit jeder Stunde nimmt die Dünung zu. An der Rezeption überschlagen sich die Anfragen nach Tabletten gegen Seekrankheit. Kapitän Jürgens sieht hingegen aus, als habe er eine Glückspille geschluckt. »Ich fühle mich ausgesprochen wohl«, meint er, »der Sturm gibt mir ein Gefühl, das ich viele Jahre lang entbehrt habe.« Was ist das für ein Gefühl?

Jürgens überlegt, dann sagt er: »Es ist, als komme ich zurück nach Hause.«

Der alte Kapitän genießt die Bewegungen des Schiffs und die Geräusche des Windes, die ihm so vertraut sind. Je länger der Tag dauert und je näher die Falklandinseln kommen, desto heftiger weht der Sturm. Der Südatlantik ist eine graue Landschaft aus Wellen, ein furchteinflößendes Schauspiel. Einen solchen Sturm mitten auf dem Ozean zu erleben ist eine elementare Erfahrung, wie sie niemand besser beschrieb als der Schriftsteller Joseph Conrad: »Wer das Alter der Erde erfahren will, der schaue bei Sturm auf die See.« Man kennt die Bilder der Wellenberge und der verwehten Gischtschleier aus Hollywoodfilmen oder aus Dokumentarfilmen, in denen Fischer immer wieder und noch mehr Krabben fangen, doch selbst an der Reling zu stehen und in das große graue Tosen zu sehen, das Salz auf den Lippen zu schmecken, zu spüren, wenn der Sturm an der Jacke reißt und so stark ist, dass man sich dagegenlehnen kann, sorgt für Endorphinschübe. Nach einer besonders großen Welle sind an Deck Schreie der Begeisterung zu hören.

Kapitän Jürgens geht früh schlafen an diesem Abend, er sagt, er wolle über die Vergangenheit nachdenken. Viele andere Passagiere, darunter manche, die man niemals zuvor am Tresen gesehen hat, treffen sich im »Alten Fritz«. Trotz des Sturms liegt das Schiff erstaunlich ruhig in der See. Kapitän Andreas Greulich und seine Mannschaft haben die Ballasttanks an Steuerbordseite mit knapp 250 Tonnen Wasser vollgepumpt, das sorgt für Stabilität. Nachts um drei erreicht der Sturm seinen Höhepunkt. Auf der Brücke misst man eine »ausgewachsene Windstärke 11«, und die Kurve, die der Barograph aufzeichnet, fällt auf sagenhaft niedrige 965 Hektopascal.

Einige Neugierige, darunter der Schauspieler Axel Prahl, wagen sich hinaus aufs Oberdeck: Der Sturm kneift im Gesicht, brüllt in den Ohren, ist nun richtig wütend, man muss den Handlauf entlang der Aufbauten umklammern und fühlt sich wie in einer gewaltigen Waschtrommel. Euphorie, Rausch, wegen des Adrenalins spürt man keine Gefahr. Als der Bug der *Deutschland* eine große Welle bricht, kommt die Gischt nieder wie kalte Ladung aus einem riesigen Eimer. Tropfnass und glücklich taumelt man zurück in seine Kammer, zieht eine wärmende Decke hoch, gießt den letzten Whisky ein. Noch nie schmeckte ein »Kilchoman« so gut.

Frühstück am nächsten Morgen: Das Restaurant ist vollbesetzt, was beweist, dass vor allem Kreuzfahrer mit eisernen

Mägen eine Reise um Kap Hoorn buchen. Kapitän Jürgens sieht erholt aus. Er habe »wunderbar« geschlafen und sei nur einmal wach geworden, um einige Gläser und Flaschen, die in Bewegung geraten waren, zu sichern. Ein Gerücht, das die Runde macht, von einem losgerissenen Fernseher und einem eingeschlagenen Bullauge auf Deck vier, bleibt ein Gerücht. Der einzige Schaden, den der Sturm verursachte, ist nach Auskunft des wachhabenden Offiziers überschaubar: im »Lido-Café« gingen zwei Eierbecher zu Bruch.

Kaum 24 Stunden nach dem Sturm läuft die *Deutschland* durch einen makellosen Sommertag der südlichen Halbkugel. T-Shirtwetter, einige Passagiere spielen Tischtennis, die meisten dösen in der Sonne, und wer sich nicht mit einem hohen Schutzfaktor eincremt, läuft Gefahr, hummerrot in Argentinien anzukommen. Kapitän Jürgens sitzt in einem Liegestuhl auf Deck sieben, eine Wolldecke auf den Beinen, und betrachtet die Bilder im Speicher seiner kleinen Digitalkamera. »Diese Reise war wie ein Geschenk«, sagt er. Die Anerkennung, den Respekt, den er während der Lesung und in Gesprächen an Deck gespürt habe, empfindet er als Genugtuung. »Als Seemann hat man solchen Respekt nicht immer im Leben erfahren«, sagt er.

An diesem Abend geht die Sonne mit hohem Kitschfaktor unter, taucht die See in Farben, als sei ein Weinglas umgekippt. Ganz hinten in der Nacht, am Horizont, erkennt man schon die Lichter von Buenos Aires.

Erhebender Anblick am wildesten Ende der Welt: An einem frühen Februarmorgen passiert die »MS Deutschland« eine Klippenlandschaft nahe Kap Hoorn.

Kapitän Hans Peter Jürgens und Autor
Stefan Krücken auf dem Brückendeck der
»MS Deutschland«. Für Jürgens ist die
neuerliche Reise ums Sturmkap auch eine
Reise in die eigene Vergangenheit.

Während ich dieses Buch schrieb, lernte ich meinen Großvater zu verstehen. Mein Großvater war kein Kapitän, der Kap Hoorn und die Welt umsegelte und Schiffe durch den Sturm brachte. Mein Großvater trug einen verwaschenen Blaumann und arbeitete in einem Chemiewerk von Dormagen, einer verbauten Fabrikstadt unter Schornsteinen im Norden von Köln. Aus dem Krieg war er – ein junger Panzerkommandant – verwundet zurückgekehrt, nach einer Flucht aus russischer Gefangenschaft.

Kapitän Hans Peter Jürgens ist 1924 geboren, mein Großvater, Heinz Straub, ein Jahr zuvor. Sie gehören zu jener Generation, von der man sagt, dass sie eine »verlorene Generation« sei, weil sie als Jugendliche in einen Krieg hineingeworfen wurden und als junge Erwachsene vor den Trümmern standen. Mein Großvater sprach niemals über den Krieg und das Dritte Reich. Ich erinnere, dass er bei irgendeinem Weihnachtsessen meinem Bruder erklärte, warum er kein Hühnchen mochte: Seit seiner Stationierung auf Rhodos, als er wochenlang nichts anderes zu essen bekam, ertrug er den Geschmack nicht mehr. Vermutlich, weil es ihn an diese Zeit erinnerte. Von den Erlebnissen in Russland, als sein Panzer getroffen worden war und die beiden Mitfahrer starben, oder wie er es schaffte, verletzt aus einem Gefangenenlager zu fliehen und sich nach Westen durchzuschlagen – davon hatte er nur einmal erzählt. Einmal, vor vielen Jahren, danach aber nie wieder, kein Wort. »Das ist vorbei«, sagte er, wenn ich ihn danach fragte, »darüber gibt es nichts mehr zu sagen.« Als mein Sohn Luka David auf die Welt kam, bat ich Opa, seine Entscheidung zu überdenken, weil ich seine Erinnerungen festhalten wollte. Er konnte anschließend tagelang nicht schlafen und weinte nachts, wie meine Mutter erzählte. Die Erinnerungen schmerzten ihn, auch nach sechs Jahrzehnten, aber er wollte allein mit ihnen klarkommen.

Seine Trauer, sein Entsetzen, vielleicht seine Wut, all das trug er wie viele Menschen seiner Generation als Kapsel in sich, die er nicht aufbrechen mochte. Er hatte es gelernt, zu schweigen und zu verdrängen. Über seine Gefühle zu sprechen fiel auch Kapitän Jürgens nicht immer leicht. »Sagen Sie: Ist das an der Stelle wirklich so interessant?«, fragte er manchmal, wenn ich nach persönlichen Aspekten fragte. Ich danke ihm für seine Offenheit und seinen Mut. Kapitän Jürgens erinnerte mich oft an meinen Großvater, seit meinem ersten Besuch in seinem Haus in Kiel. Wir hatten uns kennengelernt, als ich für die Anthologie »Orkanfahrt« recherchierte, in der 25 Kapitäne ihre besten Geschichten von See erzählen. Kapitän Jürgens berichtete von seiner Reise rund um Kap Hoorn und von den Jahren danach, von einem Abenteuer, wie ich es zuvor noch nie gehört hatte.

Die Entbehrungen, die Jürgens und die anderen Schiffsjungen der *Priwall* auf sich nahmen, ohne darüber zu klagen, dieses Gefühl, eine Pflicht erfüllen zu müssen, ohne darüber ein Wort zu verlieren, kannte ich auch von meinem Großvater. Großvater war einer von wenigen, die eine bestimmte Anlage in der Fabrik reparieren und warten konnten. Vor Ausbruch des Kriegs hatte er eine Hochschule besucht, um Ingenieur zu werden; weil sein Vater und sein Bruder im Krieg starben und jemand die Familie ernähren musste, brach er die Ausbildung ab. Nachts klingelte in der Wohnung meiner Großeltern oft das Telefon, wenn die Anlage mal wieder ausgefallen war, woraufhin mein Großvater den Blaumann anzog, sich auf sein weinrotes, altes Werksrad setzte und losfuhr. Dabei war ihm auch ganz egal, ob er gerade erst mit Überstunden von der Spätschicht heimgekommen war. Einmal schickten sie ihm ein Taxi. »Welch eine Verschwendung«, schimpfte er. »Ein Taxi! Was das kostet!« Das regte ihn noch Wochen später auf.

Wie oft ich Kapitän Jürgens in seinem Haus im Kieler Stadtteil Holtenau besuchte, habe ich nicht gezählt. Das

Haus liegt an einem Hang, ganz in der Nähe des Nord-Ost-see-Kanals, und an manchen Herbsttagen, wenn Nebel über der Stadt und der Förde lag, konnten wir die Schiffssirenen hören. Schien im Frühling die Sonne hinein und standen die Fenster offen, hallten die Schreie von Möwen durchs Haus. Manchmal spazierten wir hinunter an den Tiessenkai, wo in den Sommermonaten kleine, historische Segelschiffe festmachen. Oder wir kehrten auf ein Bier ein in der Kneipe unten am Kanal.

Meistens jedoch saßen wir in seinem Wohnzimmer, in einer bequemen Sofaecke, und es roch nach Kaffee, denn Kaffee tranken wir literweise. Tag um Tag, Stunde um Stunde erzählte er seine Geschichte. Er konnte an einigen Stellen auf die Wände zeigen, um sie zu illustrieren, denn sein Haus ist zugleich eine Art Museum des Marinemalers Jürgens. Überall betrachtet man Stationen seines Lebens: die *Priwall*, die sich im Sturm auf die Seite legt, oder jener Moment, in dem man von Bord des britischen Kreuzers *Newcastle* ein Rettungsboot der *Erlangen* beschießt. Wann immer wir ein Dokument seines Lebens benötigten, einen Namen, ein Detail, das er nicht mehr in seinem phänomenalen Gedächtnis parat hatte, verschwand er im Nebenzimmer, um kurz darauf mit einem Aktenordner zurückzukehren. Mannschaftslisten, Einladungen zu den Treffen der Kap Hoorniers, Skizzen, Kurse, Fotografien, die er während seiner Abenteuer gerettet hatte, indem er sie in einer kleinen Dose am Gürtel trug, niemals fehlte etwas. Seine Ordnung, in der alles seinen festen Platz hat, sei typisch für einen Seemann, sagte Kapitän Jürgens.

Ich habe mich beim Schreiben gefragt, wie er und mein Großvater einen festen Platz in einer Welt fanden, in der es oft um den eigenen Vorteil geht, um den einfachsten Weg, um den maximalen Unterhaltungswert und das Klagen über Probleme, die nach ihrer Lebenserfahrung keine wirklichen Probleme sein konnten. Mein Großvater radelte bis kurz vor seinem Tod ans andere Ende der Stadt, weil ein Becher Joghurt in einem anderen Supermarkt zehn Pfennig weniger kostete. Für meine Generation ist es alltäglich, für ein Wochenende billig ans andere Ende Europas zu fliegen.

Ich habe nie ein Wort der Bitterkeit von Kapitän Jürgens oder meinem Großvater gehört.

Appel bei Hamburg, im Juli 2008

Mein Großvater Heinz Straub, vermutlich 1941.

ATAGONIA
Craggy Land
Whale Sound
Straits of Magellan
C. Katherine's
C. de Pinas
I. Monmouth
R. St. Sebastian
ISLA DE TERRA
DEL FUEGO
Vulcano
B. de Wendon
This Coast not well known.
I. St. Diago
Ramores
I. Vauwerland
I. Cezambre
Cape Horn
I. de St. Alfonse
Barnavelds Isles

GLOSSAR

abreiten   einen Sturm abreiten; in schwerem Wetter beidrehen, den Sturm → abwettern

abschlagen   die Segel von der → Rah lösen oder abnehmen; das Gegenteil von anschlagen

abwettern   einen Sturm auf See durch geeignete Manöver überstehen; man legt das Schiff mit dem Bug in den Wind und bietet möglichst wenig Angriffsfläche

achteraus   alles, was hinter dem Schiff liegt

achteraus segeln   die Abfahrt eines Schiffs verpassen

Achterdeck   der hintere Decksteil

All well   engl., Alles in Ordnung; Ruf der Wachen in britischen Gefangenenlagern

Ankerspill   Winde zum Auf- und Abrollen der Ankerkette; wurde auf Segelschiffen als → Gangspill betrieben

Äquatortaufe   unter Seeleuten ein berüchtigter Brauch, symbolisch den Schmutz der Nordhalbkugel abzuwaschen

aufbringen   staatliche Organe zwingen ein Schiff auf See zum Anhalten; im Kriegsfall sind es feindliche Schiffe, die zum

Erreichen dieses Zwecks ein → Prisen-kommando einsetzen

aufgeien die Segel zusammenziehen, um die Fahrt zu verlangsamen

auflaufen per Schiff ein anderes Schiff auf See einholen

Ausguck ein diensthabendes Besatzungsmitglied, das den See- und Luftraum beobachtet und besondere Vorkommnisse meldet

Back gedecktes, erhöhtes Vorschiff; auch: Esstisch auf einem Schiff

Backbord linke Seite vom Schiff in Fahrtrichtung

Balge, Balje Waschfass, großer Eimer; an der Nord-see Bezeichnung für ein erweitertes Priel, Fahrrinne

Bark Segelschiff mit drei bis fünf Masten; bis auf den → Besanmast mit → Rahen getakelt

Barkentine dreimastiges Segelschiff mit vollgeta-keltem Fockmast, während Groß- und Besanmast nur → Schratsegel fahren

Beaufort (Bft) Maß für die Windgeschwindigkeit und den Seegang von 0 (Windstille, spie-gelglatte See) bis 12 (Orkan, außerge-wöhnlich schwere, völlig weiße See);

10 Bft = Windgeschwindigkeit 89–102 km/h, schwerer Sturm, sehr hohe See, schwere Brecher

Beifang für die menschliche Ernährung unbrauchbarer Teil des Fischfangs, der zu Futter oder Dünger verarbeitet wird

belegen ein Tau an einem Pflock festmachen

Belegnagel hölzerner oder metallener Pflock zum → Belegen von Tauwerk in einer → Nagelbank

Besanmast letzter Mast auf einem Segelschiff, häufig mit Gaffeltakelung (s. Abb. S. 268)

Besteck Gesamtheit der zur Navigation und zur Bestimmung der Position auf hoher See benötigten Hilfsmittel

Bilge unterster Raum eines Schiffs, in dem sich das Leck- und Schmutzwasser sammelt

Blaubüddel Bordjargon für den Zimmermann

blinder Passagier jemand, der mitfährt, ohne die Passage zu bezahlen; es war früher nicht unüblich, dass man sich auf See bei der Schiffsführung meldete und seine Arbeitskraft anbot

Bodenwrange Querverbindung im unteren Schiffsbereich, die Spanten, Kiel und Schiffsboden miteinander verbindet

Bootsmann Dienstgrad bei der Marine (entspricht dem Feldwebel); Rang auf Handelsschiffen, der dem Meister an Land entspricht

Brasse Tau an einer → Nock, um die → Rah horizontal am Mast zu drehen

Brassenwinde Vorrichtung zum Aufwickeln der → Brasse

Brücke Fahrstand, von dem aus der Kapitän das Schiff führt

Bruderschaft der Kap Hoorniers gegründet 1937 im bretonischen St. Malo unter dem französischen Namen Amicale Internationale des Capitaines au Long Cours, Cap-Horniers (AICH); da es altersbedingt kaum noch Mitglieder gab, löste sich die Bruderschaft 2004 auf; Kapitän Hans Peter Jürgens war der letzte Vorsitzende der deutschen Sektion

Bunker Vorratsraum auf einem Schiff, Brennstofflager

bunkern Vorräte im → Bunker anlegen, ein Schiff mit Brennstoff versehen oder Trinkwasser einlagern

Canadian Pacific Line kanadische Schifffahrtsgesellschaft, gehörte der 1881 gegründeten Bahngesellschaft Canadian Pacific Railway (CPR)

Chronometer genau gehende Schiffsuhr, Präzisionsuhr

Clipper, Klipper in Amerika entwickelter Segelschifftyp, der sich durch seine große Schnelligkeit auszeichnet

Davit Kran an der Reling von größeren Schiffen, mit dem die Besatzung Rettungsboote → heißen kann

Doppelstander Flagge mit dreieckigem Ausschnitt im wehenden → Liek, sodass sie in zwei Spitzen endet; der Doppelstander C bedeutet Capitulation (engl., Kapitulation)

Dünnbier Getreidesud mit weniger als zwei Prozent Alkohol, der in der Nachkriegszeit in Kneipen ausgeschenkt wurde

Einklarierung das Erledigen der Zoll- und Behördenformalitäten nach dem Einlaufen eines Schiffs in einen Hafen

Faden englisches, in der Seefahrt früher gebräuchliches Längenmaß; 1 Faden = 6 Fuß = 1,83 Meter

Fahrtzeit, Seefahrtzeit die Zeit, die ein Seemann an Bord von Schiffen verbringt. Sie ist Grundlage für die Vergabe von Titeln und Patenten oder die Aufnahme etwa bei einer → Steuermannschule

Fallreep an die Bordwand gehängte schräge Treppe, über die tiefer liegende Boote erreicht werden

Flying P-Flotte	Zu den sieben Schwesterschiffen der Reederei F. Laeisz gehörten neben der 1917 bei Blohm & Voss in Hamburg gebauten Viermastbark *Priwall* die Segelschiffe *Padua, Pamir, Pangani, Passat, Peking, Petschili* und *Pola*. Sie alle waren für ihre hohe Geschwindigkeit und ihre Sicherheit berühmt
Freiwache	die Zeit zwischen zwei Wachen
Gaffel	um den Mast drehbare, schräg nach oben stehende → Spiere, an der das → Gaffelsegel befestigt ist
Gaffelsegel	trapezförmiges Längssegel, das oben an der → Gaffel und unten an einem Rundholz befestigt ist
Gaffeltakelung	Bei dieser Takelung lassen sich die → Gaffelsegel vom Deck aus bedienen
Gangspill	Winde auf Segelschiffen zum Heben des Ankers; an → Handspaken gingen mehrere Seeleute im Kreis um die Winde und hoben so den Anker mit Muskelkraft
Gangway	bewegliche Verbindung vom Schiff zur Pier, um bequem an Land gehen zu können
Gezeitenwechsel	der Wechsel von Ebbe zu Flut und umgekehrt. Dadurch verlangsamt sich die Strömung und ein Segelschiff verliert an Fahrt

gieren links und rechts vom Kurs abweichen, verursacht durch starken achterlichen Wind

glasen Anschlagen der Schiffsglocke; der Ausdruck stammt aus der Zeit, als auf Segelschiffen Sanduhren aus Glas verwendet wurden. Sie liefen eine halbe Stunde und wurden dann umgedreht

Glocke durch das Anschlagen (→ glasen) der Schiffsglocke wurde die Mannschaft, insbesondere die Wache, über die Uhrzeit informiert

Gording Taue zum Aufholen des Segels an die → Rah

Große Fahrt Seefahrt unbegrenzt weltweit auf allem Meeren

Grundseen hohe Wasserwellen, die sich über Untiefen aufbauen; durch das Aufwühlen des Meeresgrunds ist die Welle mit Sand durchsetzt

Handspaken hölzerne Hebel, mit denen etwa das → Ankerspill per Muskelkraft gedreht wird

heißen hochziehen

Helling der Bauplatz für Schiffe auf einer Werft

Heuer Lohn eines Seemanns, der erst nach dem Ende der Reise ausgezahlt wurde

heuern	Seeleute einstellen, ein Schiff chartern
Heuerstelle	hier wird dem Seemann die → Heuer ausgezahlt; war für Seeleute die erste Anlaufstelle, wenn sie Arbeit auf einem Schiff suchten
hieven	eine Last mit technischen Vorrichtungen wie einem Kran oder einer Winde hochheben
Hilfskreuzer	im Kriegsfall bewaffnetes Handelsschiff
Hochdeck	erhöhtes Deck zwischen Vorder- und Achterdeck
Inseldeck	umgangssprachlicher Begriff für das → Hochdeck
Jungmann	Bezeichnung für einen Schiffsjungen mit mindestens neun Monaten → Fahrtzeit
kabbelig	kurzer, unregelmäßiger Seegang aus zwei Richtungen
kalfatern	die Ritzen zwischen den mit → Werg ausgestopften Decksplanken mit Teer ausgießen
Kalme	Regionen im Bereich des Äquators, in denen überwiegend Windstille herrscht
Kap Finisterre	span., Cabo de Finisterre; das westliche Ende des spanischen Festlands

Kap Hoorn span., Cabo de Hornos; Landspitze auf der chilenischen Insel Isla Hornos. Südlichster Punkt des Feuerland-Archipels. Da in der See vor Kap Hoorn der warme Pazifik und der kalte Atlantik aufeinandertreffen, kommt es dort zu starken Strömungen. Häufige Stürme mit Wellen bis zu 20 Metern Höhe sind die Folge. Nach Schätzungen sanken vor Kap Hoorn mindestens 800 Schiffe, 10 000 Seeleute ertranken in den Fluten

Kap Hoornier, Kaphorner Seemann, der auf einem Frachtschiff unter Segeln, das keine Motoren oder Hilfsmotoren mitführt, → Kap Hoorn umrundet hat

Kartenhaus der Raum an Bord eines Schiffs, in dem die → Seekarte und das → Besteck liegen

Klappscheinwerfer, Klappbuchse schwenkbare, von Hand bedienbare Morselampe zum Durchgeben von Signalen bei Dunkelheit

Knoten (kn) Geschwindigkeitsmaß in der Seefahrt, 1 kn entspricht einer Seemeile pro Stunde beziehungsweise 1,852 Kilometern

Kollisionsschott eine durchgehende Wand im Schiffsrumpf, die die Flutung des Schiffs nach einer Kollision mit einem Hindernis verhindert; sie trennt den Bug des Schiffs wasserdicht vom Rest des Rumpfes (s. Abb. S. 268)

Kombüse Schiffsküche; auch der Ort, an dem die Vorräte aufbewahrt werden

Korvette leichtes, schnelles Kriegsschiff mit Segeln

Krängungs-koeffizient, Krängung Maß für die seitliche Neigung eines Schiffs. Unter Berücksichtigung des Winds und des Gewichts der Ladung kann anhand einer für jeden Schiffstyp spezifischen Tabelle die voraussichtliche Schlagseite des Schiffs im Voraus berechnet werden

Kreuzmast vorletzter Mast bei einem Viermaster (s. Abb. S. 268)

Kreuzrah → Rah am → Kreuzmast (s. Abb. S. 268)

Küchenmamsell alter Ausdruck für eine Küchengehilfin

Kugelbake ein aus Holz errichtetes nautisches Seezeichen in Cuxhaven; seit 1913 ist die Barke im Wappen der Stadt abgebildet

Labskaus an Bord von Schiffen typisches Eintopfgericht aus Kartoffeln und Konservenfleisch, variiert je nach dem vorhandenen Vorrat in der → Kombüse

Ladebaum Vorrichtung zum Heben und Versetzen von Lasten auf Frachtschiffen

Landgang einzelne Besatzungsmitglieder oder die komplette Besatzung verlassen das Schiff während der Liegezeit im Hafen

laschen bewegliche Fracht auf einem Schiff mit breiten Bändern oder Gurten verzurren

Lasching breite Bänder zum Verzurren von beweglicher Fracht oder zum Festmachen des Segels

Laufbrücke verbindet die Aufbauten über ein tief liegendes, glattes Deck hinweg

Legion Condor ein Expeditionskorps der deutschen Wehrmacht an der Seite von General Franco im Spanischen Bürgerkrieg, zu dem auch Schiffe gehörten; verantwortlich für die Bombardierung und Zerstörung der baskischen Stadt Gernika

Leichennetze bei schwerer See an → Backbord und → Steuerbord angebrachte Netze zur Sicherung der Mannschaft

Leichter schwimmender Großbehälter ohne Motorantrieb, der in Schub- oder Schleppverbänden bewegt wird

leichtern Ladung aufnehmen

Leichtmatrose Matrose im Rang zwischen → Jungmann und Vollmatrose, der noch in der Ausbildung steht; mit einer → Fahrtzeit von mindestens zwölf Monaten als Jungmann

lenzen das Schiff mit Schöpfgefäßen leer pumpen

Leuchtbake Gerüst aus Holz oder Stahl, das ein Leuchtfeuer trägt

Liek verstärkte Kante (Saum) eines Segels oder einer Flagge

Logis franz., Mannschaftsunterkunft an Bord, meist ein Raum unter Deck mit Hängematten für die Mannschaft

Luke Decköffnung auf einem Schiff zum Be- und Entladen, zur besseren Orientierung wurden die Luken von vorn nach hinten durchnummeriert, zum Beispiel Luke IV

mallen Umspringen des Windes

Mallungen Trennungsgebiet zwischen den Passaten

Mars Plattform am Topp des Untermasts zum Befestigen der Marsstenge. An dieser Stelle ist das Klettern wegen des Überhangs extrem schwierig

Maschinenkanone automatische Schusswaffe mit einem Kaliber, das größer ist als bei Maschinengewehren

Master next God engl., Meister nach Gott, Bezeichnung für Kapitäne

Messe Speiseraum an Bord eines großen Schiffs

Min Jung plattdeutsch, mein Junge

Morsealphabet benannt nach Samuel Morse (1791–1872); für jeden Buchstaben gibt es eine Folge aus kurzen und langen Zeichen; in der Seefahrt durch Lichtsignale übermittelt; bei Nacht durch → Klappscheinwerfer

Nagelbank dickes Holzbrett mit Löchern zur Befestigung der → Belegnägel

Niedergang Treppe auf Schiffen; Eingang in die Kajüte

Nissenhütte Notunterkunft aus halbkreisförmigem Wellblech, die Verwendung in Gefangenenlagern fand

Nock äußerste Spitze einer → Rah

Norder kalter Nordwind in winterlichen Sturmzentren im Gebiet des Golfstroms; kann Temperaturstürze bis unter null Grad mit sich bringen

Ölzeug wasserdichte Kleidung der Seeleute, die früher aus mit Öl getränktem Segeltuch bestand; daher der immer noch gebräuchliche Name, obwohl die Jacken und Hosen des Ölzeugs heute aus Kunststoff bestehen

Passatsegel leichtes Segel, das bei Passatwind gesetzt wird

Persenning wasserdichte Abdeckplane, Schutztuch

Pfahlmast	Maststumpf zur Befestigung von → Ladebäumen, meist außerhalb der Mittschiffslinie
Poller	Metallpfeiler mit verdicktem Kopf auf Schiffen und Kaimauern zum Festmachen der → Trossen
Poopdeck	der erhöhte, hintere Teil eines Schiffs (s. Abb. S. 268)
PoW	Abkürzung für Prisoner of War, engl., Kriegsgefangener, gebräuchlich in Großbritannien und Kanada
Pricken	Holzstangen im Wasser zur Markierung in flachen Gewässern
Prisenkommando	besetzt im Kriegsfall alle wichtigen Posten an Bord eines → aufgebrachten Schiffs und übernimmt das Kommando mit dem Ziel, das Schiff und die wertvolle Fracht sicherzustellen; Gegenmaßnahme ist die → Selbstversenkung
Pritsche	hölzerner Schlafplatz
Pütze	Schöpfgefäß; Eimer, Schüssel
Quebrachoholz	sehr hartes Holz (Quebracho: span., Axtzerbrecher) des in Amerika beheimateten Quebrachobaums
Rah, Rahe	am Mast waagerecht angebrachte Querträger aus Holz oder Metall, an denen

die trapezförmigen Rahsegel befestigt sind; jede Rahe ist nach dem daran befestigten Rahsegel benannt (s. Abb. S. 268)

Reede Ankerplatz außerhalb des Hafens

reffen Segel einrollen; Verkleinern der Segelfläche

Rigg, Riggung moderner Begriff für → Takelage (Takelung); Masten und die gesamte Takelung eines Schiffs

Roaring Forties engl., die brüllenden Vierziger; Region zwischen 40° und 50° südlicher Breite mit anhaltenden Weststürmen

rollen Bewegung des Schiffs; gleichzeitiges Schlingern und Stampfen

Rossbreiten bezeichnet das Gebiet zwischen 25° und 35° südlicher Breite, in dem fast immer Windstille herrscht. Da hier Segelschiffe oft wochenlang festsaßen, trennte man sich in dieser Zone von den Pferden (Rössern), die das meiste Frischwasser an Bord verbrauchten

Royal Canadian Mounted Police königlich-kanadische berittene Polizei, abgekürzt RCMP; berühmt für ihre rotschwarzen Parade-Uniformen und ihre erstklassigen Pferde

Ruder Bezeichnung für die unter der Wasserlinie liegende, meist blattförmige

Steuereinrichtung, mit der ein Schiff gedreht wird

Rudergänger Seemann, der die Wache am Ruder geht; er steuert den Kurs, den ihm der Wachhabende angibt

Ruderkette überträgt die Kraft vom Ruderrad auf dem → Hochdeck über das Achterdeck zum → Ruder

Schlacht von Monte Cassino eine der längsten und blutigsten Schlachten im Zweiten Weltkrieg, die vom 17.1. bis zum 18.5.1944 dauerte und auf beiden Seiten mehrere zehntausend Tote forderte. Das zwischen Rom und Neapel gelegene Kloster Monte Cassino gilt als eines der bedeutendsten geistlichen Zentren des Mittelalters

Schot, Schotkette Tau oder Kette, mit dem man das Segel so stellt, wie es die Windrichtung erfordert

Schott Quer- und Längswände zur Unterteilung und Versteifung des Schiffskörpers

Schratsegel alle Segel, die in der Ruhestellung längsschiffs sitzen

Schwerwettersegel wird bei schwerer See gesetzt, dicker als etwa das → Passatsegel

Seefahrtsbuch, Heuerschein vom Seemannsamt ausgestellter Ausweis, der zur Identifikation des Inhabers und dem Nachweis seiner Bordanstellungen dient; nach der Anmusterung wird das Seefahrtsbuch vom Kapitän verwahrt; das Seemannsamt bescheinigt darin die → Fahrzeit und den Dienstgrad

Seekarte stellt die für die Schifffahrt wichtigen Seewege sowie die Küsten, Untiefen, Seezeichen und Fahrrinnen eines bestimmten Gebiets dar

Seemannschaft Fertigkeiten, die zur praktischen Handhabung eines Schiffs gehören wie die zweckmäßige Anwendung der seemännischen Hilfsmittel, die Kenntnis der Fahr- und Manövriereigenschaften der Boote und Schiffe sowie ihre Handhabung

Seemeile (sm) internationales Längenmaß in der Seefahrt, 1 sm = 1,852 Meter

Segel bergen das Zusammenpacken und Sichern der Segel

Selbstversenkung im Krieg absichtlich herbeigeführtes Kentern, zum Beispiel durch eine Sprengladung oder das Öffnen der Bodenventile; Gegenmaßnahme zum bevorstehenden → Prisenkommando

Skorbut auch Möller-Barlow-Krankheit, verursacht durch vitaminarme Nahrung; führt zu Zahnfleischbluten und Schleimhautschwellungen

Spanten	Bauteil zur Verstärkung der Schiffsaußenwand
Speiserolle	Verordnung, die die Versorgung der Seeleute an Bord mit Nahrungsmitteln, also Speisen und Getränken, aufs Gramm und den Milliliter genau regelt
Sperrballon	im Krieg zur Irritation feindlicher Flugzeuge in der Luft schwebende Ballons
Spiere	Rundholz, Segelstange
spleißen	Tauenden miteinander verflechten
Stag	Seil oder starker Draht (Drahttrosse) zum Sichern und Stützen von Masten in der Längsrichtung des Schiffs
Stagblock	Befestigung für die → Stagen
Stenge	Verlängerung des Mastes nach oben
Steuerbord	rechte Seite vom Schiff in Fahrtrichtung
Steuerbordlüfter	Rohr, das zur Belüftung der Laderäume oder Unterkünfte dient. Es ist schwenkbar und kann so nach dem Wind ausgerichtet werden
Steuermann	Navigator, Nautiker, Schiffer, Rudergänger, der für die Navigation verantwortlich ist; jemand, der ein Boot steuert, Vertreter des Kapitäns, der Erste Offizier

Steuermannschule, Seefahrtsschule	es wurden für die Navigationsschule mehrere Jahre → Fahrzeit verlangt; die erworbenen nautischen Befähigungsnachweise reichen von A1 (Schiffer auf Küstenfahrt) bis A6 (Kapitän auf → Großer Fahrt)
Steven	nach oben gezogene Verlängerung des Schiffkiels an Bug (Vorder-Steven) und Heck (Achter-Steven)
Takelage	Gesamtheit der Masten, Segel und Tauwerk eines Segelschiffs
Tampen	Tauende
Toppmatrose	auf Segelschiffen für einen Mast verantwortlicher Matrose: Funktionsfähigkeit, Zustand und kleinere Reparaturen
Tran (Lebertran)	aus der Leber von Dorsch oder Kabeljau gepresstes Öl, das man früher Kindern gegen Unterernährung und zur Stärkung gegen Krankheiten wie Rachitis verabreicht hat
Trawler	Schiff für Fischfang mit Schleppnetz
Trimm	optimale Verteilung der Ladung in den → Luken
Trimmer	ungelernter Heizer (Kohlenzieher) auf Kohlen-Dampfschiffen

trocken fallen	wenn ein Schiff bei Ebbe auf dem Grund aufsetzt und für die Zeit bis zur Flut nicht manövriert werden kann
Trossen	schweres Tauwerk zum Festmachen oder Schleppen von Schiffen
Überarbeiter	mittellose Passagiere oder Auswanderer, die sich die Passage verdienten, indem sie während der Überfahrt mitarbeiteten
überkommende See	Wasserwellen, die über Bord schlagen
überlaufen	wenn Taue von einer Winde abrutschen
Verschanzung	der feste Teil der Reling
Vorobermarsrah	Rahe am Fockmast (s. Abb. S. 268)
Vorschiff	der vordere, sich meist verjüngende Teil eines Schiffs
Wanten	Taue zur seitlichen Abstützung der Masten
Werg	Abfallprodukt bei der Herstellung von Hanf- und Flachsprodukten; das gesponnene Werggarn wurde auf Segelschiffen zum Abdichten von Fugen verwendet, die man anschließend → kalfatern musste

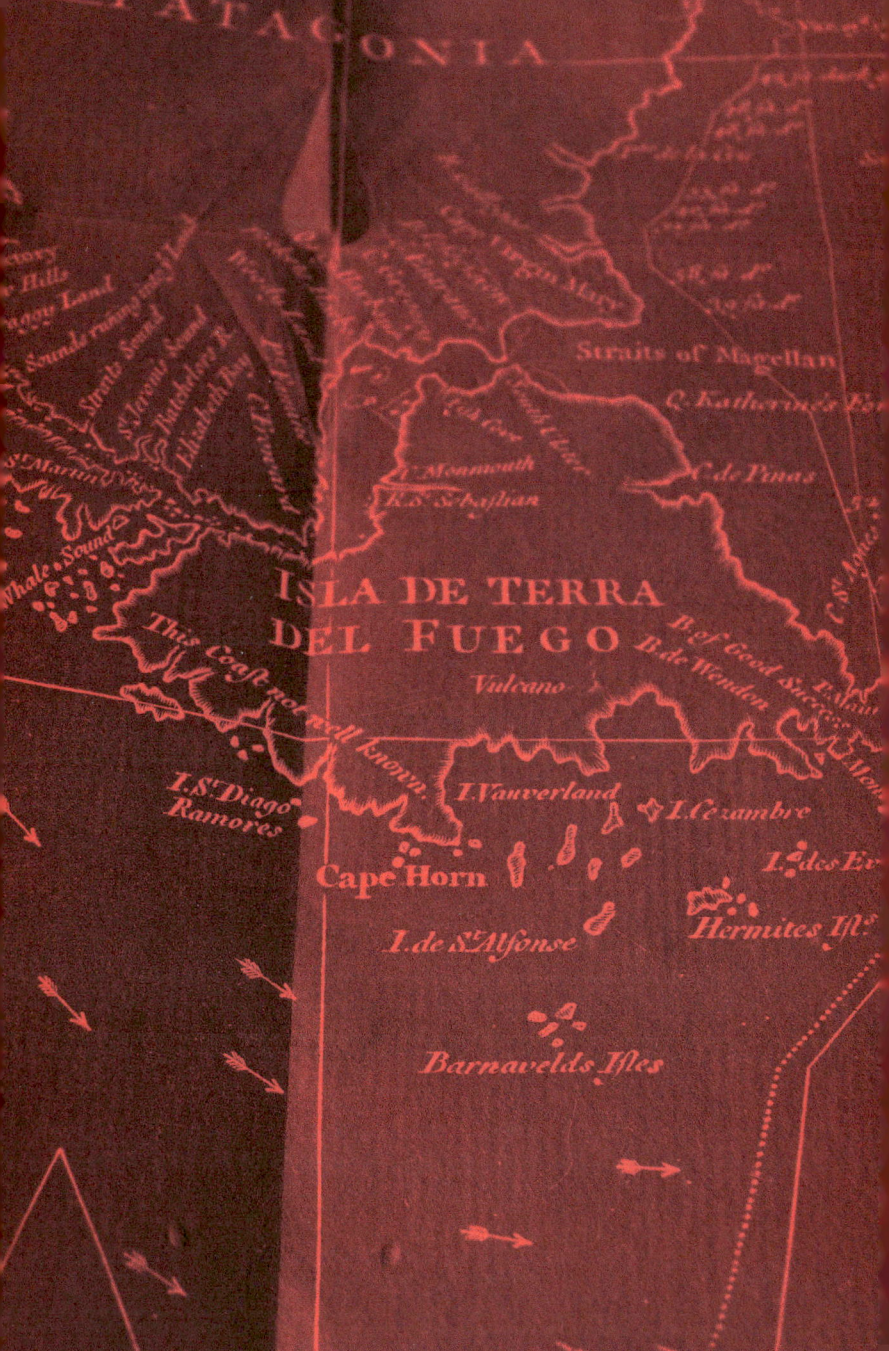

Mit vollen Segeln

Maud Fontenoy
Gegen alle Winde
Im Einhandsegelboot um die Welt

Gegen die herrschenden Winde und Meeresströmungen umsegelt Maud Fontenoy die Welt: Eine junge Frau im unerbittlichen Kampf gegen Naturgewalten und Einsamkeit.

Jesse Martin
Lionheart
Allein mit vollen Segeln um die Welt

Der packende Bericht über eine abenteuerliche Rekordfahrt: Mit nur siebzehn Jahren umrundet der Australier Jesse Martin nonstop und ohne Begleitung den Globus.

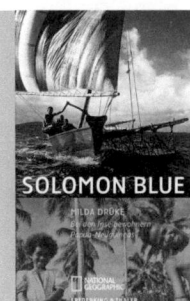

Milda Drüke
Solomon Blue
Bei den Inselbewohnern
Papua-Neuguineas

»Ein Buch, das sich spannend liest wie ein Roman und einlädt zu einer ganz und gar ungefährlichen Reise im Kopf.«   Augsburger Allgemeine

MALIK   ☐ NATIONAL GEOGRAPHIC

Die Erkundung der Welt

Dieter Kreutzkamp
Das Blockhaus am Denali
Leben in Alaska

Auf das Angebot einer Freundin, ihr Blockhaus am majestätischen Mount Denali für eine Auszeit zu nutzen, folgen Dieter Kreutzkamp und seine Frau Juliana dem Ruf der Wildnis.

Carmen Rohrbach
Im Reich der Königin von Saba
Auf Karawanenwegen im Jemen

Nach Erfahrungen auf allen Kontinenten beschließt Carmen Rohrbach, sich den großen Traum ihrer Kindheit zu erfüllen: Allein durch den geheimnisvollen Jemen, mit viel Intuition und wachem Blick.

Fergus Fleming / Annabel Merullo
Legendäre Expeditionen
50 Originalberichte

Die großen Entdecker der Geschichte in Originalberichten und -illustrationen: eine buntgemischte Gruppe aus Forschern, Seefahrern, Wanderern und Abenteurern, die Außerordentliches leisteten.

10/1004/04/3s

MALIK ■ NATIONAL GEOGRAPHIC

Das Glück liegt in der Ferne.

Claire Scobie
Wiedersehen in Lhasa
Die Geschichte einer außergewöhnlichen Freundschaft zweier Frauen

»Ein Reisebuch, das in äußere und innere Welten entführt und den ausgetretenen Pfaden der Klischees traumwandlerisch ausweicht.«
DIE WELT

Andrew Stevenson
Mein Weg zum Mount Everest
Auf dem Trekking-Pfad durchs Khumbu Himal

Eine bewegende Pilgerreise zu den Orten und Menschen am Fuße des Mount Everest und ein einfühlsames Porträt einer der beliebtesten Trekking-Regionen der Welt.

Andrew Jackson
Das Buch des Lebens
Eine Reise zu den Ältesten der Welt

Eine Reise zu den ältesten Menschen der Welt: als Hommage an das Leben und an das Alter als Lebensphase der Reife und der Ernte.

MALIK ■ NATIONAL GEOGRAPHIC

10/1036/03/3s

Einfach mal aussteigen

Ewan McGregor/Charley Boorman
Long Way Down
Von Schottland nach Kapstadt

Zwei Männer, zwei Motorräder, 15 000 Meilen von den schottischen Highlands nach Südafrika: »Witzig, äußerst unterhaltsam und dabei immer authentisch.«

Motorrad

Robert Jacobi
Amerika der Länge nach
Meine Reise auf der Panamericana

Allein und mit leichtem Gepäck auf Amerikas Traumroute: »Packende und humorvolle Abenteuerliteratur.«

Süddeutsche Zeitung

Gillian Kendall
Mr. Dings Hühnerfüße
Als Lehrerin allein unter chinesischen Matrosen

Turbulenter Sprachkurs auf hoher See: Aus unbändiger Reiselust und chronischer Geldnot bricht eine junge Australierin auf zu dem Abenteuer ihres Lebens.

MALIK NATIONAL GEOGRAPHIC

10/1049/02/3s